I0830356

prometeo
libros

prometeo libros

FÚTBOL Y PATRIA

Pablo Alabarces

Fútbol y patria

Segunda edición, corregida y aumentada

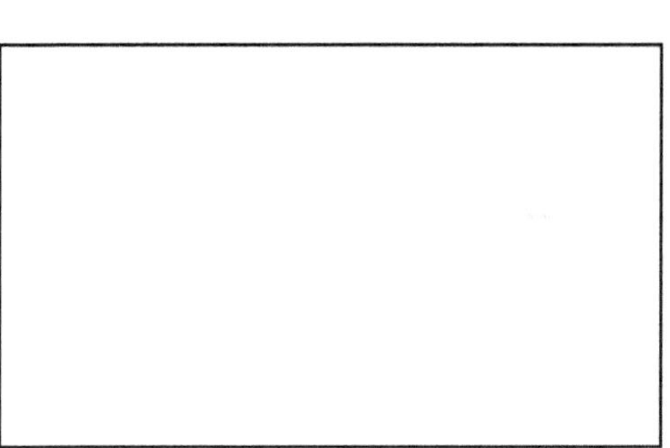

©De esta edición, Prometeo Libros, 2007
Pringles 521 (C11183AEJ), Ciudad de Buenos Aires, Argentina
Tel.: (54-11) 4862-6794 / Fax: (54-11) 4864-3297
info@prometeolibros.com
www.prometeoeditorial.com

Diseño y diagramación: R&S

Índice

A mis viejos, hijos de inmigrantes, que nunca
pudieron estudiar en la universidad:
A mi madre, que no pudo ser arquitecta, y hace treinta
años me prometió que yo iba a ser lo que quisiera, sin
imposiciones ni reproches,
con todo el apoyo y el amor;
A mi padre, que llegó a *empleado* por prepotencia de
trabajo y esfuerzo, y que tiene como deporte favorito ir
a las presentaciones de mis libros y a los conciertos de
sus hijos músicos, desparramando orgullo;
A ellos, viejos queridos, que pudieron cumplir, en los
más injustos tiempos de nuestro país, el sueño
argentino por excelencia: *m'hijo el dotor*.

A Santiago y Agustín, siempre y renovadamente ídolos.
Al Lali Archetti.

Y a la mesa de los galanes, una vez más.

Prólogo a la segunda edición

La primera versión de *Fútbol y patria* se editó hacia fines de 2002. Había sido mi tesis de doctorado, que defendí en febrero de ese año, y la generosidad de Raúl Carioli quiso transformarla en libro. Pero, como ya conté en algún otro lugar, entre la escritura y la edición le habían pasado algunas cosas: por ejemplo, que cuando la tesis era sólo unos centenares de páginas anilladas, dispuestas para ser corregidas, habían estado a punto de alimentar una barricada en las revueltas del 19 y 20 de diciembre de 2001 en Buenos Aires, las que provocaran la caída del entonces presidente De la Rúa e iniciaran la crisis política más aguda de los últimos años argentinos. Ese relato no estaba en la tesis original, aunque sí debía ocupar las conversaciones británicas en enero del 2002, mientras esperaba la defensa: *What the hell is happening with your country?*, preguntaban desconcertados los amigos ingleses, que habían perdido la cuenta de los presidentes. Mientras tanto, la cuenta que yo no perdía era la de la cotización del dólar y de las deudas que el bendito doctorado inglés me estaba generando.

Lo cierto es que mi análisis original, pautado con las reglas de un grado académico –esto es, por ejemplo, trabajar sobre períodos reconocibles y aislables, y no periodísticamente sobre el tiempo real– se había detenido en el Mundial de Francia de 1998. Pero la crisis del 2001 y el Mundial de 2002 en Corea-Japón me obligaron, para sacar un libro un poco más actualizado, a introducir un epílogo en agosto, antes de la aparición de la que fue la primera edición. Afortunadamente, dije allí, lo ocurrido entre el estallido de diciembre y la eliminación argentina del Mundial en junio no había contradicho mi análisis: más bien lo había ratificado. Desde entonces hasta hoy, sigo convencido de que el libro no ha perdido actualidad, que las interpretaciones eran atinadas y que no han sido desmentidas aún.

La recepción y circulación de *Fútbol y patria* fue muy gratificante. Para el reducido mercado del libro académico en la Argentina, con contadas y merecidas excepciones, tuvo una muy buena difusión y una mejor lectura, aún en los círculos más especializados en las disciplinas científicas que dan vueltas por aquí –la sociología, la antropología, la historia, los estudios en comunicación y cultura–, los que, refractarios al fútbol como discurso cotidiano, sin embargo aceptaron que podía transformarse en un objeto de tratamiento analítico. Nadie sabe demasiado bien con qué se encuentra un autor cuando un texto tiene más de veinte lectores, cuando la lectura inicia su espiral de significados nuevos: supe que este libro circuló entre periodistas y aspirantes a periodistas, entre sociólogos y aficionados, entre antropólogos e historiadores. Nadie se enojó mucho, al menos, o al menos no me enteré. Tuve una lectura afinadísima del periodista y amigo Walter Vargas, un tipo agudo y generoso, que se sentó un par de horas conmigo para mostrarme y explicarme y cuestionarme sus subrayados –y espero haberlos recordado todos en esta segunda edición. Tuve un par de indicaciones críticas que me recordaban que una nación son sus narraciones, pero que *no sólo* son sus narraciones –un camino que intento subrayar en esta re-lectura y re-escritura. Tuve la respuesta entusiasta de mis alumnos: pero esto no puede ser tomado como dato hasta que se transforman en ex alumnos. Si entonces mantienen sus afirmaciones, pasarán a ser valederas.

Esa predominantemente buena recepción me llevó a proponerme la posibilidad de esta reedición. Tuve un primer impulso mercantil: sacarla antes del Mundial de 2006 en Alemania, y aprovechar un nicho de mercado (se vendieron tantas pavadas...), al estilo de lo que hiciera Juan José Sebreli en 1998 con *Fútbol y masas*, su libro de 1981 rápidamente metamorfoseado –pero igualmente fallido– en *La era del fútbol*. Quizás justamente la presencia de ese modelo fue lo que me disuadió a tiempo. Pero la insistencia de Raúl Carioli para reeditar el libro, ya orillando el agotamiento de la edición original, me decidió a que una nueva aparición precisaba, primero, de una actualización: dos mundiales son dos mundiales, además de ocho años, y en el interín había acumulado nuevos materiales para analizar y ejemplificar –como dije: porque las hipótesis eran adecuadas y las interpretaciones mayormente correctas, pero había nuevos textos que podían permitir alguna arista nueva o sorpresiva. Y, además, *quería* re-escribirlo. Mantengo con el libro original una relación amorosa, de mucho cariño: tiene que ver con momentos muy cruciales de mi vida personal, de mi estricta biografía privada; hay por ahí algún ejemplar cuya dedicatoria sigue siendo importantísima. Y también de mi vida intelectual: *Fútbol y patria* marca un momento en el que me sentía en plena posesión de mis facultades mentales, en el que la aventura de emprender doscientas y pico de páginas de argumentación autónoma e individual era posible y deseable. Pero también comprendo sus ripios, especialmente ese abuso del aparato crítico y de la nota erudita que deviene de una condición original –la tesis de doctorado– que, aunque limada, permanecía dura en la base de la escritura. Y permanecía molesta en la lectura. Fueron 208 notas al pie en 220 páginas: un exceso, sin duda. Mantengo la nota, pero como principio estilístico: la nota es el comentario, el desvío, la digresión, el "me voy pero vuelvo". Un estilo que mis alumnos conocen largamente –y critican de la misma manera: "Alabarces se va por las ramas"; pero, sin explotar metáforas botánicas, las ramas pueden estar muy bien. Lo que he intentado suprimir, espero que exitosamente, es la parafernalia de referencias bibliográficas que tributaban a las reglas académicas. Las citas están, porque esas reglas tienen de bueno que evitan el ninguneo o el robo descarado de ideas –citar es pedir prestado, no robar. Y también, suprimo algún abuso terminológico –la jerga– que supusiera un lector modelo con nivel por lo menos de posgrado: lo que no supone, claro, una limitación de la escritura que subestima al lector en un sencillismo falsamente populista.

También mantengo una estructura que tuvo mucho que ver con que la escritura estuvo originalmente pensada para lectores extranjeros. El libro se organiza en torno de varios períodos que escanden el análisis; cada uno de ellos –la invención del fútbol argentino, el surgimiento del profesionalismo, el peronismo, el desarrollismo futbolístico, la dictadura, el ciclo de Maradona, los mundiales recientes– está cruzado (generalmente, antecedido) por un breve contexto histórico. Decidí mantenerlo: primero, porque sigo creyendo que es un buen ejercicio de síntesis político-cultural de cada momento; segundo, porque esos lectores extranjeros existieron y espero que sigan existiendo –el libro tuvo, y espero que eso continúe, una buena circulación entre colegas latinoamericanos, por ejemplo. Y tercero, porque los relatos que analizo adquieren pleno sentido en esos contextos; no se trata de discursos radicalmente autónomos, aún con el enorme grado de pretendida y autoasignada autonomía que tienen los discursos de la cultura o sub-cultura futbolística argentina. Se trata de textos, sí, pero producidos en determinadas y específicas condiciones de producción, tanto económicas como políticas y culturales; y se trata también de cuerpos, que funcionan como soportes de esos relatos y como puntos de anclaje de ellos, cuerpos donde los discursos de la invención de la patria o de la crisis de la patria se vuelven experiencia, del goce o del dolor. Es lo que va de los festejos del Mundial 86 –que también celebraban la democracia e indicaban, en el mismo gesto, la *mala conciencia* de la dictadura– a los muertos durante la represión del 2001. La identidad es un relato, o varios a la vez, pero también los cuerpos que los soportan, que los desean y que los sufren; y son, entonces y también, las determinaciones económicas, políticas, sociales y culturales que permiten y activan ciertos relatos en desmedro de otros posibles.

Trabajo de re-escritura, entonces, y de ampliación: extiendo ahora mi análisis decididamente hacia los años contemporáneos, hacia dos mundiales que permitieron la puesta en foco de los argumentos de cuatro años atrás y su discusión con nueva empiria. Algunas de las ideas que discuto aquí tuvieron circulación impresa: especialmente, el análisis de los avatares tragicómicos del Mundial 2002 y la crisis argentina lo desplegué en el artículo "De los tribalismos a la política: las hinchadas argentinas entre la crisis, el Mundial y el destino de la Patria", que escribí en Brasil, durante un semestre que estuve de profesor visitante, y que presenté en el congreso de la ANPOCS en octubre de ese año. Los comentaristas fueron el inolvidable Eduardo Archetti y el antropólogo brasileño Roberto Da Matta, ambos padres fundadores de los estudios académicos en estos menesteres: y esos comentarios me ratificaron que no estaba tan errado. El texto tuvo una buena difusión, y lo recopilé en el libro que publicamos en 2005, *Hinchadas*. Aquí recupero la mayoría de esos argumentos y de esa escritura. Y a partir de ellos avanzo sobre los nuevos.

La novedad precisa de algunos agradecimientos añadidos a los que disemino en el prólogo a la edición original, que conservo en ésta – porque significa el reconocimiento de esa etapa donde este libro era apenas una idea y una aventura. Pero desde entonces para acá: María Graciela Rodríguez, Héctor Palomino y Ezequiel Fernández Moores presentaron la primera edición y fueron los primeros lectores críticos –Ezequiel nos recordaba que teníamos que defender la enorme ventaja que significa la autonomía de la universidad, que nos permite decir lo que querramos mientras nos sujetemos solo a las reglas del rigor analítico, y nos permite escapar a las censuras del mercado periodístico. Los que eran hace cuatro años un equipo de jóvenes entusiastas ahora son un grupo de no tan jóvenes como entonces, pero infinitamente más maduros intelectualmente y con un enorme vuelo propio: Valeria Añón, Mariana Conde, Christian Dodaro, Mariana Galvani, José Garriga Zucal, María Verónica Moreira, Javier Palma, Daniel Salerno, Malvina Silba –el *politburó, mi mesa chica*. El título del libro se transformó también en el nombre del equipo de fútbol de la cátedra, ganancioso y perdidoso por igual: gracias a todos los que toleraron allí mi incompetencia futbolera y mi incontinencia gritona. Los compañeros de mi hijo Santiago creyeron que haber escrito un par de libros sobre fútbol me transformaría en un buen director técnico: perdón por algún fracaso, y gracias por dejarme asistir a su esplendor y a su declive futbolístico, todo en tan poco tiempo. Mi hijo Agustín no se dejó seducir por ese simbolismo: gracias por evitarme el papelón. A los dos, gracias por mantener esa distancia crítica, continuamente tapizada de ironía adolescente, pero que también sé orgullosa –y feliz de que estos avatares nos hayan permitido ver tanto fútbol impunemente.

También es importante mi deuda con Mario Wainfeld, que me transformó en columnista radial, y que me obligó a pensar el Mundial de 2006 en tiempo real: gracias a él, a Carolina Francisco, a Nora Veiras, a Paula Nicolini y Sebastián Abrevaya, con los que todos los lunes de junio me pude reír tanto de las barrabasadas nacionalistas de la cobertura argentina.

En estos cuatro años abandoné casi por completo las relaciones británicas para concentrame en las latinoamericanas. Gracias nuevamente a los colegas del Grupo de Trabajo de CLACSO, pletóricos de buenas ideas y de un humor insobornable; pero especialmente a los amigos de Brasil, que hicieran el milagro de transformarme en un sociólogo argentino y un antropólogo brasileño: Simoni Guedes, José Sergio Leite Lopes, Ronaldo Helal, Hugo Lovisolo, Antonio Soares, Carlitos Pimenta –y Rosa, claro–, Luiz Henrique de Toledo, Arlei Damo, Simone Pereira, José Jairo Vieira, entre otros. Gracias a los amigos ecuatorianos –Jacques Ramírez y Fernando Carrión–, colombianos, chilenos –Eduardo Santa Cruz y Bernardo Guerrero–, peruanos, uruguayos y mexicanos –Samuel Martínez López, Roger Magazine y Tonatiuh Bravo–, que me permitieron contrastar las afirmaciones de este libro con los vericuetos de todos los nacionalismos futboleros latinoamericanos.

Esta nueva versión de *Fútbol y patria* tiene y tendrá siempre una deuda enorme con otra de sus lectoras atentas, que también subrayó minuciosamente la primera edición, de la que tuvo uno de sus primeros ejemplares; pero esa lectura minuciosa fue también amorosa, y ésa es la lectura insustituíble. Todavía hoy. Eso no se reedita ni se modifica, Caru, aunque también se perfecciona, todos los días, y cada vez sale mejor.

Buenos Aires, noviembre de 2006

Prólogo a la primera edición (2002): razones y agradecimientos

Este trabajo nació de una incomodidad. Una incomodidad doméstica, que al momento de escritura se volvió central y urgente. Es la incomodidad con el chauvinismo rampante y con el nacionalismo futbolizado que ocupó los medios de comunicación argentinos durante el Campeonato Mundial de fútbol en Francia, en julio de 1998. Su centralidad consistió en asistir, mientras escribía los primeros borradores, a la primera guerra europea desde 1945[1], guerra que todos los análisis periodísticos, más finos o más groseros, se empeñaron en relacionar con reivindicaciones nacionales, independentistas o autonómicas, irredentistas o posmodernas. Pero siempre escudadas detrás de la forma *nación*. Y la relación entre la incomodidad, más vinculada al grotesco criollo, y la centralidad, donde el grotesco puede revestirse de tragedia, me llevó a este trabajo.

No fue únicamente en el espacio del fútbol donde el *neo-nacionalismo* –por llamarlo, provisoriamente, de alguna manera que lo diferencie del nacionalismo que construyó las naciones modernas o que lideró los movimientos anticolonialistas y antiimperialistas de décadas pasadas– se enseñoreó rampante. En un artículo en el diario *Clarín* de Buenos Aires, Marcos Meyer vinculaba este resurgimiento con una esfera cultural más amplia, donde tanto la grabación de canciones y marchas patrióticas destinadas a atormentar nuevas generaciones de niñitos con las *gestas heroicas de los próceres de la patria*, como el resurgir de ofertas de música folklórica vinculadas a la *celebración de la tierra* y a cierto telurismo anacrónico, ocupan su lugar. En todos los casos, incluyendo el futbolístico, Meyer acertaba en señalar la alianza propuesta: un nuevo *nacionalismo de mercado*.

---

[1] Estaba viviendo en Inglaterra, gracias a una beca de estudios, cuando se produjo el ataque de la OTAN a Bosnia, a raíz de los incidentes en Kosovo. No es fácil despertarse y ver este titular catástrofe en un diario: *War*. Y en Europa, para colmo. Uno ha visto mucho cine sobre la segunda guerra…

> La publicidad de papas fritas protagonizada por [el futbolista Juan Sebastián] Verón buscaba, en una alianza que revelaba desde el principio su misma imposibilidad, traer la idea de patria a los modos de funcionamiento de la sociedad de consumo. Intento fracasado, pero que apuesta sus fichas a una posibilidad todavía dudosa: la persistencia de la nacionalidad dentro de los términos de la globalización (Meyer, 1999: 2).

Y ése es, fundamentalmente, el núcleo que busqué en este trabajo: la persistencia de la nación en la globalización, echando mano de una práctica cultural, el fútbol, que se globaliza –como ninguna, podríamos decir– y al mismo tiempo radicaliza su tribalismo, o su localismo, o su nacionalismo. La discusión de los grados en esta enumeración caótica es una de las intenciones de mi trabajo.

Pero esto no quiere ser un estudio *sobre* fútbol. Pretende, aún en la omnipresencia del objeto, narrar otros problemas, dirigir la mirada hacia un nudo desplazado. Sostener el fútbol como mediador, no como objeto del deseo.

Como trataré de argumentar, en torno del deporte se pueden formular hoy algunas de las preguntas centrales de nuestro mapa cultural. Cuando se interroga el escenario del fútbol –objeto privilegiado de los estudios culturales del deporte– no se preguntan banalidades, como la mayoría de los textos periodísticos o cotidianos se empeña, por el contrario, en demostrar. Y sin transitar las remanidas metáforas del *reflejo* –aquellas que creen que el deporte es una superficie transparente y que sin embargo refleja, inusitado milagro de la óptica–, sino entendiendo al fútbol como lugar en torno del cual se construyen identidades e imaginarios, como una arena dramática casi sin equivalentes, como espacio ritual de masas por excelencia en la Argentina del presente –y en buena parte del mundo contemporáneo, e incluso de una pretendida sociedad global–; en ese foco, las preguntas son las del análisis cultural contemporáneo.

En particular, este trabajo comenzó interrogándose por las culturas populares. Y preguntarse por las culturas populares es preguntarse por la construcción democrática, por los cambios en la cultura contemporánea, por la manera en que la rápidamente llamada *etapa posmoderna de la cultura* reformula, rearma los modos de la sociabilidad, desde las identidades locales hasta las nacionales; es preguntarse si una presunta disolución de la categoría *culturas populares* correspondía al momento llamado *globalización*, en que las mismas se disolvían en una nueva homogeneidad sin conflictos aparentes.

Esos temas son –*también*– los que aparecen en este trabajo.

Incomodidad y desgarramiento: este es un libro en dos países, dos culturas académicas. Un libro originado en una tesis para aspirar a un doctorado británico, realizada en una universidad inglesa, con una investigación sobre historia y fútbol argentino desarrollada en una universidad argentina. El pasaje de uno a otro ambiente supone tirones y no continuidades; comparar la facilidad del acceso a la información –de cualquier tipo, académica o documental– en el medio británico, con las dificultades –de todo tipo, materiales o simbólicas– que el trabajo intelectual sufre en la Argentina. La revisión de la cobertura de los diarios británicos de los partidos entre Manchester United y Estudiantes de La Plata en 1968 es una placentera excursión al norte londinense, a la hemeroteca de la British Library; hallar una película argentina sobre el mismo hecho supone el azar de su programación televisiva y la posibilidad de su grabación clandestina. Buscando *Imagined Communities* de Benedict Anderson en la biblioteca de la Universidad de Sussex encontré cuarenta y siete ejemplares en el sector rápido (los conté, uno por uno); en la Facultad de Ciencias Sociales de la Universidad de Buenos Aires hay uno para veinticinco mil personas, entre estudiantes y académicos. Mi estadía británica fueron meses de placidez, bibliotecas y conversaciones; mi vida argentina rápidamente volvió a ser el pluriempleo, la escritura nocturna y desplegada en ratos libres o liberados.

Gracias a la Beca René Thalmann de la Universidad de Buenos Aires pude desarrollar la primera etapa de ese doctorado y esta investigación. La beca pretende apoyar, al menos en el subprograma dentro del cual fui incluido, la formación de jóvenes investigadores –el límite de cuarenta años podría ser discutido como habilitación para la pertenencia al universo *joven*; pero no estaba ni está en mi ánimo proponer ninguna modificación a la categoría–.[2] Y especialmente, en las áreas consideradas como *de vacancia*, por la ausencia de desarrollo en campos específicos. Los estudios culturales y sociales del deporte –si aceptamos que esta nomenclatura permite la inclusión de la sociología, la antropología, la historia, los estudios culturales, los estudios en comunicación, la semiótica– no habían sido desarrollados en la Argentina hasta fecha muy reciente. La instalación definitiva del campo a partir del trabajo que dirijo en la Universidad de Buenos Aires desde 1994 permitió que el área fuera considerada

---

[2] Aunque debí ser suficientemente joven para que British Railways me otorgara, en tanto estudiante aunque maduro, una Young Railcard, una tarjeta de descuentos ferroviarios. Éste fue el éxito más resonante de mi vida inglesa. Hoy, siete años después, también el límite de los cuarenta quedó atrás.

pertinente. Pero eso, a su vez, hubiera sido imposible sin el trabajo pionero y la enorme generosidad de Eduardo Archetti, que con infatigable tesón consiguió que estos temas tuvieran impacto y penetración académica en nuestro país. Su generosidad intelectual y su amistad, su crítica constante y entusiasta, asimismo, permitieron que mi trabajo personal y el de mi equipo de investigación crecieran cualitativa y cuantitativamente. Y este libro hubiera sido imposible sin las ideas que sus investigaciones, pioneras y a la vez deslumbrantes, instalaron sobre estos tópicos. Por eso, el primer agradecimiento debe ser para él. Su fallecimiento inesperado, en junio de 2005, nos privó de un gran maestro y un mejor amigo. Pero también nos impidió escuchar sus críticas a la parsimonia y lateralidad de Román Riquelme, que lo volvía sencillamente loco.

Una vez radicado y afincado en Brighton encontré un clima intelectual inédito: la colaboración e intercambio con colegas para los que la existencia del campo era un dato de la realidad, pero no dudaban en someterlo continuamente a crítica; así como tampoco dudaban en volcar su colaboración constante y generosa con el intelectual periférico y asustado que debí parecer –y era– a mi llegada. Todos ellos son co-responsables de que mi estadía inglesa haya sido inolvidable, aunque no puedo acusarlos de los errores de este trabajo: Ben Carrington, Leon Culbertson, Graham McFee, Gill Lines, Udo Merkel, Heidi Stotesbury.

De la misma manera, debo agradecer la solidaridad y amistad de los colegas con los que pude mantener interminables conversaciones, asistir a sus presentaciones, discutir mis hipótesis. Entre muchos otros, y sin ningún orden, Stuart Laing y Pierre Lanfranchi (evaluadores de la tesis de doctorado), Richard Holt, Christopher Young, Tony Mason, Jeffrey Hill, Fabio Chiasari, Gary Armstrong, Gerry Finn, Richard Giulianotti, Paul Dimeo, Frank Galligan (que me refugió para escribir unos días cerca de Birmingham, a cambio de acompañarlo a tomar cerveza), John Hargreaves, Grant Jarvie, Raymond Boyle, Philip Schlesinger. Y en particular, los colegas de la British History of Sport Society[3], que discutieron en tres años sucesivos –1999, 2000 y 2001– presentaciones de partes de este libro.

Y es fundamental, en esta serie, el apoyo de mis directores, John Sugden y Alan Tomlinson. Maestros y amigos: con la sabiduría para indicar lecturas, correcciones y rumbos; con la amistad para apoyar en la distancia y en el extrañamiento de un medio nuevo, lejos de la lengua y las costumbres nativas. De ellos es, seguramente, gran parte del mérito que pue-

---

[3] Nunca dejará de resultarme gracioso haber sido miembro de una sociedad británica... y de historiadores, para colmo.

da hallarse en este trabajo, pero ninguno de sus errores. De ellos es, también, la generosidad para olvidar mi lamentable desempeño como *carrilero* en un partido amistoso contra otro *college*; definitivamente habituado al fútbol cinco y al césped sintético, los 100 metros del embarrado lateral derecho se me hicieron infinitos. El wing izquierdo de nuestros adversarios tomó rápida y debida nota de esas dificultades: sus cuatro goles vinieron por mi lado.

La mayor parte del trabajo de investigación de campo y la escritura del trabajo fue realizada en la Argentina, entre 1999 y 2001. Pero se alimentó además de la investigación que estábamos desarrollando desde 1995 en el Instituto de Investigaciones Gino Germani de la Universidad de Buenos Aires, asistida por financiamiento de la Universidad (desde 1995) y del Consejo Nacional de Investigaciones Científicas y Técnicas (CONICET, desde 1998); luego, también de la ANPCYT, desde el 2005. Por un lado, el invalorable apoyo de los sucesivos directores del Instituto, Enrique Oteiza y Federico Schuster, fue fundamental para esa investigación.

Por el otro, pero merece un párrafo aparte, uso el plural: *desarrollamos* una investigación. Desde esos años dirijo un equipo, integrado por jóvenes estudiantes y graduados, excepcional: por su calidad intelectual y su capacidad, en épocas muy difíciles para el trabajo intelectual en la Argentina, pero también por su calidad humana, su humor increíble, su apoyo y asistencia en todo momento. Este libro es un trabajo individual; pero hubiera sido imposible sin la colaboración de Gabriela Binello, Ramiro Coelho, Mariana Conde –quien además fue una de las primeras lectoras de estos borradores–, Christian Dodaro, Mariana Galvani, José Garriga Zucal, Betina Guindi, Andrea Lobos, Analía Martínez, María Verónica Moreira, Javier Palma, Daniel Salerno, Juan Sanguinetti, Esteban Sottile, Ángel Szrabsteni. Algunos de ellos mis estudiantes, otros tesistas, otros becarios; todos ellos, amigos y colaboradores infatigables, e insistentes fanáticos de este trabajo, que sólo deseaban ver terminado, de una vez por todas. En la misma banda, la de los hinchas por amor a la camiseta, está María Eugenia San Martín, asistente en una bizarra experiencia platense que debiera ser objeto de otro libro, y que durante un largo año soportó mis "tengo que terminar de escribir" con la mejor de las sonrisas. Y especialmente, María Graciela Rodríguez; ex estudiante y tesista de grado y posgrado, becaria, hoy colega en mi cátedra de Cultura Popular; compañera de ruta en todos estos años de abrir un camino y un campo de investigación en la Argentina; co-autora de muchos trabajos; inventora de varias de las ideas de este libro; lectora y crítica aguda.

Entre lo personal y lo académico: Mirta Varela soportó la peor parte, cuando todo era un desafío y un proyecto, cuando las ideas no aparecían o cuando ni yo mismo creía en ellas y me ponía insoportable. Un agradecimiento diferido, porque hizo posible la discusión y también la existencia cotidiana.

Partes de este libro integraron mi tesis para obtener una Maestría en Sociología de la Cultura y Análisis Cultural en la Universidad Nacional de General San Martín, en el Instituto de Altos Estudios Sociales que dirige José Nun. A su confianza y su calidez le debo mi agradecimiento, así como a las críticas que hicieran los evaluadores de esa versión preliminar: José Emilio Burucúa, Rosana Guber y Pablo Semán.

Debo agradecer también a los colegas del Grupo de Trabajo *Deporte y Sociedad* del Consejo Latinoamericano de Ciencias Sociales (CLACSO), con quienes intentamos desde 1999 hasta 2003 la aventura de construir el campo de estudios en nuestro continente. Y a los miembros de la Secretaría Ejecutiva de CLACSO en Buenos Aires, que tanto respaldaron esas aventuras.

Y finalmente, porque sé la importancia decisiva de estos mecanismos en la escritura en general, y en la mía en particular, debo agradecer a Carolina y Carina, las camareras del bar Bricco de Rivadavia y Pasteur, en Buenos Aires, el lugar donde la mayor parte de este trabajo fue escrito, leído, corregido, sufrido. Sólo les faltó discutirlo. Sin ellas, y sin los hectolitros de café que me sirvieron, este libro no hubiera sido terminado jamás.

Partes de este libro fueron sometidas a discusión en presentaciones ante conferencias y simposios, o publicadas como artículos independientes a lo largo de estos años. El que sigue es el detalle de esa circulación:

- Una versión abreviada del capítulo V fue publicada como "Treacheries and traditons: the epic of the poor and the administration of the legitim style in the story of Estudiantes of La Plata", en Armstrong, G. and Giulianotti, R.: *Fears and Loathings in World Football*, London, Berg, 2001, y contó con la colaboración de Ramiro Coelho y Juan Sanguinetti. Una primera lectura del caso de Estudiantes de La Plata fue discutida en "The epic of the poor: the Estudiantes de La Plata-Manchester United matches", ponencia ante la 19th Annual Conference British Society of Sports History, University of Liverpool, 29 y 30 de abril de 2000.

- Parte de los argumentos del capítulo IX fueron publicados en "Argentina versus England at the France '98 World Cup - Narratives of Nation and the Mythologizing of the Popular", en *Media, Culture*

& Society, vol.23, nro.5, Londres: Sage, setiembre 2001, un artículo que escribimos con Alan Tomlinson y Christopher Young.

- Algunas de las ideas de los capítulos II, IV, VIII y IX tuvieron una primera escritura en "Football and Fatherland. The crisis of the national representation in the Argentinean Football", en *Culture, Sport, Society*, II, 3, Londres, Frank Cass, 2000; ese trabajo lo escribimos junto con María Graciela Rodríguez.

- Una primera versión de las ideas sobre la transformación de las identidades futbolísticas argentinas en la contemporaneidad fueron publicadas en mi artículo "Posmodern Times: Identities, Massmedia and Violence in Argentinean Football", en Armstrong, G., y Giulianotti, R. (editores): *Football Cultures and Identities*, Londres, Macmillan, 1999.

- Las primeras reflexiones que luego integraron el capítulo X fueron discutidas en la ponencia "¿La vida por Batistuta? Ciudadanía y narrativas nacionales en el fútbol argentino", ante el Seminario-Taller "Globalización y nuevas ciudadanías", II Jornadas Interdisciplinarias de Filosofía y Ciencias Sociales, Instituto Gino Germani, Universidad de Buenos Aires, 27 y 28 de octubre de 2000.

- La primera versión del capítulo VI se presentó como "Dictatorship and narratives of the nation: the case of Argentina's 1978 World Cup", una ponencia ante la 20th Annual Conference British Society of Sports History, St.Martin's College, Lancaster, 21 y 22 de abril de 2001.

- Parte del capítulo IV, la referida a la película "Escuela de campeones", se presentó como "Argentine National Identity and Football: The creole English. Adventures of a Scot in the River Plate", una ponencia ante la XVIII British Society of Sports History Conference, Sport and Leisure Cultures, Chelsea School Research Centre, University of Brighton, 31 de marzo y 1 de abril de 1999.

En todos los casos, tanto a los colegas que discutieron los trabajos, como a los co-autores de los textos y a los pacientes lectores de las versiones preliminares, mi infinito agradecimiento.

Brighton, abril de 1999-Buenos Aires, julio de 2002/octubre de 2006

I. Introducción: de las hipótesis a las metodologías

1. Fútbol y patria: el fútbol como máquina cultural

Cuando el Campeonato Mundial de Fútbol de 1998 desplegaba todas sus pompas, sus chauvinismos, sus espectacularismos, su televisibilidad, apareció en el diario *Perfil* de Buenos Aires una columna de Beatriz Sarlo titulada "Una comunidad llamada Nación". En él Sarlo anticipaba algunos de los argumentos que quiero retomar: básicamente, esa función de complementariedad que el fútbol parecía cumplir respecto de las mitologías e instituciones que habían construido, históricamente, una "identidad nacional" argentina –recordando el grado de provisoriedad, inestabilidad, no-esencialidad de esa construcción. Sarlo señalaba que, trabajosa y muchas veces autoritariamente, la sociedad argentina había construido la "comunidad imaginada" de la que habla Benedict Anderson en torno de ciertas mitologías básicas:

> Como sea, había Nación. Los argentinos se identificaban con una serie de proposiciones que tenían mucho de mitológico pero también eficacia aglutinadora: frente a la Europa de posguerra, éste era el país de la abundancia, donde se comía como en ningún otro lugar de la tierra; frente al resto de América Latina, éste era el país de la clase obrera industrial, de las capas medias cultas, del consumo más alto de diarios y libros, de la plena alfabetización y del pleno empleo (Sarlo, 1998a: 3).

Pero a mediados de los sesenta, ese imaginario comienza a deteriorarse aceleradamente, por el fin del proyecto industrialista –y especialmente, por el surgimiento de Brasil como potencia industrial latinoamericana–; por el desprestigio institucional, producto de los golpes de Estado y de la debilidad de nuestras democracias; por la violación sistemática de los derechos ciudadanos, hasta el atropello masivo de los derechos humanos más elementales durante la última dictadura. Y especialmente la

crisis de la escuela pública "…que es una crisis cultural y de financiamiento, puso en discusión nuestro lugar como nación culta"; finalmente, "el último giro neoliberal liquida las bases de la ciudadanía social
universal y garantizada por el Estado".

El cierre del artículo de Sarlo retoma la argumentación sobre el fútbol, en la clave que estoy proponiendo:

> Queda bastante poco de lo que la Argentina fue como nación. Las insti-
> tuciones que producían nacionalidad se han deteriorado o han perdido
> todo sentido. Pasan a primer plano otras formas de nacionalidad, que
> existieron antes, pero que nunca como hoy cubren todos los vacíos de
> creencia. En el estallido de identidades que algunos llaman
> posmodernidad, el fútbol opera como aglutinante: es fácil, universal y
> televisivo. No es la nación, sino su supervivencia pulsátil. O, quizás, la
> forma en que la nación incluye hoy a quienes, de otro modo, abandona.

En ese mismo 1998, la aparición de un nuevo libro de Sarlo me sugirió una línea de argumentación, o al menos una metáfora. El libro se
titula *La máquina cultural* y en él se revisan tres instancias de lo que, según
la autora, constituyen distintas "máquinas culturales" que han funciona-
do, con mayor o menor eficacia a lo largo de la historia argentina, con
mayor o menor intensidad o explicitación, como constructores de nacionalidad. La revisión de la historia de una directora de escuela pública
argentina en los años veinte, de la gigantesca operación de traducción de
la escritora Victoria Ocampo entre los treinta y los cincuenta en la revista
y editorial *Sur*, y de una experiencia de cine de vanguardia en los sesenta,
le permite analizar los variados funcionamientos que en distintos momentos de la cultura adquieren operadores clásicos de producción
–imposición, consolidación, reproducción– de imaginarios.

No me interesa revisar aquí la manera en que Sarlo analiza esos funcionamientos, la eficacia de esas operaciones (más fuertes o más débiles
según el caso). Sí quiero retomar la metáfora: ¿puede proponerse al fútbol, en la línea que estoy sugiriendo, como *la máquina cultural posmoderna*?
En los ejemplos de Sarlo, la escuela, la traducción cultural y la vanguardia trabajan como instituciones modernas; se podría agregar el sindicalismo, la política, el universo del trabajo, la clase. En los míos, se puede
postular la posibilidad de una operación de homología, un desplazamiento que es de grado y es temporal. Como analizaré más adelante, la
utilización del fútbol como máquina cultural productora de nacionalidad no es reciente sino que arranca en los años veinte, de manera contemporánea a la máquina escolar. Pero la diferencia de grado está en su

centralidad: el fútbol no constituye, en ese entonces, ciudadanos nacionales con la misma eficacia, intensidad y privilegio simbólico que la escuela pública –se podría agregar: también con menos autoritarismo. ¿Hasta hoy? ¿Se puede afirmar que esa relación se ha invertido exactamente? Incluso: ¿puede afirmarse que la capacidad del fútbol para imponer los significados nacionales trabaja, a su vez, con similar autoritarismo al de la vieja escuela pública, gracias a su mediación/imposición televisiva, a su expansionismo indetenible que parece no dejar resquicios en la cultura de nuestra sociedad?

Sobre la metáfora de la máquina cultural trabajan estos argumentos. Intento así desarrollar una doble hipótesis: por un lado, que la construcción de identidades –históricamente masculinas, pero hoy también femeninas– en la Argentina están atravesadas por el fútbol como causa primera. A la vez, que esas identidades juegan hoy en una tensión entre procesos de tribalización fragmentadora y la construcción de una representación nacional, en un momento particular de la historia que ha sido definido como *etapa global* de la cultura y de la economía.

2. Identidades: pluralidades y centralidades

En la historia de la invención de una *identidad nacional* argentina, como intentaré demostrar, el fútbol funcionó a lo largo del siglo XX como un fuerte *operador de nacionalidad*, como constructor de narrativas nacionalistas pregnantes y eficaces, en general con un alto grado de coherencia con las narrativas estatales de cada período. Esta coherencia –esta relación– merece detenernos un momento. El fútbol no es una narrativa *estatal* hasta que arribemos, como veremos, a las etapas dictatoriales; se trata de prácticas *paraestatales*, en un universo de medios de comunicación de carácter eminentemente privado, que sin embargo tributan a una hegemonía construida principalmente por los aparatos estatales. En las dictaduras, la supresión de la autonomía de la sociedad civil –de su capacidad de producción discursiva por fuera de la palabra autoritaria– reduce esa distancia a cero. Así, propongo analizar esta problemática en cada etapa histórica.

De la misma manera, el fútbol fue un eje eficaz de identidades locales que encontraron en él –en sus prácticas y sus repertorios culturales, en la invención de una cultura futbolística, de una tradición, de un *estilo nacional* y a la vez de variados estilos locales– un punto de articulación. Sin embargo, esa posibilidad identitaria convivió durante esa historia con otros núcleos en torno de los cuales construir narrativas de identidad;

como sociedad moderna y tempranamente urbanizada, aunque periférica, la identidad podía construirse en torno de la clase, de la política, de la edad, del trabajo, de los consumos culturales; con más dificultades, en torno del género o de la etnia. O de sus combinaciones, como lo demostró la aparición de un *movimiento de rock nacional* a fines de los años sesenta, intersectando la nación, la edad y los consumos culturales. La identidad argentina se basó en la pluralidad y la ubicuidad, en la coexistencia de relatos variados que permitieran –mucho antes de que la posmodernidad pusiera en el tapete su posibilidad– múltiples mecanismos para construir identidades, aunque de carácter más estable y duradero que los contemporáneos. Un relato fundamental: *el ascenso social*, relato integrativo y fundamental para una sociedad primero inmigratoria –de los europeos en la Argentina– y luego migratoria –de los provincianos en Buenos Aires. Complementariamente: *la inclusión*, el repertorio de narrativas que incluían sujetos en una sociedad que se pensaba sistemáticamente como un poco más democrática. Basados en aparatos estatales y paraestatales –básicamente: la escuela y la industria cultural–, estos relatos de identidad inventaron una Argentina que, no sin desgarros y fuertes conflictividades, como veremos, se quiso moderna, abierta a *todos los hombres de bien que quieran habitar el suelo argentino…* fundamentalmente a los hombres, claro, en tanto se trató de relatos masculinos administrados por su propietarios.

En los últimos diez años, como intentaré analizar, y contemporáneamente con el profundo giro neoconservador de la sociedad argentina, la exclusión y la desintegración han pasado a ser los síntomas dominantes. En términos de sus operadores de identidad, hallamos la crisis de legitimidad y financiamiento de la escuela pública, que la desplaza como soporte por excelencia del relato de inclusión estatal; y del mundo del trabajo, por la desocupación estructural que ha expulsado –¿definitivamente?– a pingües cantidades de argentinos del mercado laboral. El retiro del Estado, el desmantelamiento de un *Estado de Bienestar* sin bienestar y poco Estado, ha privado a la población –especialmente, a sus clases populares– de su cobertura de servicios (educación, salud, agua, electricidad, gas, vivienda) sin la existencia de algún mecanismo compensatorio (algún seguro de desempleo). Los sindicatos, otrora operadores fuertes de una identidad trabajadora fabricada durante el peronismo, pero a la vez importantes proveedores de servicios de salud y bienestar que complementaban los servicios estatales, entraron en una crisis terminal por la desaparición de sus cotizantes –una clase obrera que ya no se reconoce a sí misma ni económica ni culturalmente– y por su vacío de legitimidad, habiendo sido colaboradores entusiastas de su propio desmantelamiento. La sociedad civil, aún titubeante luego de la experiencia radical de exterminación y terror de la dictadura de 1976-1983, no ha podido articular respuestas alternativas, más allá de las posibles en sectores aún privilegiados de las capas medias.

Este vacío material, porque determina condiciones de vida cotidiana harto difíciles, significa a la vez un vacío simbólico, porque implica el escamoteo de un discurso que volvía a los sujetos *pueblo*, y en esa operación *ciudadanos*. Hoy, esos sujetos son interpelados simplemente como *consumidores*. Consumidores materiales, en el caso de que cierta precaria adherencia los mantenga del lado de *adentro* del consumo; simbólicos, universalmente, por la acción de los medios de comunicación, pero en una operación que señala simultáneamente sus posibilidades –todos podemos ser narrados por los medios– y sus límites: pocas voces tienen, en realidad, acceso a ser representadas. Ante la ausencia de relatos inclusivos, entonces, a excepción de la falacia televisiva, las posibilidades de la identidad se astillan, se multiplican, se vuelven un espejo trizado. El fútbol, espacio de la identidad cálida que sólo pide una inversión de pasión a cambio de un relato de pertenencia sin mayores riesgos, se torna identidad primaria; no un relato entre los otros, sino el único sentido –trágico– de la vida.

De la misma manera, la Argentina se torna un país incapaz de articular un proyecto de inclusión material y simbólico de sus ciudadanos, que re-coloque a una comunidad en crisis en una *globalidad* crítica –porque supone la re-discusión y radicalización de las relaciones centro-periferia, simultáneamente más democráticas y horizontales en lo imaginario, y penosamente más excluyentes en sus relaciones económicas y de poder. Así, la Argentina no puede proponer ni un horizonte de expectativas ni un proyecto de incorporación al mundo, a excepción de la retórica vacía y menemista del *regreso al primer mundo* –el caso inédito de regresar a donde nunca se perteneció... Pero el vacío de sentido es lo intolerable: para reemplazar esa ausencia, los medios de comunicación encuentran un relato vicario, el fútbol, ahora expansivo e indetenible, máquina de capturar sujetos –públicos– e interpelarlos como hinchas, única forma posible, al parecer, de la ciudadanía.

Este trabajo quiere narrar esta serie de pasajes, analizar sus mecanismos, deconstruir sus gramáticas de producción. Intentaré, entonces, describir los caminos para lograrlo.

3. Caminos, primera versión: historia(s) y periodización

Este libro se piensa como un trabajo de análisis cultural. Porque define como objeto una zona —que entiende privilegiada— de la cultura contemporánea, porque intenta producir hipótesis que interpreten esa cultura —en algunas de sus partes, pero con pretensiones de totalidad—, porque trabaja sobre textos y utiliza metodologías específicas de este tipo de interpretación. Y porque, siguiendo la definición clásica de Geertz, entiendo la cultura como una red de significados y su análisis como "una ciencia interpretativa en busca de significaciones".

Para ello, dos son los caminos que sigo: primero, una descripción y análisis sobre la serie histórica, que permitan respaldar las lecturas sobre la contemporaneidad; segundo, la utilización como corpus de múltiples tipos de textos.

La cuestión histórica es central: entiendo con Williams que "cualquier sociología de la cultura apropiada debe ser una sociología histórica" (Williams, 1982: 31). No hay manera de entender el objeto propuesto sin atender a los modos como se fue constituyendo en el tiempo, en su doble juego de práctica autónoma —el surgimiento de un "campo deportivo", en términos de Bourdieu— y de argumento de nacionalidad, como intentaré demostrar. Si el fútbol funciona como máquina cultural, como soporte y argumento de una identidad nacional, entiendo con Archetti que "la identidad nacional o étnica está vinculada a prácticas sociales heterogéneas (guerra, ideologías de partidos políticos, la naturaleza del Estado, libros de cocina, o deporte) y producida en tiempos y espacios discontinuos" (Archetti, 1994b: 239). Esa discontinuidad temporal, entonces, se debe reponer en el análisis histórico.

Pero no lineal: mi argumentación avanza por saltos, a partir de definir una serie de nudos —que entiendo— centrales, que suponen una periodización provisoria del fútbol argentino, y al mismo tiempo delimitan el período cubierto por este trabajo. Ellos son:

    a. la fundación mitológica del fútbol (contemporánea con una fundación mitológica de la Nación) en los años veinte del siglo pasado;

    b. el profesionalismo y la popularización extendida, entre 1930 y 1940;

    c. el peronismo y el primer estatalismo deportivo, entre 1945 y 1955;

    d. la crisis de las narrativas futbolísticas contemporánea de los proyectos desarrollistas y de los experimentos autoritarios en la Argentina de los años sesenta;

e. el neo-esencialismo reaccionario de la dictadura 1976-1983;

f. el ciclo maradoniano, entre 1982 y 1994;

g. la contemporaneidad, desde el retiro de Maradona hasta la actualidad.

Esta propuesta de periodización supone trabajar sobre dos ejes simultáneos y complementarios, uno de ellos endógeno –el que supone recortes temporales sujetos a la lógica de la historia futbolística, por ejemplo los mundiales– y otro exógeno, siempre relativo a la serie política. El uso simultáneo de ambos criterios implica una afirmación: la serie deportiva y la serie política no son autónomas entre sí, y en determinadas ocasiones –el caso de la última dictadura es la mejor prueba– la serie política se erige en dominante, en tanto su lógica ordena todas las prácticas. En otros casos, en cambio –el ciclo maradoniano es el mejor ejemplo–, la importancia de un caso o figura deportiva ordena el campo del significado. La periodización de la historia futbolística no ha sido problematizada en la Argentina –*la historia* no ha sido trabajada, salvo parcialmente por Julio Frydenberg y Eduardo Archetti; pero en general, esta periodización es asumida acríticamente por el discurso periodístico, subsumiendo los años que van de 1930 a 1957 en una así llamada *edad de oro* del fútbol argentino. El rol de esta Arcadia imaginaria será analizado oportunamente.

4. Caminos, segunda versión: las narrativas de la patria

A su vez, volviendo a Archetti, la heterogeneidad de las prácticas sociales que producen una identidad nacional nos conduce a un segundo camino. Archetti sostiene en *Masculinidades* que una etnografía de sociedades modernas –como la que propone realizar sobre la "invención" de una masculinidad argentina– exige una atención múltiple sobre textos diversos. Lejos de la etnografía clásica, las sociedades modernas –letradas y complejas– se leen en soportes disímiles: lo oral, pero también lo escrito y lo televisivo.

El propio trabajo de Archetti no puede ser leído –y reclama no serlo– como una etnografía tradicional:

> La práctica de la antropología en los contextos de "pequeñas tradiciones" implicaba un énfasis en el estudio de prácticas orales: hablar, cantar, rezar. [...] Sin embargo, en contextos de "grandes tradiciones", los discursos sociales estaban y están soportados o expresados a través de la escritura. Los antropólogos que trabajan en sociedades complejas

con amplias tradiciones literarias se confrontan con una variedad de textos. […] Enfrentados con esta densa jungla textual, las estrategias de investigación pueden variar: el énfasis en el consumo de los textos se concentra en el impacto de la lectura, mientras que el énfasis en la producción de los textos perimite la discusión de las implicancias de la escritura en el diseño de formas culturales. Así, cualquier teoría cultural necesita reflexionar sobre la multiplicidad de escrituras, porque las identidades, o la relación entre el yo y lo social, están también creadas y recreadas a través de la escritura y la lectura. Consecuentemente, es relevante preguntarse de qué manera los textos literarios pueden afectar la comprensión antropológica de un contexto sociocultural dado (Archetti, 1999: xii).

En el mismo sentido, me propuse la combinación del trabajo de campo etnográfico –la entrevista a informantes calificados– con el análisis textual, con el eje puesto sobre la manera cómo el significado social es producido como resultado del cruce de textos y oralidades variadas, y no como una simple operación de representación. La construcción de narrativas resulta así un proceso múltiple y complejo, de producción, circulación y reconocimiento de textos diversos. Y las narrativas mismas se vuelven el objeto a través del cual podemos producir una indagación sobre los imaginarios sociales hegemónicos o subalternos, centrales o periféricos, en momentos históricos determinados.

La idea de estudiar cómo una comunidad imagina la nación en trayectos temporales extensos está basada, aunque con reservas, en la argumentación de Homi Bhabha:

> Estudiar la nación a través de su discurso narrativo no llama meramente la atención sobre su lenguaje y su retórica: también intenta alterar el objeto conceptual en sí mismo. Si el problemático 'cierre' de la textualidad cuestiona la 'totalización' de la cultura nacional, entonces su valor positivo yace en desplegar la amplia diseminación a través de la cual construimos un campo de significados y símbolos asociados con la vida nacional (Bhabha, 2000: 213-4).

Entiendo con Bhabha que el papel del lenguaje en la construcción de lo nacional es central, adquiriendo carácter performativo: si las palabras hacen cosas, ciertos discursos *crean* naciones y nacionalidades. Benedict Anderson señala un magnífico ejemplo latinoamericano de esta "tentación performativa": el acto de nominación por el cual el general San Martín, luego de obtener la independencia del Perú, *declara* peruanos a los indígenas andinos y quechua-parlantes, que en su vida habían escuchado semejante palabra. Mi reserva respecto de Bhabha se produce en la valoración de esa performatividad: la distancia que separa esta tesitura de transformar la nación en un mero acto de habla es muy breve, y la tentación posmoderna por transitarla es enorme. Las narrativas no *son* la nación, ni la producen –no por completo, al menos, en cuanto el discurso encuentra también el silencio como límite, y en ese límite juegan la economía, el territorio, o peor aún, la vida de los hombres y las mujeres. Sí son una manera y un lugar adecuados para *leer* –entendiendo el verbo analíticamente– las formas en que esos hombres y mujeres se representan el pasado –a través de la memoria, no necesariamente conservadora– y el presente, y cómo postulan su futuro –a través de la utopía, no necesariamente subversiva. La noción de *representación*, con su consecuencia de *mediación*, es ineludible, tal como la desarrolla Baczko:

> A lo largo de la historia, las sociedades se entregan a una invención permanente de sus propias representaciones globales, otras tantas ideas-imágenes a través de las cuales se dan una identidad, perciben sus divisiones, legitiman su poder o elaboran modelos formadores para sus ciudadanos, tales como 'el valiente guerrero', 'el buen ciudadano', 'el militante comprometido', etc. Estas representaciones de la realidad social (y no simples reflejos de ésta), inventadas y elaboradas con materiales tomados del caudal simbólico, tienen una realidad específica que reside en su misma existencia, en su impacto variable sobre las mentalidades y los comportamientos colectivos, en las múltiples funciones que ejercen en la vida social (Baczko, 1991: 8).

Y en el caso que nos ocupa, es importante destacar que trabajamos con un tipo específico de narrativas: aquellas que utilizan el fútbol como tópico y excusa. La mediación, entonces, se vuelve doble: si las narrativas sobre la nación no son aquello que narran, aunque permitan leerlo y colaboren en su construcción, las narrativas *futbolísticas* sobre la identidad nacional funcionan como un discurso de segundo orden; y en ese desplazamiento, el establecimiento de una igualdad (fútbol=nación) es imposible. Definitivamente: el fútbol no es la patria… a pesar de los desesperados intentos de algunos de sus intérpretes por suponerlo.

5. Caminos, tercera versión: los soportes, los textos, las lecturas

Tanto en la lectura histórica como en el análisis contemporáneo debí utilizar materiales diversos, en función de su mayor utilidad relativa en cada momento del trabajo. La documentación y las fuentes históricas son privilegiadas en el análisis del momento de fundación, en la década de

	PABLO ALABARCES

1920; el cine ocupa ese lugar en la lectura de los años treinta a setenta, para dejar lugar a otros textos mediáticos (gráficos y televisivos) y la oralidad etnográfica en la contemporaneidad. Se combinan entonces en este trabajo la utilización de investigaciones de carácter histórico –los trabajos de Archetti y Julio Frydenberg sobre la fundación del fútbol argentino, o de Raanan Rein y María Graciela Rodríguez sobre la relación entre peronismo y deporte–, la investigación propia sobre fuentes documentales periodísticas en los años sesenta y setenta, un extenso trabajo de análisis sobre periodismo gráfico y televisivo –y sobre varias ficciones– en el último lustro, junto a los datos extraídos de la observación participante y las entrevistas realizadas con hinchas militantes de fútbol argentino entre 1997 y 2001. Y además, de manera importante, el cine.

En el análisis cultural el cine es una textualidad privilegiada. Una mirada atenta a las maneras como se construyen los sentidos sociales sabe que el cine es uno de sus modos de circulación más importantes durante este siglo. Aún a pesar de su desplazamiento por la televisión, el cine continúa siendo un espacio importante de construcción de imaginarios. Cuando trabajamos con perspectivas históricas, y especialmente cuando analizamos mapas culturales entre los años treinta y setenta, su centralidad es manifiesta.

El análisis cultural de los textos fílmicos exige una mirada sobre la especificidad del lenguaje cinematográfico, pero también precisa de la lectura de los filmes como indicios que permitirían la relación con la historia cultural. Mediado por un lenguaje con sintaxis y semanticidad muy específica –como todo lenguaje–, el análisis del cine como objeto cultural no admite ninguna falacia: la vida sigue transcurriendo fuera de la pantalla, y es en su modo de puesta en escena, en aquello que se imagina, donde debemos poner el énfasis. Si entendemos el cine como constructor de imaginarios, ese valor debe desplazar todo error referencialista: el cine –podríamos decir: como la literatura– imagina, sueña, postula. No refleja. En muchos casos, el tamaño del desvío respecto de la historia es lo que cuenta; el cine permite analizar lo que determinados sectores históricos de una sociedad en un momento dado desean, no lo que viven. O, peor aún: el cine puede señalar lo que ciertos sectores de una sociedad *desean que otros imaginen*. Y más importante, al menos para los postulados de este trabajo, para lo que quiero explicar en cada período: el cine permite leer lo que puede ser dicho –*lo que puede ser representado*– en cada momento.

En el caso que nos ocupa, hay dos zonas a explorar. La primera: ¿Cuál es la historia del cine y el deporte? Zonas paralelas de la industria cultu-

ral, motores fundamentales de la producción de imaginarios e identidades, en estos cien años se han cruzado más de una vez, no demasiadas
con fortuna. Porque la ficción se ve debilitada frente a la capacidad dramática del deporte real; el suspenso de una definición por penales no
puede reproducirse, no sólo por la previsibilidad que cualquier espectador medianamente entendido repone –siempre se sabe quién gana, y son
los buenos–, sino porque internamente ese espectador entrenado no
puede olvidar que, si el protagonista falla el tiro decisivo, el director
ordenará otra toma, hasta la conversión –esa magia que volvía a Sylvester
Stallone un buen arquero, en la espantosa película de John Houston
Escape a la victoria. Pero más interesante es la posibilidad que arriesgo, que
pretendo: ¿cómo ha narrado el cine una historia del deporte y la sociedad? O también: ¿puedo narrar una historia del deporte y la sociedad a
través de –cierto– cine? Este trabajo sostiene una respuesta afirmativa: al
menos entre los años treinta y setenta, a través de ciertos textos seleccio-
nados de forma no aleatoria, sino a partir de la manera en que permiten
reconstruir esa historia cultural mayor que los contiene. No hay aquí una
"aplicación" cinematográfica de la metodología de Auerbach en su *Mímesis*; pero sí, al menos, aletea su espíritu:

> El método de la interpretación de textos deja a discreción del intérprete
> una cierta libertad: puede elegir y poner el acento donde le plazca. En
> todo caso, lo que el autor afirma debe ser hallable en el texto. Mis inter-
> pretaciones están dirigidas, sin duda alguna, por una intención determi-
> nada, pero esta intención sólo ha tomado forma paulatinamente en con-
> tacto con el texto, habiéndome dejado llevar por éste durante buenos
> trechos (Auerbach, 1975: 224).

La segunda zona a explorar es más específica. En el funcionamiento
del cine latinoamericano, hay una tarea central que desarrolló, especialmente, entre los treinta y los sesenta: la reposición de un discurso unitario, una ficción de la Nación. Especialmente en naciones de integración
débil, con menor presencia de un Estado central en todo el territorio (el
caso de México, Colombia o Brasil), pero también en aquellas donde a
pesar de esa presencia del Estado las narrativas nacionales pueden encontrar otros soportes –el caso de la Argentina. El discurso de lo nacional
circula, en América Latina, por diversos soportes, por diversos actores
institucionales, estatales y paraestatales. El cine es también, entonces, en
la línea que venimos siguiendo, una *máquina cultural*, un productor de
significados nacionales. Igual que la escuela del Estado, la biblioteca pública, el servicio militar, la literatura, la prensa de masas. En Latinoamé-

rica, donde las tasas de escolarización y alfabetización son menores, el peso de los discursos audiovisuales del cine fue mucho mayor.

Sin que eso implique compartir la tesis de Brunner de una "modernidad ágrafa" latinoamericana, por eso mismo frustrada. En la hipótesis de Brunner, la modernización latinoamericana habría sido producida fundamentalmente por la industria cultural audiovisual, a partir de los años sesenta y la irrupción *desarrollista* de la televisión y los capitales norteamericanos en la región; a diferencia de la modernidad europea, basada en la imprenta y la racionalidad cartesiana, la modernidad latinoamericana no sería una modernidad completa porque habría sido generada por un flujo de imágenes, antes que por la morosidad de la escritura y la lectura. Esta hipótesis descuida dos argumentos: el primero, que tomar la modernidad europea como única posibilidad peca, por lo menos, de eurocentrismo. El segundo, más importante a los efectos de este trabajo, es que los procesos de modernización latinoamericanos sufren profundas asincronías: más allá de ciertas coincidencias y similitudes –los fenómenos de hibridación, la insistencia en las discusiones sobre el *problema nacional*, ciertas coincidencias particulares entre Argentina y Uruguay o Perú y Ecuador, por ejemplo–, cada proceso de modernización exige análisis particulares que se niegan a la caracterización en bloque. De la misma manera, debe señalarse la diferencia del caso argentino, donde la alfabetización fue más rápida, anterior y extendida. Esto es lo que me permite, siguiendo a Sarlo, hablar de una *modernidad periférica* en el caso argentino, donde el adjetivo remite a una doble diferenciación: respecto de la modernidad como fenómeno de los países centrales, y del resto de los procesos latinoamericanos.

Por todo ello es que el cine, a pesar de su importancia, no puede convertirse en "centro luminoso del análisis", parafraseando a de Certeau: no puede ser un único soporte. Debe convivir, debe cruzarse en el análisis con una textualidad múltiple. Que es una textualidad especialmente ficcional: cinematográfica, literaria o televisiva, siempre leída como ficción, permanentemente atento al peligro referencial. Si, como reivindiqué, la preocupación de base de mi trabajo son las culturas populares, entiendo que las ficciones mediáticas (o las de un escritor atravesado por las condiciones de producción mediáticas, como es el caso de Roberto Fontanarrosa) se convierten en un soporte fundamental de las narrativas de la nacionalidad entre las clases medias y populares desde comienzos de siglo. Pero las transformaciones –paralelas y cruzadas– del espacio mediático y de los públicos de masas me exigen, nuevamente, la variabilidad de los textos elegidos: son gráficos hasta los años treinta, son cinematográficos hasta los setenta, son especialmente televisivos en la contemporaneidad. No sólo por el desplazamiento que opera la televisión; también porque casi no hay ficciones cinematográficas deportivas en los últimos veinte años en la Argentina –aunque en los últimos dos, Maradona ha vuelto a obligarme a ver malas películas en su honor. Un único soporte está ausente de mi selección: la radio, básicamente por la casi imposibilidad de acceder a sus textos históricos.

A pesar de que su objeto son, entonces, los discursos de la industria cultural, este libro no subraya la capacidad de los medios para imponer una narrativa particular, sino que señala que esas narrativas se articulan en los medios, en determinado momento histórico. Entiendo, con Sugden y Tomlinson (1998) que

> Las culturas vividas son ellas mismas en gran parte mediatizadas y negociadas a través de fuentes textuales y discursos, pero nunca necesaria o exclusivamente determinadas por ellas. [...] La observación y la interpretación de la naturaleza compleja y cambiante de las culturas futbolísticas en un mundo crecientemente interrelacionado e interconectado puede contribuir a entender las políticas de lo popular y sus relaciones con las identidades sociales, colectivas y populares (171-172).

Los capítulos finales, centrados en el análisis contemporáneo, pretenden contraponer esos discursos con la información etnográfica, que señala distancias y fracturas respecto de los relatos propuestos. Las conclusiones intentan avanzar sobre esta cuestión: el espacio de lo cultural se entiende como un campo de negociación y lucha por la hegemonía, y a pesar de la centralidad que los discursos mediáticos ocupan en la cultura contemporánea –y muy especialmente los deportivos–, esa concepción conflictiva y polémica de lo cultural permanece inalterada. La centralidad de los discursos mediáticos, a pesar de su pretensión de clausura del sentido, sigue sujeta a la apertura y la negociación. El mayor o menor optimismo respecto de las posibilidades de la contestación, la alternativa, la impugnación o la resistencia depende de posiciones más políticas que teóricas. Pero el dato de la negociación es, a esta altura de la teoría, innegable.[4]

Como se verá en el análisis, la multiplicidad textual propuesta supone una lectura zigzagueante, que entra y sale de los textos, que busca

---

[4] Remito ampliamente a una tradición de interpretación, no exenta ella misma de polémicas y duras discusiones, originada en los *cultural studies* británicos, que instaló en la teoría cultural el peso de la recepción en la cultura de masas. No es éste el lugar para desarrollar minuciosamente esta tradición, su apología y su crítica –eso sólo sería objeto de otro libro.

construir mapas más amplios, que pretende, antes que agotar un único foco sobre un único relato, reponer una complejidad que el tiempo real continúa transformando incesantemente. El análisis cultural es un continuo juego de interpretaciones, una continua producción de conjeturas a partir de las huellas en los discursos. La riqueza de esos discursos –la inclusión de los textos de los medios y los de sus lectores, de textos hegemónicos y alternativos, de textos estatales y para-estatales, de textos documentales y también ficcionales– y el rigor de su elección y de su análisis deciden la mayor o menor pertinencia de esas conjeturas. Mi trabajo quiso y quiere practicar simultáneamente esa riqueza y ese rigor. De ellas –de que la propuesta se juzgue rica y rigurosa– depende el valor de verdad de mis conjeturas.

II. Fundaciones: gauchismos y criollismos

1. Invenciones y gauchos

La Argentina, como todos, es un país inventado. Como toda América, en la ficción de su "descubrimiento" y en la violencia de su conquista y ocupación; pero también, en una nominación que supone, imaginariamente, un territorio de riquezas y sólo las encuentra en el bautismo: "tierra de la plata". Y además, en su dificultosa construcción como Estado moderno durante el siglo XIX, la Argentina es objeto ya no de una, sino de varias invenciones: las guerras civiles que marcan la historia entre 1810 y 1880 no son sólo intercambios bélicos, sino también furiosas y encontradas batallas discursivas donde se dirime una hegemonía; lo que las guerras deciden, finalmente, es la capacidad de un sector para imponer de manera definitiva un sentido a toda la Nación. Dos modelos de organización política, social, económica y cultural, con infinitos recovecos y variantes, disputan su condición hegemónica a lo largo del siglo XIX, y culminan con el triunfo de los sectores que se presentan a sí mismos –y así disponen un relato heroico, un panteón, una interpretación definitiva del pasado, del presente y del futuro– como liberales, europeístas, librecambistas, positivistas, representantes de la civilización y del progreso, dispuestos a recrear Europa en América y a suprimir el *atraso* heredado de la conquista hispánica y la presencia indígena. La organización económica se construyó sobre la explotación de la tierra (a través del latifundio) y la –exitosa y económicamente muy rentable– exportación agropecuaria; la política, sobre bases imaginariamente democráticas, pero a través del fraude electoral como forma de perpetuar un sistema de dominio; la social, sobre procesos disciplinadores que cancelaran definitivamente al alzamiento popular como práctica política; la cultural, sobre la admiración por la cultura europea (francesa e inglesa) y la escuela pública, laica y gratuita, como reproductora de un modelo hegemónico y aparato disciplinador.

Pero el fin de siglo y el comienzo de la nueva centuria puso en crisis esa trabajosa construcción: la Argentina se transformó en país inmigratorio, y el aluvión de migrantes europeos supuso la fractura de un modelo económico y social, pero también narrativo. Si hasta ese momento el paradigma hegemónico hablaba del triunfo de la civilización sobre la barbarie, de la cultura europea sobre el salvajismo americano, la modernización acelerada de la sociedad argentina necesitó echar mano de nuevas explicaciones que, al mismo tiempo, disolvieran los peligros que acarreaban la formación de las nuevas clases populares urbanas –sensibles a la interpelación socialista y anarquista; y constituyeran una identidad nacional, unitaria, que la aguda modificación del mapa demográfico ponía en suspenso y fragmentaba en identidades heterogéneas. La respuesta de las clases dominantes, con diferencias y contradicciones, tendió a trabajar en un sentido fundamental: la construcción de un nacionalismo de elites que produjo, especialmente a partir de 1910, los mitos unificadores de mayor importancia. Un panteón heroico único y sin fisuras; una narrativa histórica, oficial y coercitiva sobre todo discurso alternativo; el modelo del *melting pot* como política frente a la inmigración y el subsecuente mito de unidad étnica; y un relato de origen que instituyó la figura del *gaucho* como modelo de argentinidad y figura épica.[5]

El gaucho ha sido objeto de una importante literatura desde distintas perspectivas: como tipo social o económico, como sujeto histórico o cultural.[6] Básicamente, se trató de sujetos rurales, con cierto grado de nomadismo, especialistas en tareas rurales –pero las relativas al ganado; no al cultivo–, magníficos jinetes, con sistemas de fidelidades políticas locales –los *caudillos* provinciales–. No constituyen un campesinado en el sentido moderno del término, en tanto no se estructuran en torno de relaciones económicas o laborales estables con los terratenientes, sino que alquilan su fuerza de trabajo temporariamente. Su irrupción política se da en la Guerra de la Independencia contra España, donde aparecen como

---

[5] En pocos enunciados estoy sintetizando un complejo proceso de construcción nacionalista, explicado y discutido por una importante masa bibliográfica, histórica, cultural y política, que no voy a reponer aquí. Con carácter indicativo, algunos de esos textos pueden ser Romero, 1983; Terán, 1987; Floria y García Belsunce, 1988; Hernández Arregui, 1973; Altamirano y Sarlo, 1982.

[6] Nuevamente, con carácter meramente indicativo: es indispensable la lectura de Rodríguez Molas (1982) para los aspectos históricos, sociales y económicos, y la de Rama (1982), Romano (1984) y Ludmer (1989) para lo relativo a la poesía gauchesca, la marca cultural más importante.

soldados de los ejércitos independentistas, aunque generalmente reclutados por la fuerza; para luego constituir la fuerza principal de los ejércitos formales e informales de los caudillos locales del interior de la Argentina, los *federales*, en su lucha contra las tropas de los sectores que intentan imponer una organización centralizada en Buenos Aires en torno del modelo agroexportador y librecambista, los *unitarios* –a la postre, los vencedores en la guerra civil. La desaparición definitiva del gaucho como sujeto político, económico y cultural no se da por su derrota militar definitiva, hacia 1880; la desaparición del gaucho la produce la explotación intensiva de la tierra con destino a la producción agropecuaria, que no precisa gauchos, sino proletariado rural, *paisanos*. Nomadismo y anarquía ya no son posibles en un espacio económico donde cada porción de tierra debe ser productiva, y cada vaca, un saldo exportable.

El pasaje del sujeto político-social al cultural lo produce, hacia 1810, la aparición de un género literario novedoso: la así llamada *poesía gauchesca*, textos en verso y rimados, con métrica típica de la poesía popular en español (los versos de ocho sílabas), que circula especialmente en hojas sueltas (panfletos) y oralmente (80% de la población era analfabeta), destinados a la agitación política contra los españoles, inicialmente, y contra los adversarios internos, cuando la guerra de la independencia se transforme en guerra civil. La novedad del género la constituye su sistema enunciativo: escrita por miembros de las clases cultas –otra cosa es imposible en la Argentina de comienzos del siglo XIX–, simula el habla de un gaucho que enuncia en primera persona, con la construcción artificial de una –presunta– fonética popular. Este mecanismo ha sido estudiado, especialmente por Josefina Ludmer, como la construcción de una *alianza* simbólica, en la literatura, entre la letra *culta* y la voz *popular*, alianza que reaparecerá en cada uno de los populismos argentinos del siglo XX.

La serie de la poesía gauchesca remata en 1872-1879 con la publicación en dos partes del poema *El gaucho Martín Fierro*, de José Hernández, considerada la obra cumbre del género, un poema extenso que narra las desventuras de un gaucho injustamente perseguido por las autoridades y la policía, reclutado a la fuerza por el ejército, desertor, forzado a la delincuencia, hasta que finalmente –en 1879, el nuevo modelo económico triunfante estaba dando sus primeros pasos– se repliegue sobre una nueva condición de paisano y trabajador rural. El éxito del poema fue monumental, agotando ediciones sucesivas y reproducido oralmente en los medios rurales analfabetos. Su productividad simbólica fue enorme: hacia 1905, puede titular el suplemento cultural de un diario anarquista, *La Protesta*, como símbolo de las clases populares perseguidas; hacia 1912, se entroniza como símbolo épico de un nacionalismo construido desde las clases dominantes. Suerte de *significante vacío*, el gaucho Martín Fierro condensa la figura del gaucho, para ser llenado con los significados que los distintos discursos hegemónicos decidan.

2. La asimilación nacionalista

La respuesta de las clases dominantes frente a la crisis identitaria y política que implicó la inmigración masiva, fue la asimilación y el modelo del *melting pot*: "aunque no sin conflictos, el Estado argentino fue sumamente eficaz en su compulsión asimilacionista" (Guber, 1997: 61). Y la eficacia residió en dos mecanismos: la escuela pública, por un lado, como aparato fundamental del Estado, se convirtió en el principal agente de construcción de esta nueva identidad entre los sectores populares. Lejos estamos de suponer que la imposición de este relato hegemónico fue el único resultado de la escuela pública argentina. También fue un magnífico agente modernizador, en la rápida alfabetización de las clases populares y en la movilidad social que generó. Incluso, buena parte del éxito de la fundación mitológica de la nacionalidad entre esos sectores radica en el elevado prestigio que la escuela adquirió entre ellos. El segundo mecanismo fue una temprana industria cultural favorecida por la modernización tecnológica argentina de comienzos de siglo y por la urbanización acelerada que, sumada a la creciente alfabetización de las clases populares, construyó un público de masas ya en los primeros años del siglo XX.[7] En esa cultura de masas, primero gráfica y desde 1920 también radial y cinematográfica, la narración de la identidad nacional encontró un amplio y eficaz territorio donde manifestarse. A pesar de su carácter privado –el Estado no intervendrá en la política de medios hasta los años cuarenta–, la cultura de masas participa de los relatos hegemónicos, especialmente en torno del peso de la mitología *gauchesca*. Buena prueba de ello será que el primer gran éxito del cine argentino se titulará *Nobleza gaucha*, y que el radioteatro por excelencia de los años treinta será *Chispazos de tradición*, del español González Pulido, de ambiente y personajes gauchescos. Con lo que, en la elección *gauchista* y en la autoría de un español, el *melting pot* revela una eficacia descomunal. Martucelli y Svampa señalan que la elección del mito gauchesco

---

[7] Ver al respecto Rivera (1985).

apuntaba a la caracterización de un núcleo histórico cultural, anterior a la ola inmigratoria. Un proceso que disociaba la 'nación' de la mayoría de los actores sociales del período. La nación [...] fue en sus inicios el resultado de una separación mayúscula entre la elite y los sectores populares [...]. Es así que el mito fundador del gaucho como representante de la nacionalidad implicaba la disociación de ésta con los sectores inmigrantes y trabajadores, marginados del poder, y sobre los cuales se imponía una dominación específica (1997: 97).

Pero en esta producción aparecen ciertos desvíos. Aunque partícipes de la narrativa hegemónica del nacionalismo de las elites, los nuevos productores de los medios masivos, tempranamente profesionalizados, provenían de las clases medias urbanas constituidas en ese proceso modernizador. Y sus públicos, masivos y heterogéneos, presentaban otro horizonte de expectativas: trabajados por la retórica nacionalista de la escuela, sí, pero atentos también a otras prácticas cotidianas. Junto a los arquetipos nacionalistas, las clases populares estaban construyendo otro panteón: junto a los *gauchos* de los intelectuales nacionalistas hegemónicos y académicos, como Leopoldo Lugones y Ricardo Rojas, aparecían héroes populares y reales: los deportistas. Como señala Archetti, en la discusión sobre la identidad nacional los periodistas deportivos, intelectuales doblemente periféricos –en el sentido de Bourdieu: periféricos en el campo periodístico, que es periférico en el campo intelectual– intervinieron con una construcción identitaria no legítima (porque el lugar legítimo es la literatura o el ensayo), pero eficaz entre sus públicos. Así, el fútbol se transformó en la revista deportiva *El Gráfico*, soporte fundamental de esta práctica desde los años veinte, en "un texto cultural, en una narrativa que sirve para reflexionar sobre lo nacional y lo masculino" (Archetti, 1995: 440).

Como señala Archetti, quien estudió largamente la publicación:

El Gráfico es el semanario deportivo de clase media que ha tenido, y continúa teniendo,[8] la mayor influencia en la Argentina. El análisis del contenido de la revista es, en efecto, un análisis de la construcción de un imaginario masculino de las clases medias. Si fue o no hegemónico es discutible, pero no hay dudas acerca de su influencia decisiva en la definición de las diferentes áreas del pensamiento moral nacional y mas-

---

[8] Esta afirmación de Archetti, desde la aparición del diario deportivo *Olé* y desde la decadencia pronunciada de *El Gráfico* desde finales de los 90 (en términos de tiradas y calidad periodística), puede ser relativizada. *El Gráfico* no ocupa ya ninguna posición hegemónica (P.A.).

culino. Los periodistas de *El Gráfico*, generalmente excelentes escritores, piensan como miembros de la clase media pero, al mismo tiempo, dan espacio a la expresión y diseminación de las voces, imágenes y prácticas de los jugadores de fútbol y otros deportistas de orígenes populares y trabajadores. La transformación de éstos en "héroes" o "villanos", en "modelos" a ser emulados o no, y el cuidadoso análisis de sus desempeños, son ejemplos del proceso de construcción simbólica de lo "nacional" a través del examen de las virtudes deportivas. El término "nacional" se usa para indicar que, en *El Gráfico*, voces, desempeños, sucesos o fracasos de los actores populares están combinados con la reflexión intelectual de escritores y periodistas de clase media. Esta confluencia es menos posible en revistas femeninas especializadas o en los semanarios políticos y literarios, donde las voces dominantes son sólo las de las clases altas o medias (Archetti, 1999: 58).

Cabe señalar: esta intervención es posterior y consecutiva a la intervención hegemónica. La *explicación gauchesca* de la nacionalización futbolística argentina que realiza el periodista Eduardo Lorenzo, *Borocotó*, principal intérprete de la operación de *El Gráfico*, es posterior a la constitución del *gauchismo* como narrativa ideológica por parte de Lugones y Rojas. El *gauchismo* existía como narrativa, con significados no fijados y ubicuos, como dije; pero cuando se formula ideológicamente y fija sus significados, adquiere valor explicativo y legitimidad institucional. En 1912 Leopoldo Lugones dicta una serie de conferencias, presenciadas por el presidente Sáenz Peña y su gabinete, tituladas *El payador* y luego compiladas en libro, donde establece su categorización del *Martín Fierro* como poema épico argentino –en la tradición de la épica grecorromana– y fija al gaucho como símbolo máximo de la argentinidad. A partir de 1916, Ricardo Rojas publica su *Historia de la literatura argentina*, cuyo tomo inicial se titula *Los gauchescos*, y donde su versión difiere de la de Lugones en que la serie épica que propone para inscribir al Martín Fierro es la europea medieval (el *Cid* español, la *Chanson de Roland* francesa). Este es el momento en que los intentos de las clases dominantes y de sus intelectuales orgánicos por capturar los sentidos flotantes del mito gauchesco se vuelven texto… y texto exitoso y hegemónico.

En los años veinte, el momento de aparición de *El Gráfico*, estos sentidos están en plena consolidación, lo que ahorra trabajo –y, especialmente, orienta la mirada. Y determina entonces la confluencia entre esferas culturales: como señala Archetti, "la dicotomía radical entre escritores populares y cultos en la Argentina ya no puede ser aceptada" (*idem*: 126-7). Lo que *El Gráfico* inaugura es un nuevo circuito de lectura de esas narrativas, transformadas en relato *deportivo* y construidas para los nuevos públicos populares.

3. Los mecanismos del primer nacionalismo deportivo

Ese proceso de construcción de un *primer nacionalismo deportivo*, como describe Archetti, recorre distintos caminos.

a. Necesita de ritos de pasaje: si lo nacional se construye también en el fútbol, hay que explicar el tránsito de la invención inglesa a la *criollización* –tránsito que se resuelve, en la explicación de los periodistas deportivos, en el mito del *melting pot* y en la naturalización de un proceso que combina lo cultural, lo económico y lo social. Para Borocotó, el mate y el asado transforman inmigrantes laboriosos en criollos auténticos... y en jugadores *nacionales* con apellidos italianos.

b. Necesita del éxito deportivo que vuelva eficaz la representación de lo nacional, porque sin éxito deportivo no hay nacionalismo que valga: allí están la gira europea de Boca Juniors en 1925, la medalla de plata en las Olimpíadas de Amsterdam de 1928, el subcampeonato mundial de 1930 en Uruguay.

c. Necesita de los héroes que soporten la épica de la fundación: los jugadores Tesorieri, Monti, Orsi, Seoane, por señalar sólo algunos. Hacia 1950, cuando esta etapa de heroización mitológica está concluida (veremos en el capítulo IV sus modos de recolocación durante el peronismo), puede verse su puesta en acto. En la película *Con los mismos colores*, de Carlos Torres Ríos con guión de Borocotó, dos espectadores de un partido de fútbol señalan la presencia del ex arquero de Boca Juniors y la selección argentina, Américo Tesoriere o Tesorieri. "¡Qué arquero!", comentan nostálgicos, y narran algunas de sus hazañas, especialmente su condición de arquero invicto del Campeonato Sudamericano de 1925 contra los uruguayos en el mismísimo Montevideo, para luego ser llevado en andas por los mismos uruguayos, admirados de la proeza. Todo el funcionamiento del héroe deportivo está aquí presente: el perfil de prócer (la cámara toma un plano medio en tres cuartos de perfil, mirando hacia el futuro –a la derecha); el reconocimiento comunitario; la narrativa a través de la hazaña; la legitimidad brindada por el enemigo; la representación de la patria. Se puede agregar que el guionista del film, Borocotó, es a la vez uno de los principales inventores de esta narrativa heroica, con lo que la operación mitificadora se vuelve un círculo vicioso: "inventar" un héroe será luego constatar o postular la eficacia de la invención.

d. Necesita de una práctica y un relato de diferenciación: y éste es el *estilo de juego*, más narrado que vivido, pero de una gran capacidad productora de sentido. La idea de un estilo *criollo*, que combina distintos elementos tácticos con prácticas individuales originales, se une con la fundación de ciertos lugares míticos, como el *potrero*, y figuras populares, como el *pibe* (Archetti, 1997). Pero cierta evidencia señala que esta construcción imaginaria trabaja de manera extendida en la nueva sociedad urbana: ya en 1919, el primer número de la revista infantil *Billiken* presenta en su tapa la figura de "El campeón de la temporada", la imagen de un niño con vestimenta futbolística, desgreñado, con las huellas de una ardorosa batalla –un *pibe*–; todo lo contrario a la imagen "oficial" de un niñito pulcro, obediente y escolarizado que es hegemónica en esos años (y por muchos más). De manera larvada, las imágenes alternativas y a la vez complementarias con los discursos de las clases dirigentes circulaban por los medios. De manera incluso contradictoria: la empresa editora de *Billiken*, que también lo es de *El Gráfico*, la editorial Atlántida, responde a los sectores más conservadores y católicos de la sociedad argentina.[9]

Esa capacidad significativa de la invención del estilo criollo de juego, *la nuestra*, funciona especialmente en *espejo*, en la comparación con el *otro* y la atención a la *mirada del otro*:

> Se podría concebir un estilo particular de jugar al fútbol como algo totalmente imaginario, pero, en general, el estilo se desarrolla a través de la comparación con otros estilos de juego [...] Sin embargo, en los quince años que van de 1913 hasta 1928 la transformación desde el estilo británico hasta el *criollo* fue un proceso gradual. En esta transformación, la mirada del "otro distante", los europeos, y del "otro cercano", los uruguayos, será importante (Archetti, 1999: 61).

La construcción de ese estilo incorpora a los hijos de los inmigrantes no británicos, excluyendo a éstos últimos; por el contrario, el británico será un *otro significante*: "Creo que *El Gráfico* también contribuyó a definir, de esta manera, en el campo del deporte, a los británicos como el 'otro relevante' para los argentinos" (*idem*: 65).

El estilo criollo, en la interpretación de Borocotó, es una construcción esencializada y naturalizada:

---

[9] En el trabajo de Mirta Varela sobre *Billiken* puede leerse también el análisis de la construcción de un procerato a través del género biográfico y el peso del *héroe* como narrativa privilegiada de una nación. Como dice Varela (siguiendo a Lowenthal), luego de los años treinta el acento se desplaza hacia los héroes mediáticos (el deporte y el espectáculo). En esta línea, como veremos después, la narrativa nacionalista argentina se ocupará del deporte.

No hay *melting-pot*; hay transferencia de cualidades a través de la absorción de sustancias fundamentales (paisaje y alimentación) [...] El contacto con la *pampa* y su cultura transformó a los inmigrantes. En este sentido, algo único e intransferible devino naturalizado: el contacto con la naturaleza permite transformarse a los hijos de los inmigrantes –sólo a algunos hijos, por supuesto. El estilo de juego se deriva, así, de la naturaleza –es un don natural; un jugador *criollo* nace así, y no puede fabricarse. Lo "natural", lo *criollo*, aparece como una barrera contra la transferencia comunicacional, contra la importación de estilos europeos, lo que será el punto principal de discusión en los años 50 (*idem*: 69).

El estilo se construye entonces como mecanismo de inclusión (de los hijos de inmigrantes *legítimos*: italianos y españoles) y exclusión (de los inmigrantes ilegítimos: británicos), a los efectos de constituir un nuevo híbrido, el fútbol criollo, *la nuestra*:

El *criollo* fue conceptualizado en relación con la integración pero también en términos de creatividad cultural. La hibridez es un mecanismo de creatividad cultural, una especie de creatividad selectiva: en el mundo del fútbol los descendientes de inmigrantes británicos son menos creativos que los descendientes de españoles e italianos. La diversidad de orígenes no excluye procesos de generalización en los que la continua amalgama de nuevas mezclas es un factor clave. Lo "nacional" es un producto híbrido típico, abierto pero exclusivo, ya que los británicos son eliminados del nuevo estilo [...] La identidad nacional en el fútbol pertenece a los hijos de inmigrantes: es una forma cultural creada en los márgenes del *criollismo* de los nacionalistas. La narrativa de *El Gráfico* es un homenaje a los hijos de los extranjeros, excluyendo, explícitamente, a los hijos de los británicos (*idem*: 71).

La constitución de un estilo argentino está reconocida ya en textos del diario local en inglés *The Standard* hacia 1912-1914, con motivo de las visitas de Tottenham, Everton y Swindon en 1912 y Exeter City en 1914. El coach del Exeter afirma que los locales "son hábiles en el *dribbling* y rápidos, pero su punto débil es que son individualistas y tratan de brillar por sobre sus compañeros. Nunca alcanzarán el éxito hasta que reconozcan que hacen falta once hombres para marcar un gol" (*The Standard*, 14/7/1914: 4, cit. en Archetti, 1999: 56). Así, "el imaginario del estilo criollo como opuesto al británico no es solo la creación de la prensa argentina sino también de la inglesa local que, continuamente, opone el estilo británico asociado al sentido táctico, la disciplina, el método, la fuerza y el poder físico, a las virtudes criollas, basadas en la agilidad y en el virtuosismo de los movimientos" (Archetti, 2001: 20).

Pero, como en este caso la nación se construía desde las clases medias y no desde las dominantes, aparecen los desvíos: frente a una idea de nación que remitía a lo pastoril –en el doble juego del mito *gauchesco* y de la propiedad de la tierra, modo de producción dominante–, la nación que se construye en el fútbol asumía un tiempo y un espacio urbano. Frente a una idea de nación anclada en el panteón heroico de las familias patricias y en la tradición hispánica, el fútbol reponía una nación representada en sujetos populares e hijos de inmigrantes pobres. Frente a un arquetipo gauchesco construido sobre las clases populares suprimidas por la organización económica agropecuaria, los héroes nacionales que los intelectuales *orgánicos* del fútbol propusieron eran miembros de las clases populares *realmente existentes*, urbanizadas, alfabetizadas recientemente, que presionaban a través del primer populismo argentino –el partido Radical de Yrigoyen–[10] por instalarse en la esfera cultural y política. Y allí, entonces, radicó su eficacia interpeladora.

Dice Renato Ortiz (1991) que la preocupación por la construcción de una identidad nacional fue una constante en toda América Latina "pues se trataba de construir un Estado y una nación modernos", y que "fue la tradición quien acabó proporcionando los símbolos principales con los cuales la nación terminaría identificándose" (*idem*: 96), que en el caso brasileño pasaron a ser el samba, el carnaval, el fútbol. Agrega Ortiz:

> No tengo dudas de que esta elección entre símbolos diversos en gran medida se produjo merced a la actuación del Estado. [...] Fue la necesidad del Estado de presentarse como popular la que implicó la revalorización de estas prácticas que comenzaban, cada vez más, a poseer características masivas. Finalmente, la formación de una nación pasaba por una cuestión preliminar: la construcción de su 'pueblo'. (*ibidem*)[11]

Es el Estado el que produce este pasaje entre "memoria colectiva" –vivencial y cotidiana– y "memoria nacional" –virtual e ideológica–.[12] O,

---

[10] Como todo argentino sabe, la radicalidad de la Unión Cívica Radical consistía simplemente en el reclamo por elecciones libres y limpias, aunque eso significaba una novedad *radicalmente* democrática en la Argentina de la segunda década del siglo. Por otra parte, se trata de un partido aún hoy sin producción doctrinaria o ideológica, vagamente populista y que oscila entre la derecha conservadora y ciertas posiciones declamatorias social-demócratas.

[11] Esta relación entre nación e invención de un pueblo ha sido señalada también por Greenfeld: "La identidad nacional en su sentido moderno y distintivo es [...] una identidad que deriva de la pertenencia a un 'pueblo', cuya característica fundamental es que es definido como una 'nación' [...] Una población nacional estratificada es percibida como esencialmente homogénea, y las líneas de jerarquía y clase son vistas como superficiales" (Greenfeld, 1992: 7).

[12] Uso las categorías propuestas por Ortiz, 1985.

con más precisión, los intelectuales del Estado, mediadores que construyen ese discurso de segundo orden que es el discurso de lo nacional. En la Argentina, la temprana modernidad de su sistema de educación popular, de su industria cultural, de sus públicos masivos, permitió la aparición de un conjunto de intelectuales profesionales de los medios que elaboraron este discurso de la nacionalidad, más cercano a las clases populares, al mismo tiempo que los intelectuales oficiales del Estado construyeron otro, en ciertos sentidos divergente, pero dominante. La divergencia consiste en que el primer nacionalismo argentino es un nacionalismo de elites, vertical, atravesado por tendencias fascistas –como el golpe de estado de 1930 vendría a ratificar, al expulsar al radicalismo del gobierno para entronizar la primera dictadura militar argentina. El nacionalismo deportivo, por posición, porque transforma el espacio de lo representable y lo representado, es más democrático, en tanto confía en la capacidad de los héroes y las prácticas populares para investirse de los significados de la patria. No significa esto que este discurso sea alternativo; como dije, generalmente es complementario y funcional al discurso dominante. Pero indica un nuevo actor, que el elitismo virulentamente antipopular de un Lugones –que escribe la proclama del golpe militar del dictador Uriburu– no puede leer, de ningún modo, sino para rechazarlo.

Esta pluralidad, la coexistencia de relatos que designan actores distintos y narran proyectos disímiles, nos permite entender ese primer nacionalismo como algo más que una mera retórica. La construcción de una nación moderna, entre los años veinte y los treinta, implica además la puesta en juego de políticas y prácticas: el populismo yrigoyenista y la primera incorporación de los actores populares en el siglo XX; la proto-industrialización de los treinta; las migraciones internas; la progresiva construcción de un discurso nacionalista económico –que veinte años después será recuperado por el peronismo. Este nacionalismo se piensa como periférico, comienza a integrarse agresivamente, se desarrolla (lentamente, y con mayor virulencia en los treinta) como antiimperialismo –la única posibilidad para que un nacionalismo periférico no devenga reaccionario.[13]

El fenómeno no es sólo argentino. Todavía nos debemos en América Latina un trabajo que ponga en contacto, de manera comparada, los modos

---

[13] Este nacionalismo derivará, especialmente a partir de los años cuarenta, en dos líneas: una reaccionaria y persistentemente fascista, y otra que se vincula al peronismo, de carácter más democrático, que terminará alimentando ideológicamente formaciones de la izquierda peronista en los años sesenta y setenta.

de construcción de la nacionalidad moderna. La preocupación por lo nacional está omnipresente en todo el continente –producto de la herencia colonial, de las migraciones, de esa plurietnicidad que todavía no se llamaba multiculturalismo–; pero los modos de su resolución varían fuertemente entre, para citar sólo algunos ejemplos, los devaneos del mestizaje pos-esclavista del caso brasileño, el indigenismo andino, el estatalismo mexicano, la asimilación integracionista argentina. De la misma manera, varían –y necesitan su puesta en comparación– los organismos actuantes: instituciones estatales o paraestatales, la educación, el ejército, los medios masivos de comunicación (fuertes operadores de nacionalidad, desde la radio a la televisión, pasando por el cine).

Volviendo a nuestro objeto: podemos proponer que es esa aparición temprana del discurso de la nacionalidad relacionado con el fútbol, difundido eficazmente entre las clases populares desde los años 1920, lo que permitirá que dos décadas más tarde su mitología se vuelva ritual celebratorio de la *patria*, alcance su condición hegemónica. Para ese clímax, un escenario más propicio será suministrado por la experiencia populista del peronismo.

4. Alteridades

Ese ejercicio de una narrativa deportiva nacionalista necesita, como dije, la invención de un *Otro*, en tanto la invención de una identidad exige una alteridad que le permita autoafirmarse. Ese Otro está demasiado a mano, y es el inglés, el padre, el inventor, el maestro. Asumida esa condición originaria, la invención de un enfrentamiento mítico está a un paso. Pero el mito se respalda, como todo relato social, en alguna realidad: y ella es que el fútbol argentino se construye históricamente en una progresiva *criollización* del origen británico, criollización que puede leerse como conflictiva. El salto de la realidad histórica al mito está en cómo, treinta años después, ese enfrentamiento puede leerse como "antiimperialismo".

El fútbol argentino se desarrolla, fundamental pero no únicamente, en tres zonas paralelas:

a. Las escuelas de la comunidad británica, que siguiendo el ejemplo de sus pares metropolitanas y el del Buenos Aires English High School, incorporan crecientemente la práctica de los deportes insulares como parte de una concepción educativa, pero también colonial: *mens sana in corpore sano*, y a la vez reproducción de las pautas de sociabilidad original y aislamiento comunitario.[14]

b.	Los clubes sociales y deportivos, primero de la comunidad y luego rápidamente imitados por las clases dominantes argentinas, permeables a toda influencia británica, celosos cultivadores de la mímesis más estricta. La lengua es parte de esa mímesis: las familias patricias argentinas, después de todo, presumen de su dominio del inglés.

c.	Los clubes fundados por empresas para sus empleados. Esta zona de desarrollo es más tardía en el tiempo, desde 1890 en adelante. Pero se revela rápidamente eficaz, y será el nexo fundamental que permita la aparición de nuevos sujetos practicantes. Aquí aparecen las clases medias, que se van conformando al influjo de la inmigración europea, la urbanización acelerada y la modernización de la sociedad argentina. Los ferrocarriles son especialmente aptos para esta posibilidad: Ferro Carril Oeste o Rosario Central Railway, por ejemplo. Hacia fines de siglo, y con mayor énfasis en la primera década de la nueva centuria, aparecerán clubes fundados por estos sectores, basados en nuevas afiliaciones, barriales, territoriales antes que laborales.[15]

En 1893 este movimiento general de expansión de la práctica de fútbol se consolida en una Asociación, se transforma en una estructura burocrática e institucional. Si bien el desarrollo de una Liga puede remontarse a 1891, en 1893 se funda la Argentine Association Football League, presidida, como es natural, por el "Father of Argentine Soccer", Alexander Watson Hutton, sobre el que me extenderé en el capítulo IV. El peso británico en la Association es crucial, al punto que el inglés es el idioma oficial de las actividades institucionales. Los participantes no pueden imaginar otra posibilidad: sus gramáticas de producción no se lo permiten. Esa historia continúa por veinte años: en 1903, la Association elimina el "League" de su nombre;[16] sólo en

---

[14] En 1905 se funda uno de los clubes de nombre más caricaturescos: el Newell's Old Boys. El club había sido formado por ex-alumnos del Anglo-Argentine Commercial School, en Rosario, cuyo *headmaster* era Mr. Isaac Newell. Sobre este proceso puede verse Taylor (1998) y Graham-Yooll (1981).

[15] Este proceso ha sido investigado en la Argentina por Julio Frydenberg. Mi relato resume sus datos.

[16] Y según Taylor (1998), la *Association* argentina se afilió a la *Football Association* inglesa. Pavada de colonialismo, digno de un chiste jauretcheano. Dicho sea de paso, la Asociación Inglesa o FA es el único cuerpo burocrático futbolístico del mundo que no precisa incorporar la nacionalidad en su denominación oficial. Inventores, dueños, administradores del fútbol durante mucho tiempo, los ingleses obligaron al resto de la galaxia a practicar la distinción. Piénsese, además, que estamos en pleno apogeo del Imperio.

1912 cambiará por el español, cuando producto de un cisma se funden simultáneamente la Federación Argentina de Football y la Asociación Argentina de Football. Pero sólo en 1934 la denominación virará definitivamente al castellano, con la fundación de la actual AFA, donde la F reenvía al castellanizado *fútbol*. De la misma manera, los presidentes son sucesivamente Watson Hutton, A. Boyd, Charles Wibberley y Francis Chevallier Boutell. En 1906 es elegido un connotado miembro de la oligarquía argentina, Florencio Martínez de Hoz, señalando un cambio parcial de rumbo (el reemplazo de una aristocracia colonial por otra nativa) que se ratifica con la adopción del español como lengua oficial de la Association (Palomino y Scher, 1988).

Un proceso similar, también idiomático pero más ampliamente cultural, es el que tiene lugar en las canchas. Los primeros participantes de los torneos de Liga son los clubes y escuelas que conforman los grupos antes señalados, todos ellos indicando la pertenencia a la colectividad británica, tanto en los nombres de los equipos como en la nómina de los jugadores: juegan el Buenos Aires English High School, el Lomas Athletic Club, el Belgrano Athletic Club, con teams integrados por apellidos anglófonos. En 1900 la escuela de Watson Hutton gana su primera Liga, pero en el mismo momento debe cambiar de nombre: la League decide que los colegios participantes deben abandonar sus nombres originales, para evitar que se entienda una propaganda comercial. Así, los integrantes del equipo eligen el nombre *Alumni*, latinismo que designa su condición identitaria: *alumnos de la escuela*. Entre 1900 y 1911, el Alumni domina por completo el mapa futbolístico; gana todos los campeonatos, salvo los de 1904 y 1908 (obtenidos por el Belgrano Athletic). En 1912 un club exclusivo de la colectividad británica, el Quilmes Athletic Club, gana el campeonato de la entonces Federación Argentina, y en 1913 el torneo fue ganado por Racing Club, equipo formado a partir de un grupo de jóvenes del suburbio industrial de Avellaneda, y cuyo nombre estaba originado en el Racing de París. Unánimemente, el relato histórico y el costumbrista insiste en reconocer a Racing como el primer campeón *criollo* del fútbol argentino. Racing dominará los torneos durante toda la década. En este mismo momento, una etapa clave del fútbol argentino, se produce la disolución del Alumni, la entrada masiva a la Federación de equipos integrados por argentinos nativos, muchas veces hijos de inmigrantes italianos y españoles (o ellos mismos inmigrantes), y el comienzo del retiro de la práctica del fútbol de los equipos británicos, que comienzan a refugiarse especialmente en el rugby. El ejemplo británico había sido exitoso: los nativos habían adoptado su deporte. Hacia 1912, sólo en la zona de influencia de Buenos Aires se contabilizan 482 equipos, tanto en las dos Federaciones oficiales como en las Ligas independientes, formadas a partir de afinidades espaciales o laborales.[17]

El rol de estos equipos en el marco más amplio de la sociedad argentina ha sido señalado por Archetti:

> La expansión del deporte en la Argentina se puede asociar al desarrollo de la sociedad civil ya que las organizaciones y clubes deportivos generaron espacios de autonomía y participación social al margen del Estado. En ese contexto particular las prácticas deportivas y, en especial, los deportes de equipo permitieron establecer un "espacio nacional" de competencia real y de movilidad social –ya que los mejores deportistas de las provincias pudieron hacer carrera en Buenos Aires– y de unificación territorial y simbólica. La prensa y la radio en la década del veinte jugaron un papel crucial en esta dirección. *El Gráfico* […] enfatizará la importancia de los deportes de equipo ya que permiten que una nación se exprese, que sus integrantes tengan una 'conciencia nacional' y superen las identidades locales de clubes o de provincias, y porque hacen posible que las diferencias de estilo, en competencia con otros equipos, puedan ser pensadas como manifestaciones de 'estilos nacionales' (Archetti, 2001: 13).

Pero estos nuevos equipos no sólo han reemplazado el apellido Brown por el Perinetti, sino que ha sido reemplazado todo un sistema ideológico y de clase. La oligarquía es desplazada por las nuevas clases populares en formación, pero también es desplazado el *fair play*, entendido como un conjunto de normativas éticas que remite a una concepción ideológica –y de clase– de la práctica. Un nuevo concepto de masculinidad está siendo creado, vinculado a condiciones de vida radicalmente diferentes, donde el tiempo libre y de ocio no aparece como natural sino como conquista gremial. Necesariamente, este proceso debe desembocar en el profesionalismo, signo último de la democratización de la práctica institucional del fútbol argentino.

Como intentaré analizar, esta construcción anti-británica alcanza su clímax narrativo durante el peronismo, cuando, a pesar del desplazamiento que la posguerra opera sobre los imperialismos dominantes (los años dorados de la *pax* americana), el fútbol persistirá en su definición de un enemigo. A modo de anticipo: en 1953, luego de la primera victoria futbolística ante Inglaterra, algún periodista exaltado exclamará "Primero nacionalizamos los ferrocarriles, ahora nacionalizamos el fútbol".[18]

---

[17] Nuevamente, son datos de Frydenberg (1998).
[18] Es una cita de Bayer, 1990.

III. Apropiaciones: el profesionalismo según un ferretero español

1. El fútbol y la Argentina en la Depresión

El surgimiento del profesionalismo deportivo es señalado, en una interpretación clásica, como el origen de todos los males, como el comienzo de la corrupción y el mercantilismo.[19] En la Argentina funcionó como la única forma posible de democratizar la práctica deportiva. Hasta 1931, año en que el "amateurismo marrón" del fútbol (el cobro de salarios encubiertos) se transforma en liso y llano profesionalismo, el acceso de los sectores populares al fútbol sólo hallaba la limitación de la dependencia económica, de la necesidad de destinar al deporte el tiempo libre, del exiguo excedente producido por el trabajo, de las exigencias horarias laborales. Las clases dominantes podían dedicarle tiempo, dinero y esfuerzo.

¿Cuáles fueron las causas por las que, a pesar de sus desventajas relativas, los sectores populares se acercaron al fútbol y, lo que es peor, triunfaron en él? Seguramente, una multiplicidad de factores: entre los que considero más importantes se encuentran las razones internas al juego, las que tienen que ver con una importante economía –la relación entre costos y cantidad de participantes posibles, y la facilidad de su desarrollo con bajos equipamientos en su momento informal, no institucionalizado–, su capacidad dramática, su democracia en torno a los participantes –cualquiera puede jugarlo. Lo cierto es que el fútbol funciona como un imán poderoso para los nuevos sectores populares de las dos primeras décadas y, en el momento que narrara anteriormente, el desplazamiento de las clases dominantes de las canchas las lleva a refugiarse en el domi-

---

[19] Huizinga (1968), especialmente, entiende la profesionalización deportiva como la clausura de las posibilidades lúdicas del deporte, en la aparición del beneficio económico. En relación con el fútbol, es la interpretación que en la Argentina retoma Sebreli, radicalizando las interpretaciones apocalípticas (1981, 1998).

nio de las instituciones (clubes y asociaciones). El profesionalismo es el último golpe: ahora los pobres pueden dejar el trabajo, porque sus remuneraciones de futbolistas les permiten mantener una familia... y como veremos, algo más.

El film *Los tres berretines* (Lumiton, 1933)[20] sirve para repensar ese momento. Pero también, al ambientar el relato en su contemporaneidad, los comienzos de la década de los treinta, implica tomar la crisis económica de la época como contexto inmediato: la crisis sobrevuela la narración, es agente y causa eficiente del conflicto. Y de ahí la posibilidad de la pregunta: ¿cómo vivir en/con la crisis? Mejor: ¿cómo *salvarse*?

Estamos hablando de una crisis que no es sólo nacional; se trata de la Gran Depresión de los años 1930. La crisis alteró la estructura económica argentina, hasta allí enteramente dedicada a la producción agropecuaria, a la exportación de productos primarios y a la importación de manufacturas. El descenso abrupto del comercio internacional por la recesión perjudicó gravemente la economía: la reducción del intercambio alcanzaba entre el 67.5 y el 60.2 %, junto a una abrupta caída de precios de la producción primaria. Si bien la reducción del comercio argentino no alcanzaba las proporciones de las potencias industriales, la baja de los precios agropecuarios y la suba de los industriales generaba un cuadro difícil. Esta drástica caída de los precios agropecuarios encuentra un correlato inverso en el alza de las manufacturas hacia el final del período.

La consecuencia inmediata de la crisis fue un cuadro agudo de desocupación y empobrecimiento generalizado de los sectores populares. Si las estadísticas oficiales hablaban de 393.997 desocupados en 1932, fuentes opositoras cifraban esa cantidad en tres millones. La caída del poder adquisitivo y el consumo alcanza una manifestación ejemplificadora en la disminución de espectadores teatrales: de los 6,9 millones de 1925 se pasa a los 3,4 millones de 1935. Aparecen en la zona del Puerto de Buenos Aires las primeras aglomeraciones precarias: los "Barrios de las Latas", repletos de desocupados expulsados de sus viviendas y de migrantes internos que buscan, inútilmente, trabajo en la ciudad. Durante muchos años (hasta las explosiones hiperinflacionarias de 1975-76 y 1989-90, que la desplazan por mérito propio), la *crisis del treinta* perdurará como imborrable en el imaginario colectivo de los argentinos.

Otra consecuencia de la crisis es la detención definitiva de los flujos inmigratorios. Si éstos habían decrecido notablemente a la finalización

---

[20] La dirección del film es firmada colectivamente por el equipo Lumiton, la productora. Las versiones indican que el rol de director fue cumplido principalmente por Enrique Susini, por lo que se le suele atribuir la autoría de la película.

de la primera guerra mundial, a partir de 1930 el desaliento a la inmigración se transforma en política estatal. El decreto presidencial del 16/12/1930 establece el aumento de los aranceles de visación consular; el del 26/11/1932 ordena a los funcionarios consulares la suspensión de permisos de embarco a inmigrantes sin ocupación fija o recursos comprobados. Es así que entre 1931 y 1940, llegan apenas 72.200 inmigrantes al país, contra 1.120.000 que arribaran entre 1901 y 1910. La década de los treinta significa, en consecuencia, un proceso drásticamente distinto al de períodos anteriores, basados en los conflictos que la heterogeneidad cultural y lingüística de la inmigración generara en el plano simbólico.

Asimismo, es un punto de transformación de la economía argentina. A tono con el keynesianismo impuesto en casi todo el mundo, el gobierno conservador debe producir un giro en la política económica librecambista hacia una mayor intervención del Estado, ligada especialmente al proteccionismo arancelario; se crean en esos años las Juntas Reguladoras de la producción agropecuaria, que implican por primera vez una intervención planificadora del Estado en la organización de la producción rural. Un proceso que se había iniciado tímidamente durante los gobiernos de la Unión Cívica Radical, desde la primera guerra, se acentúa en los treinta como política de sustitución de importaciones. Y esta tendencia desarrolla dos fenómenos: la industrialización y la migración rural. Si bien la industrialización productiva es por ahora lenta, va reconvirtiendo la estructura económica: los establecimientos industriales, que entre 1913 y 1935 habían pasado de 39.189 a 40.600 (un crecimiento del 3% en veintidós años), ascienden a 53.866 en 1939: un aumento del 33% en cuatro años. Entre 1914 y 1940, la población ocupada en las actividades industriales ha crecido un 122,3%, contra un crecimiento de apenas el 19,3% en el sector agropecuario (menor que la tasa demográfica). Hacia 1944, por primera vez en la historia argentina, el porcentaje del PBI correspondiente a la industria supera al agropecuario.[21]

El paulatino crecimiento industrial y la baja (estabilizada) de los precios agropecuarios, sumado a la pauperización del poblador rural y sus pésimas condiciones de vida y trabajo, llevan a éste a migrar hacia los centros urbanos, principalmente a Buenos Aires. Al despoblamiento del campo le corresponde la urbanización acelerada: del 50% en 1914 se llegará, promediando la década del 30, al 60% de población urbanizada. Proceso que se radicalizará cuando la industrialización se transforme, durante el peronismo, en política de Estado. En 1957, la tasa de urbanización será del 65%.

---

[21] Los datos económicos fueron tomados de Dorfman (1970).

Entre 1936 y 1947, el 40% del crecimiento vegetativo de las provincias migra hacia Buenos Aires y las grandes ciudades del interior (Rosario, Córdoba, Mendoza, Santa Fe). Cabe destacar, asimismo, que hacia 1936 los inmigrantes son fundamentalmente habitantes de países limítrofes. Esa afluencia de migrantes a las ciudades también provoca una reducción de las tasas de analfabetismo, por el más fácil acceso a los servicios educativos públicos. Si bien la reducción del analfabetismo había sido muy acelerada desde la sanción de la ley de Educación Común en 1884 (se pasa de un 78% de analfabetos en 1869 a un 35% en 1914), hacia 1938 esa tasa se ha reducido al 18% en el total del país y un 7% en la ciudad de Buenos Aires. La urbanización, la caída del analfabetismo, especialmente en el medio urbano, y una lenta recuperación del poder adquisitivo (acelerada a partir del peronismo) motivarán a partir de mediados de la década de los treinta un auge de la industria cultural de masas.

2. Un relato del éxito deportivo

¿Cómo narra *Los tres berretines* las posibles salidas a la crisis? Para Manuel Sequeiro, el ferretero que compone el actor Luis Arata, no hay posibilidad de discusiones: la única salida, repetida boca a boca, de inmigrante a inmigrante, es trabajar; y para los hijos, el camino es el estudio, la profesión, salvo para los duros de mollera a los que sólo les queda heredar el negocio. La linealidad de la fórmula no permite desvíos: si Eduardo (Florencio Ferrario) es arquitecto, todo irá bien, tarde o temprano; si Lorenzo (Miguel Ángel Lauri) y Eusebio (Luis Sandrini) son brutos para los libros, la ferretería es grande y cariñosa.

Pero las transformaciones del aparato productivo, y especialmente de la industria cultural, no dejarán de asombrar al pobre gallego. Por un lado, debe tolerar mujer, hija y suegra que tienen como afición básica (*berretín número uno*) el cinematógrafo. Pasión que consume pupilas día y noche, incluyendo los enamoramientos (la abuela pierde la razón por *Adolfo Menjunje* –Adolphe Menjoux–, según traduce al andaluz el abuelo personificado por Héctor Quintanilla). Pero *pasión femenina* (sólo las mujeres van al cine, como mucho acompañadas por un homosexual, Pocholo): por ende, improductiva. ¿Para los cánones de la época, de los autores, del ferretero, de todos ellos? El cine no aparece como pasión improductiva desde la óptica de los productores de *Los tres berretines*; por el contrario, aparece como forma de producción industrial, criterio al que se asocia gran parte de la crítica del estreno, que prefiere desprenderse del juicio estético frente a la película y festejar la inauguración del cine sonoro argentino como industria. Y no está de más recordar que "los locos" que asociados en Lumiton inventan el cine sonoro, son los mismos que más de una década atrás habían inventado la radio (¿en la Argentina? ¿en el mundo?).[22] No sólo productividad, entonces, sino además el pionerismo que caracteriza toda la etapa fundadora de la industria cultural en la Argentina. Pero el cine en tanto industria es problema de hombres: para la mujer, es el lugar donde sólo se ponen en escena los deseos, aún en la crisis.

El *berretín uno* queda descartado como salida: ningún hijo promete hacerse cineasta, como máximo la hija será consumidora (y en la economía del relato, esta hija no tiene peso). El problema aparece con el *berretín número dos*: Eusebio no sabe nada del *sol/fa* pero, cultor del tango, se empeña en silbar la musiquita que le dará fama, dinero y mujeres. "*¿Tango? Fuera de aquí, atorrante*", responde el padre enfurecido. Y esa condición de artista se opone tanto al modesto ámbito de la ferretería como al humor del ferretero, a quien si soportar mujeres cinéfilas ya le parece excesivo, tener un hijo *músico* y tanguero le resulta el colmo de la desgracia. La incomprensión paterna no descorazona a Eusebio: como marca de fábrica de lo que será el personaje Felipe de Sandrini, es ante todo *buenazo*, toda paciencia y corazón. Él debe poner sobre el pentagrama su tango, trabajosamente atesorado en sus silbidos.

El devenir de Eusebio puede verse como otro registro de la problemática de la industria cultural de la época. Si en la pasión tanguera, en el boliche, en la peña, pueden leerse el ámbito de los consumos, en el periplo iniciático que transforme a Eusebio en compositor con pentagrama se asientan variantes más complejas. Entre otras: las escuelas de música de los barrios —en una de ellas, la llamada *Golfo di Salerno*, un profesor italiano promete un título por diez pesos, y al volcar los silbidos de Eusebio los transforma en una tarantela; el pianista profesional de tango en los ratos libres escribe partituras como *changa*; el tango es estrenado

---

[22] Los "locos" son Enrique Susini, César Guerrico, Luis Romero Carranza y Miguel Mujica, que luego de producir la primera transmisión de radio en 1920 –para muchos, la primera en el mundo: Bosetti, 1994– y conducir una emisora comercial, se vuelcan al nuevo cine sonoro. La crítica discute la condición pionera: pocas semanas antes Argentina Sono Film estrena *Tango*, sonorizada. En *Tango* el sonido no es usado como elemento dramático, sólo como cortina musical (los tangos cantados en el film), usándose inclusive los carteles para los diálogos. En *Los tres berretines*, por el contrario, en la primera escena el sonido funciona como un fuera de campo indicativo de un hecho (el desorden de la ferretería a causa de un pelotazo). Entonces: el primer sonido dramático del cine sonoro argentino lo produce una pelota de fútbol...

por el *conjunto nacional Foccile-Marafiotti*, la orquestita del boliche, el bar
con número vivo; y un personaje antológico, *el poeta*.

Una vez que Eusebio consigue su partitura, le pide al cantor Luis
Díaz que se la estrene. Díaz le recuerda: *"¿Y la letra? Mirá, allá está el poeta.
Por un café con leche te la hace."*

El poeta es un estereotipo: pelos largos continuamente mesados, oje-
ras, barba de días, corbatín, pluma perenne, cara de hambre. Y como
buen trabajador intelectual, ante el pedido y el salario prometido, pone
manos a la obra:

> *Tristezas fúnéreas.*
> *Los grillos me oprimen*
> *y tus ojos negros ya no me redimen.*

Ante la sorpresa de Eusebio, que esperaba un tango y se encuentra
con *"otra tarantela"*, el poeta responde soberbio: *"Qué culpa tengo yo de su
estultez supina"*. Pero cuando Eusebio, patronal al fin de cuentas, retira el
café con leche prometido, el poeta acepta las condiciones del intercambio, las reglas de la industria, para asentir:

> *"Bueno. Posaré versos pedestres."*

> *Araca la cana, ya estoy engrillao,*
> *un par de ojos negros me han engayolao.*

Eusebio festeja, Díaz canta, el poeta come y el tango se estrena. El
circuito productivo se ha cerrado.

Pero falta el *berretín número tres*: Lorenzo proclama, ante la mirada
atónita del ferretero gallego, para el que la única ética es la del trabajo:

> *-"Mi porvenir está en el fútbol."*
> *-"Pues entonces, fuera de mi casa, atorrante."*

El juego es más complejo. Porque Lorenzo es Miguel Ángel Lauri,
forward de la célebre línea delantera del Estudiantes de La Plata entre
1928 y 1934: Lauri, Zozaya, Scopelli, Ferreira y Guaita.[23] Nombre y rostro al que la prensa gráfica de la época ha hecho suficientemente famoso
como para que el pacto ficcional se torne más rico: por supuesto que el
porvenir de Lorenzo/Lauri está en el fútbol, quién lo puede dudar, sólo

---

[23] Con lo que el film inaugura, además de la serie de novedades descripta hasta aquí, la
costumbre de incorporar figuras de otros campos del *entertainment* al trabajo actoral. Los
actores, agradecidos.

papá Manuel puede rebelarse ante ese destino de patadas y *goals*. Pero Manuel se resiste, nuevamente, ante la posibilidad de que la industria cultural alternativice las formas productivas clásicas. ¿O es que acaso un futbolista *produce*?

Para la lógica del relato, el futbolista de la familia no sólo produce dinero: produce el conflicto (la expulsión del hogar), produce el clímax, produce la resolución del conflicto. Los treinta y nueve goles de Lorenzo consiguen que las mujeres dejen el cine para ir a la cancha; que el padre se reconcilie con el hijo; que Eusebio tenga los cinco pesos para pagar su partitura; que el hijo arquitecto, Eduardo, desocupado porque la crisis no respeta ni a los profesionales universitarios, construya el nuevo estadio del club, tenga trabajo, gane dinero, y en consecuencia recupere a la *pituca* Susana Del Solar (Luisa Vehil) para casarse con ella. Frente a la afirmación de Eusebio: *"Vos sabés que la crisis es mundial, y nosotros los intelectuales, semos los mártires"*, Lorenzo contesta con goles, sentidos y dinero. Manuel, resignado y orgulloso, mirando el partido final desde un poste de teléfono (porque el fútbol es masivo y no se puede entrar a la cancha), ante el grito de gol y el atronador *¡Sequeiro!¡Sequeiro!* comprende definitivamente que las cosas han cambiado.

La última escena congela el estado final de las cosas; Manuel y María, los padres orgullosos, espían desde una ventana el nuevo panorama de su familia. El analfabeto musical Eusebio *dirige una orquesta*, ante la mirada atenta y seducida de dos mujeres (consecuencia directa de la fama); el futbolista Lorenzo brinda con las autoridades del club, con el poder institucional que le debe a sus goles la posibilidad de construir un nuevo estadio. Y el arquitecto, devenido constructor de canchas, reduce su festejo a besar a la novia reconquistada. Este profesional que triunfa gracias al fútbol es una nueva condensación: porque su novia, *niña bien* con piano de cola y viajes a Europa, bailarina clásica que habla de *tú* en vez de *vos*, y que estuvo a punto de perderse en los brazos de un muchacho *bien*, está ahí, besándolo antes del fundido final, gracias a los goles del hermano atorrante y goleador.

3. ¿Quiénes somos *nosotros*?

Los tres berretines deja leer muchos rastros de un momento del imaginario. Básicamente, aquellos que remiten a un horizonte de expectativas: simultáneamente, el crecimiento de una industria cultural que organiza la sociabilidad y la subjetividad, y la crisis de un sistema de legitimidades, donde la ilusión del *hijo doctor* deja paso a otras formas —ahora—

legítimas del ascenso social. Desde ya que esta legitimidad es una legitimidad parcial, que no se postula como universal; es una legitimidad de clase que no se pretende exterior a la clase que la formula. Nuevamente, los actores interpelados son las clases medias construidas en la inmigración; pero, a diferencia de los Borocotó que analizáramos en el capítulo anterior, en este caso encontramos que estas clases medias funcionan como actores, no como intermediarios. En el universo representado en el film, los sujetos son pensados y presentados como practicantes, no como productores de discursos sobre la práctica. Por otro lado, ese mismo universo nos permite pensar la extensión del concepto *clases populares*: estos sujetos se ven a sí mismos en tensión entre un mundo *de abajo*, de donde proceden y al que todavía pertenecen su hábitat –la casa de barrio– y un sistema de consumos –el diario popular *Crítica*, el fútbol, el bar, y un mundo *de arriba* al que ni siquiera el estudio les permite acceder. En un momento del film, la posibilidad del casamiento entre el arquitecto Eduardo y la niña Susana es puesta en cuestión por un asistente circunstancial al espectáculo de danzas donde bailará ésta: "*¿Arquitecto? Dicen que es hijo de un ferretero…*".

Hablamos de una tensión entre dos polos: pero si hay un universo aun inferior, éste no está representado. No se habla de *hambre*, se habla de *crisis*; el despido de Eduardo de su estudio de arquitectura no lo lleva a la mendicidad ni al *barrio de las latas* de Retiro. El universo "superior", por el contrario, está representado de manera esquemática –Susana habla de *tú* frente al voseo generalizado o toca lánguidamente el piano, frente al ambiente bohemio y vital del bar– y, un hallazgo de la representación, la cámara permanece estática en un plano general cuando filma su actuación como bailarina clásica, frente a los movimientos continuos y la búsqueda de encuadres novedosos que realiza en el resto de las escenas.[24] La representación trabaja sobre una dicotomía *nosotros-ellos*, donde la convocatoria del *nosotros* es amplia, y la representación del *ellos* está estereotipificada. Pero el conflicto se mueve por lo simbólico: por los consumos, por el lenguaje.

Que en este contexto de representación el eje pase por el fútbol, no deja de ser significativo. La película nos permite leer un momento de la construcción de una nueva legitimidad, un momento en que las operaciones de apropiación popular de una práctica de elite están concluidas y han sido exitosas. De allí en más, lo que veremos es la ampliación de

---

[24] Para un análisis centrado en la retórica cinematográfica de este film puede verse Romano, 1998.

sus posibilidades de sentido. En *Los tres berretines* la referencia se limita al barrio, a la familia, a la clase (según postulamos); para que esa referencia se amplíe a la patria, hace falta un nuevo contexto.

Pero además, la película narra un punto de inflexión crucial: es el momento en que los relatos de los *héroes de la producción* dejan lugar definitivamente a los *héroes del consumo*, siguiendo las categorías de Lowenthal que ya citamos. Los relatos heroicos de la industria cultural, los relatos modélicos, pasan de los inventores o los industriales *self made* (con la figura de Thomas Alva Edison o Henry Ford como emblemas) a las estrellas de cine o los deportistas. Lorenzo, el hijo futbolista que salva a la familia, se inscribe en esa serie triunfante; Eduardo, el arquitecto, designa la serie desplazada.[25]

---

[25] Pierre Lanfranchi (comunicación personal) me señala que hay otra intervención fílmica en esos años que permitiría leer cosas similares: la biografía paródica de Bernabé Ferreyra en *El cañonero de Giles* (Manuel Romero, 1936). Creo que su colocación paródica, justamente, desviaría esta interpretación: la carrera del goleador es leída en clave puramente humorística, sin otras consecuencias.

IV. Conciliaciones y panteones: la patria deportiva en el peronismo[26]

1. ¿De qué hablamos cuando hablamos de peronismo?

> Esos diez años fueron ejemplares y no hubo, posteriormente, otros intentos sistemáticos de vincular el deporte con la nación a través de políticas estatales claras y articuladas. Se podría decir que a partir de 1955 la relación entre deporte y nación se da cada vez más fuera del Estado (Archetti, 2001: 116).

Trabajar la relación entre peronismo, nacionalismo y deporte exige una presentación somera de la enorme complejidad política, económica y cultural de este período. Ninguna presentación esquemática –la que permitirían los rótulos fáciles de populismo, fascismo periférico o bonapartismo, todos ellos posibles pero ninguno con suficiente capacidad descriptiva– nos ayudaría a comprender por qué, en los diez años que van de 1945 a 1955, se producen las narrativas nacionalistas más novedosas.

La movilización popular del 17 de octubre de 1945, reclamando la liberación del entonces coronel Juan Domingo Perón –que había sido detenido por los propios militares en un golpe interno– y el posterior triunfo electoral de éste en febrero de 1946 significan la espectacularización de las transformaciones sociales y económicas producidas entre 1930 y 1945. Tal como señalara en el capítulo anterior, la industrialización y la migración interna habían provocado la conformación de un proletariado urbano moderno, constituido básicamente por nativos del interior del país, que habían desplazado lentamente de los sindicatos a los viejos

---

dirigentes socialistas y anarquistas, vinculados con los grupos inmigrantes. La detención de los flujos inmigratorios y su reemplazo por los migrantes internos había alterado sustancialmente la composición demográfica de las clases trabajadoras, determinando su nacionalización; el proceso industrial, a su vez, había conducido al desplazamiento de los gremios de servicios, privilegiando el poder de los gremios industriales. Junto a ello, el descrédito de las dirigencias gremiales tradicionales durante la década anterior, por su ineficiencia frente al gobierno conservador, condujo al progresivo recambio por líderes sindicales sin tradición partidaria, o que se plegaban rápidamente a los grupos peronistas, a partir de la política social obrerista de Perón.

Junto a los sectores trabajadores, primeramente organizados en torno al Partido Laborista y luego en el Partido Peronista (posteriormente Justicialista), confluyen en el peronismo sectores políticos muy disímiles. Por un lado, socialistas y anarquistas desencantados; radicales opositores a la conducción conservadora de su partido; grupos nacionalistas clericales, que conformarán el ala derecha del nuevo movimiento y se harán cargo de la política educativa y cultural; los militares industrialistas, que ven en Perón la posibilidad de desarrollar una industria pesada nacional; y una nueva burguesía, vinculada a la industria liviana para el mercado interno, que crecerá vertiginosamente a partir de la orientación económica del gobierno peronista. Inclusive, el primer ministro de Economía de Perón, Miguel Miranda, es un representante de este sector.

La política económica peronista radicaliza el proceso iniciado tímidamente en los años treinta, transformándolo en política estatal. El ministro Miranda nacionaliza el Banco Central y crea el Banco de Crédito Industrial, para orientar el crédito bancario hacia el sector industrial; nacionaliza el comercio exterior, diversifica los mercados para evitar la dependencia de las exportaciones agropecuarias a Gran Bretaña, y reorienta el excedente económico de la producción primaria hacia la secundaria. La transferencia de la renta agropecuaria se ratifica con cuantiosas inversiones en infraestructura: nacionalización de ferrocarriles y teléfonos, creación de una Flota Mercante, construcción de gasoductos y rutas, apoyo a la producción petrolífera estatal, creación de escuelas-fábricas, a fin de capacitar aceleradamente mano de obra. El control del comercio exterior y del cambio de divisas permite utilizar las reservas para financiar una política distribucionista, con notorias similitudes con la implantación contemporánea del *Welfare State* en los países europeos. Las consecuencias de esta política se advierten rápidamente: el Producto

Bruto Industrial aumenta un 50% entre 1941 y 1948. La industrialización será, bajo la conducción de Miranda, fundamentalmente liviana y de sustitución de importaciones, relegando hasta una etapa posterior al sector siderúrgico. Pero su producción se orienta hacia el mercado interno que, con el aumento del poder adquisitivo de los sectores populares, se vuelca masivamente hacia el consumo doméstico.

La política distributiva del peronismo se asienta sobre la mayor participación del sector laboral en la economía. El porcentaje asciende sostenidamente desde 1945 en adelante, hasta un pico en 1954:

Participación del sector laboral en el PBI

Año	Porcentaje
1945	45.9
1946	45.2
1947	46.2
1948	50.2
1949	56.1
1950	56.7
1951	52.8
1952	56.9
1953	54.6
1954	57.4
1955	55.0

Fuente: Portnoy, 1972.

Correlativamente, se advertirá un sostenido aumento del poder adquisitivo de las clases trabajadoras, a partir del aumento del salario real: sobre una base 100 en el bienio 1943/1944, se llega un índice de 140 entre 1950 y 1952.

El apoyo de los sectores populares a Perón se ratifica en la continuidad de su política social: a la jubilación y el aguinaldo se le suman las vacaciones pagas, la indemnización por despido, la creación de un fuero laboral en la Justicia que sistemáticamente privilegia a los trabajadores, la construcción acelerada de escuelas, la gratuidad de la enseñanza universitaria, la creación de una Universidad Obrera Nacional especializada en carreras técnicas y reservada a trabajadores, y una eficaz política sanitaria, conducida por el ministro de Salud Pública, el sanitarista Ramón Carrillo, que mediante la construcción de hospitales y la extensión de la cobertura permite la erradicación de males hasta entonces endémicos, como la tuberculosis. En el campo de la política social aparece una figura crucial de este período: la esposa del presidente Perón, María Eva Duarte de Perón.

Eva Perón se constituye en un símbolo condensador de la etapa. Hija ilegítima, proveniente de una familia humilde del interior de la provincia de Buenos Aires, llega a la Capital en los años treinta para trabajar en la industria del espectáculo, como actriz radiofónica, teatral y cinematográfica. A partir de su casamiento con Perón, en 1945, se vuelca a la política conduciendo la Fundación Eva Perón, dedicada a la beneficencia, la concesión de subsidios, el apoyo a escuelas e instituciones de la niñez, la donación de juguetes, mobiliario y vestimenta a sectores necesitados. La activa participación de Eva Perón en el campo social genera rápidamente un movimiento doble: la idolatría por parte de los sectores populares (ratificada por la propaganda oficialista a través de los epítetos de *abanderada de los humildes* o *jefa espiritual de la Nación*), y el odio de los grupos dominantes tradicionales, que ven en la mujer del Presidente una representación de la transformación social: el acceso al poder de las clases humildes –peor: de una bastarda. La influencia política de Eva Perón sobre el gobierno es pronunciada: el destino de varios funcionarios depende de su aprobación o desaprobación. Es a la vez una oradora destacada, dramática y desgarrada, de gran comunicación con las masas. Hacia 1951, luego del primer intento de grupos militares liberales por derrocar al Presidente, la actividad política de Eva Perón se radicaliza. Ante las elecciones de renovación presidencial, la Confederación General de Trabajadores (CGT) propone la fórmula Juan Perón-Eva Perón, duramente cuestionada por grupos de poder y sectores militares por la resistencia que genera la figura de Eva. El 22 de agosto de ese año, en la movilización más importante reunida hasta entonces (dos millones de personas), Eva Perón renuncia a la candidatura en lo que será celebrado en las efemérides peronistas como el *día del renunciamiento*. Un año después morirá a raíz de un cáncer, el 26 de julio de 1952, a los 33 años.

La muerte de Eva Perón coincidió con un progresivo proceso de burocratización del gobierno peronista y un avance del autoritarismo, manifestado en la censura, la persecución a opositores y el control ideológico en la enseñanza. Asimismo, la abrumadora propaganda estatal, basada en el culto a la personalidad, le iba granjeando el distanciamiento de los sectores medios y altos, que nunca pudieron acostumbrarse a la fuerte transformación de las estructuras sociales que significara el aumento en la capacidad de consumo de los sectores populares; la enemistad se manifestaba a través del mote despectivo de *cabecitas negras*, aplicado por los porteños a los migrantes del interior.

La economía también se fue transformando. El financiamiento de la política distributiva estaba tocando fondo a partir del agotamiento de las reservas y la caída de la producción agropecuaria, exacerbada entre 1950 y 1952 por pérdidas extraordinarias en las cosechas por causas climáticas. Esta caída productiva y la necesidad de recuperar saldo exportable lleva a Perón a reemplazar a Miranda al frente de la economía que, encabezada por Ramón Cereijo, se reorienta hacia el sector externo. En 1952, el proyecto de una industria de base lleva al Plan Nacional de Austeridad, a fin de recuperar capitalización; junto a ello, se intenta obtener un flujo de capitales externos, aunque las reglamentaciones derivadas de la Constitución de 1949, que bloqueaba la posibilidad de reexportar las ganancias obtenidas, dificultan este proceso. Los avances existen: sin embargo, no se alcanza a generar un desarrollo industrial pesado que otorgara bases más sólidas a la economía distributiva. Hacia 1953-54, el poder adquisitivo de los salarios decrece y aumenta la inflación. Unido a una oposición virulenta, el clima se torna crítico.

La política cultural peronista había quedado en manos del nacionalismo de derecha, clerical y tradicionalista. De allí la importancia que adquirió la recuperación del patrimonio histórico (los edificios y lugares significativos son declarados *monumentos nacionales* y se financia su preservación), y la conservación de las manifestaciones folklóricas, con la acción del Instituto Nacional de la Tradición, creado por la dictadura de 1943-46. Además del tradicionalismo de derecha, el peronismo lleva a cabo una política distributiva también en este aspecto: la creación de escuelas, la reducción de los índices de analfabetismo, la creación de orquestas estatales, los conciertos gratuitos, la distribución de libros escolares. La concepción estatista del peronismo lo lleva a formular por primera vez una acción decidida en el campo de la cultura, incluyendo zonas novedosas como el deporte, como veremos más adelante. Pero la política más notoria se realiza como consecuencia de las transformaciones económicas, independientemente de la planificación estatal.

Como producto del aumento del poder adquisitivo se acentúa el proceso señalado durante la década anterior, en el sentido del sostenido aumento de los consumos culturales de masas: es el momento en que se encuentran las mayores tiradas de los medios gráficos. Se multiplican las grabaciones discográficas, aunque el tango, hegemónico hasta ese momento, se ve desplazado por el auge de la música folklórica, a raíz de que la mayoría de los consumidores son migrantes del interior. La radio es el medio predilecto, y el radioteatro el género más exitoso. Las salas cinematográficas trabajan a lleno, al igual que los restaurantes, los salones de baile, los espectáculos y bailes de Carnaval, y los estadios deportivos: las cifras de venta de entradas para los partidos de fútbol baten récords y establecen promedios hasta hoy no superados.

Donde también se desarrolla la participación del Estado es en la política respecto de los medios de comunicación de masas. A través del tiempo, el gobierno peronista se adueña de las emisoras radiofónicas, de varios diarios, crea el primer canal de televisión (en 1951), subsidia la producción cinematográfica. El proceso de creciente autoritarismo que se desarrolla desde 1951 en adelante lo lleva a marginar de los medios de comunicación a todos los profesionales opositores, y a acentuar la propaganda estatal. En abril de ese año, el gobierno expropia el diario opositor *La Prensa*, uno de los matutinos más antiguos de la Argentina, fundado en 1869, y tradicionalmente vinculado con los sectores más conservadores de las clases dominantes, para entregarlo a la CGT. Para la oposición, este acto es una provocación.

El descontento se extiende rápidamente, con variadas sublevaciones militares y movimientos civiles de apoyo. En 1954, el inicial apoyo que la Iglesia Católica había brindado al peronismo se revierte: la jerarquía eclesiástica toma distancia del oficialismo, y éste en respuesta deroga la enseñanza religiosa en las escuelas, suprime los subsidios a las escuelas clericales, instaura el divorcio vincular, legaliza los prostíbulos y preconiza la separación de Iglesia y Estado. Ante el enfrentamiento, los sectores nacionalistas clericales, civiles y militares, se integran a la oposición.

En junio de 1955 una sublevación encabezada por la Marina bombardea Buenos Aires, causando una masacre entre los civiles concentrados en la Plaza de Mayo. La rebelión es rápidamente sofocada; por la noche, militantes peronistas incendian diversas iglesias del centro porteño. El 16 de setiembre de ese año, una nueva revuelta, esta vez liderada por el Ejército bajo la conducción del general Eduardo Lonardi, un nacionalista católico, y con el apoyo de grupos autodenominados "comandos civiles", vence a las fuerzas constitucionales: obtiene la renuncia de Perón, que se exilia e inicia un peregrinaje de 17 años por Centroamérica y España.

2. La patria deportiva

El período que va de 1945 a 1955 es un momento central para dar cuenta de las relaciones entre el deporte, los sectores populares y las operaciones político-culturales del Estado.[27] La incorporación al proyecto de industrialización de los sectores populares requirió de mecanismos culturales para reelaborar un nuevo significado comunitario de nación: estos mecanismos son, especialmente, la utilización de los aparatos del Estado para generar una idea de comunidad, entre ellos la educación elemental, obligatoria y masiva, la propaganda estatal, el militarismo y otras acciones tendientes a la afirmación de la identidad nacional. No escapa esto a lo que puede considerarse "clásicamente" un populismo: en él, la asociación entre Pueblo y Nación aparece como principio constructivo, y las tendencias a constituir "momentos fundacionales" son recurrentes. El populismo peronista en la Argentina puede considerarse como un proceso de inclusión de las grandes masas populares en la cultura urbana, destinadas a ser beneficiarias de la redistribución del ingreso: sectores hasta ese momento ilegítimos vieron ampliada la esfera de su participación política en función de la ampliación de sus derechos, que se extendieron de la ciudadanía política a la ampliamente llamada *ciudadanía social*. Lo que aparece como central en esta argumentación es el despliegue de mecanismos inclusivos: el peronismo incorpora sujetos de manera masiva; discursiva, ideológica y económicamente. La nación entonces aparece como un enorme continente, que escamotea su carácter de clase para exhibirse (¿para percibirse?) como una construcción común.

De esta manera, y aún con titubeos y contradicciones, el nacionalismo peronista se exhibe a la vez como un relato fundacional e inclusivo (una "nueva" Nación, un nuevo "Pueblo" que recupera una "popularidad" históricamente determinada –básicamente, el yrigoyenismo) y como una política, legible tanto en sus datos estructurales (la legislación, la nacionalización de las actividades económicas básicas, la distribución del ingreso, la incorporación de las clases populares al consumo) como en sus datos simbólicos: la construcción poderosa de un nuevo "nosotros", de gran eficacia, y que no se explica, únicamente, en la apelación a los "mecanismos de consenso autoritario".[28] Así, el deporte no se institu-

---

[27] Esta zona de trabajo no ha sido explorada. Hay sólo tres textos publicados sobre el tema: Rein (1998), Senén González (1996) y Rodríguez (1996b), y dos más que lo incluyen como capítulo: Palomino y Scher (1988) y Archetti (2001). En ningún caso hay una investigación sistemática y concluida, aunque las interpretaciones de Rodríguez, tomadas de su Tesis de Maestría (de 2002), son las que guían mi versión del problema.
[28] Como alegan, por ejemplo, Rein (1998) o Ciria (1983). El tratamiento de Martucelli y Svampa (1997) es en ese sentido mucho más atento a la multiplicidad de acciones que construyen el consenso peronista.

ye como suplencia, como vicariedad, sino como el dato que confirma, en un universo complementario, el doble juego de expansión (de la Nación) e inclusión (de los nuevos actores populares).

En síntesis, la importancia que tiene este período para indagar en la relación entre deporte y nacionalismo, reside en tres aspectos que aparecen como datos fuertes de estos años: la expansión deportiva –ya sea desde el punto de vista comunitario como el de alto rendimiento; el auge y la consolidación de una industria cultural de sólido rasgo intervencionista; y la irrupción en la esfera política de un nuevo actor social, las clases populares, llamadas a ser imaginariamente protagonistas y destinatarias de las políticas de Estado. Esta aparición en escena de las clases populares y su nominación como "pueblo", al tiempo que define, como dije, la interpelación populista al convertir a las masas en pueblo y al pueblo en Nación, colocó al deporte como un dispositivo eficaz en la construcción de una nueva narrativa nacional.

Al mismo tiempo el espectáculo deportivo se inaugura como un nuevo ritual nacional posible –hasta ese momento prácticamente inimaginable por la sociedad política– ampliando el repertorio simbólico común. Sin duda, las posibilidades político-estatales del fútbol, como deporte privilegiado, ya habían sido exploradas. La excursión del presidente Roca con un equipo a Brasil en 1904, su asistencia a los partidos Alumni-Southampton, la intervención del dictador Uriburu en la primera huelga de jugadores de 1931, son algunos de sus mojones (como demuestran Scher, 1996 y Palomino y Scher, 1988). Pero se trata de intentos personalizados y aislados, no puestos en correlación con una política sistemática, ni deportiva ni ampliamente cultural, como es el caso del peronismo. La colocación del deporte como nuevo (y legítimo) símbolo patrio, como intento argumentar, es un invento peronista del que no se puede retroceder, que fija una gramática invariable desde entonces en adelante (por ejemplo, los telegramas de felicitación presidencial ante cada éxito deportivo internacional).

Lo que me interesa aquí es que el espectáculo deportivo aparecía por primera vez como válido para integrar el repertorio nacional y que su legitimidad estaba dada por su vínculo con lo popular. Y un buen lugar para analizar esto es, nuevamente, el cine.

3. Próceres populares: una lectura de la historia

De la (escasa) serie de filmes argentinos que trabajan –directa o indirectamente– el tema del deporte, un porcentaje superior al treinta por ciento se produjeron durante este período (apenas diez años sobre setenta de historia del cine argentino sonoro), lo que señala, provisoriamente, el peso de la temática en las expectativas de consumo. Por otro lado, los filmes deportivos durante el peronismo no fueron documentales propagandísticos, e incluso escaparon a las referencias explícitas o laudatorias propias del aparato mediático estatal. El peronismo *no se nombra* en las películas peronistas sobre deporte; y si hablamos de "películas peronistas" es porque creo –y trataré de demostrarlo en el análisis– que el peronismo es su gramática de producción, sea por la colocación de sus productores –el caso del guionista Homero Manzi– o, más ampliamente, por las significaciones puestas en juego. Clara Kriger ha señalado lo mismo respecto del marco general del cine en el peronismo: el cine comercial no alude directamente al peronismo, sino con mecanismos más sutiles de referencia, en la puesta en escena de un clima de ideas y de ciertas narrativas –el rol de la mujer, el ascenso social, la resolución de los conflictos.

Estos filmes están lejos de pretenderse o formularse explícitamente como parte de un operativo propagandístico. En *En cuerpo y alma* (Leopoldo Torres Ríos, 1951), una mínima y clásica historia de lealtades y amistades barriales permite la puesta en escena del equipo y las figuras que acababan de obtener el primer Campeonato Mundial de Básquet, en 1950; empero, el relato permanece confinado al juego entre amateurismo y profesionalismo, la tensión entre el afecto y el interés, la fidelidad al barrio o al amigo, sin ninguna referencia al triunfo deportivo mundial que, por el contrario, el aparato publicitario peronista había destacado como "uno más" de los logros del gobierno. De la misma manera, en un fragmento de *El hincha* (Manzi, 1951), donde tampoco se nombra al peronismo, el protagonista (Ernesto Santos Discépolo) debe afrontar un problema de salud de su madre: "para la vieja la mejor", dice, tras lo cual la interna en un sanatorio privado sin importar los costos, a pesar de que el contexto hubiera preferido el hospital público, opción lógica tanto para un obrero automotriz como para la política de salud del primer peronismo. Como señalé, la puesta en escena del peronismo pasa por un estado del imaginario, no por la explicitación de uno u otro de sus actos de gobierno, o por las loas habituales en un sistema que ya para ese entonces había instalado fuertemente el culto al líder.

En relación con las operaciones de reinterpretación del nacionalismo otros filmes ficcionales permiten aproximaciones interesantes. En una de las últimas escenas de *Pelota de trapo* (1948), quizás la más importante película de la serie tanto por su calidad como por su repercusión, se produce un diálogo curioso: el personaje central, Comeuñas (Armando Bó), futbolista estrella que debe retirarse por una afección cardíaca, es reclamado por el público presente en una final sudamericana entre Argentina-Brasil. En el vestuario, su amigo y descubridor le reprocha su presencia y se niega a autorizarlo a jugar el tiempo suplementario definitorio. Sin embargo, Comeuñas, mirando a la bandera argentina que flamea en el campo de juego, le insiste a su amigo con este argumento: *"Hay muchas formas de dar la vida por la patria. Y esta es una de ellas."* Frente a tamaño alegato el amigo consiente, y Comeuñas entra a la cancha. Previsiblemente, convierte los tantos definitorios, sufre dolores en el pecho, pero resiste y no muere. La patria acepta su esfuerzo pero no le exige su inmolación.

Más allá de las lógicas del melodrama, el fragmento remite (por primera vez en las películas deportivas argentinas) a una interpelación que vincula, explícitamente, las actuaciones deportivas con los argumentos nacionales. En el contexto populista, la asociación Pueblo-Nación permite que los sujetos populares participen en la construcción de la nacionalidad desde roles, hasta ahí, descentrados e ilegítimos. *Pelota de trapo* supone la posibilidad de un nuevo procerato, de carácter popular: los héroes que la fundación mitológica había construido se están transformando, ahora, en decididas encarnaciones de la patria.

En el mismo período que estamos trabajando, otro film merece un análisis más detenido. La película *Escuela de campeones* (1950) relata la historia del escocés Alexander Watson Hutton y su club fundador, el *Alumni*. Pero el filme se integra en una serie mayor: *Escuela de campeones* participa de la lista de películas con guión de Homero Manzi (connotado intelectual orgánico del peronismo) que en esos años diseña una historia pedagógica para consumo de masas: la historia argentina es narrada a través de *La guerra gaucha, Su mejor alumno, El último payador*.[29] *La guerra gaucha* es la puesta en escena del libro de Leopoldo Lugones; la novela y el film relatan la guerra de guerrillas de los gauchos del Norte de la Argentina contra los españoles en la guerra de Independencia. *Su mejor alumno* es la biografía filmada de Domingo Faustino Sarmiento. *El último payador*, en cambio, es la biografía de Betinotti, payador y poeta popular del cambio del siglo, actor clave en la constitución de una cultura de masas en la primera modernidad argentina. La aparición de la figura de Betinotti y de Watson Hutton junto a la Independencia y el procerato delata, en el conjunto, su disposición a producir una narrativa de la

---

[29] Ver al respecto los trabajos de Eduardo Romano (1991 y 1993).

nacionalidad; producto coherente de una etapa populista de producción cultural, esta historia argentina para las masas populares, fuertemente incorporadas al consumo cultural de los años cuarenta y cincuenta, se desplaza entre el relato escolar y la mitología de masas.

La narración de *Escuela de campeones* insiste pedagógicamente en vincular lo narrado (inicialmente, una banalidad, una historia deportiva) con nombres y procesos legítimos de la historia argentina: de manera "casual" desfilan el médico y filántropo Ignacio Pirovano, o el poeta Carlos Guido y Spano. Pero el momento cumbre llega cuando Watson Hutton, necesitado de apoyo para su escuela, va en busca del ministro de Educación Domingo F. Sarmiento, quien lo recibe en su despacho. Economía de recursos: por un lado, la escena marca el clímax de este intento de situar el universo narrado fuera de la banalidad deportiva, vinculándolo a una serie histórica de legitimidad indiscutible; el fútbol se legitima por el contacto mágico con el héroe nacional escolarizado. Por otro, al interior de los mecanismos de producción, Sarmiento está personificado por Enrique Muiño, que había compuesto el mismo personaje para *Su mejor alumno*. En esta reunión antológica, Sarmiento recae en todos los lugares comunes que los manuales escolares le han adjudicado: "una escuela que se abre es una cárcel que se cierra", sentencia para la Historia. Pero finalmente, sin mucha noción de la predilección británica por los castigos corporales, Sarmiento alecciona a Watson Hutton: "Un consejo, míster: enseñe, a patadas, a trompadas, a empujones, pero enseñe". Watson Hutton se transforma, en el mismo movimiento que acepta el fútbol como objeto legítimo, en un actor también legítimo de otra historia. Ya no es simplemente un "padre del fútbol"; en el relato cinematográfico se transforma en un impulsor de la educación y la alfabetización popular, cosa que las características del Buenos Aires English High School se empeñan en negar. Una escuela privada para la comunidad británica no representa el modelo ideal para una educación universal…

En tanto texto didáctico, el film no se propone un simple relato histórico de base realista, sino que quiere enseñar el proceso de nacionalización de la sociedad argentina, la manera en que el *melting pot* funcionara eficazmente como mecanismo asimilatorio (compulsivo). De la misma manera que otros filmes de la época, la representación de la inmigración se vuelve caricaturesca: junto a los *ingleses* (la noción de *escocés* es una sutileza excesiva para el universo representado de la película), aparecen italianos, españoles, alemanes, señalando al mismo tiempo la variedad y la integración, sin asomo de discriminación; aunque como en todo el cine argentino, la representación del inmigrante se tipifica en oficios: un inglés no puede, en esta economía, volverse peón de puerto o comerciante gastronómico –que son siempre *gallegos*. Asimismo, no existe otra posibilidad que la integración, el desplazamiento de la identidad migratoria por una nueva identidad: "esta tierra que todo lo da, todo lo merece", sentencia Watson Hutton, indicando el camino correcto de la asimilación.

Lo más interesante, sin embargo, está en el tratamiento de una mítica "argentinidad" del club Alumni. De esa manera, Watson Hutton muere en la Argentina siendo un "lindo gringo" (ese origen no puede desmentirse), pero el Alumni se convierte, de último equipo inglés, en primer equipo argentino. "Ustedes forman el único cuadro criollo de la liga", se afirma en un momento. Este desplazamiento no es menor, y contradice toda empiria histórica: la criollización definitiva del fútbol argentino se produce con la desaparición del Alumni, no con su apogeo. En la narrativa del film, en cambio, la transformación –objeto argumentativo de toda la película– debe producirse en el interior de lo narrado. Así, cuando un padre acerque sus hijos y sobrinos al colegio de Watson Hutton para que los eduque –y los transforme en futbolistas–, estos milagrosos futuros deportistas son presentados como la familia Brown, "todos criollazos" –aunque la documentación histórica nos hable de otra cosa, de una identidad doble que todavía no había cedido a la compulsión asimilatoria. El Alumni es a lo sumo un puente, el inicio de un proceso de criollización; jamás un cierre. La orgullosa reivindicación que Juan Brown hace años después de su sangre británica, junto a su lamento por lo perdido, indica estos significados.

El juego de la identidad nacional postulada se desplaza también por la masculinidad y el estilo. Cuando la escuela entre en crisis por la muerte de un niño jugando al fútbol (dato de la ficción cuyo único objetivo es preparar la aparición milagrosa de los hermanos Brown, que salvan a la escuela y al fútbol argentino), un grito reclama: "¿Qué quieren? ¿Que nos criemos como mariquitas?". El exceso melodramático que ha reclamado una muerte en el relato produce una metonimia por lo menos curiosa, según la cual la muerte es parte del precio a pagar por una masculinidad sin fisuras.[30]

En cuanto al estilo futbolístico, esta criollización *avant la lettre* necesita afirmar también ese dato mitológico. Si el Alumni es el primer equipo argentino, es decir, aquel que desplaza la primigenia identidad británica

---

[30] La referencia a la obra de Mosse (1985 y 1996) es casi obvia. Mosse señala que la violencia regulada es parte de los sistemas sociales modernos. En la intersección entre escuela y deporte se construye una zona privilegiada para la implantación de esta violencia regulada, que afirma un ideal masculino, y a la vez nacional.

para producir una nueva identidad nacionalizada (*melting pot* median-te), debe ser también aquel que opere la transformación del estilo. Deta-lle económico, esta operación no se nombra en la película, pero sí se muestra. La Argentina de los cincuenta no habla de estilo, más allá de las afirmaciones periodísticas, sino que ejercita una mitología fundada en los años 1920 y de gran pregnancia y eficacia. En esos años (la época de oro del fútbol argentino, por otra parte), el discurso del estilo produce una disposición corporal en la práctica; el estilo mitológico, simplemen-te, se juega. El cine argentino sobre el fútbol abona las tesis de Archetti respecto del papel del estilo en la construcción de un imaginario: todos los personajes que juegan al fútbol son *gambeteadores*, goleadores o con-ductores de sus equipos, fieles representantes del *estilo criollo*. Los lucha-dores, los *troncos*, los *corredores*, no ocupan ningún espacio en estas ficciones. En la primera década del siglo, por el contrario, la edad dorada del Alumni, no existía el discurso ni (¿consecuentemente?) la práctica. Según todos los relatos, el juego del Alumni es un estilo clásicamente británico.[31] Pero el film presenta todas las escenas futbo-lísticas dominadas por la *gambeta*. Más que una operación ideológica, esta presentación posiblemente nos hable de una imposibilidad; para los actores, de jugar de otra manera.

Gesto final de una criollización anacrónica; todo el universo narrado en el film anticipa en una década (del veinte al diez) una operación compleja y posterior, que contó con actores más plurales y democráticos que la comunidad británica o las figuras de la historia oficial argentina narrados en la película. Paradójicamente, por tratarse de un producto gestado en las matrices ideológicas del nacionalismo peronista, la difícil operación de apropiación del deporte británico durante treinta años se reduce a la acción voluntarista de un sujeto privilegiado, e *inglés*. En realidad, no hay tal paradoja: el nacionalismo oficial del peronismo aca-tó la historiografía oligárquica, sin cuestionar la legitimidad de su relato, insistiendo en la matriz liberal de una historia hecha por grandes hom-bres: sean ellos Sarmiento o Watson Hutton. En ese mismo paradigma, es coherente que una historia de conflicto (el que enfrenta a las clases po-pulares argentinas de comienzos de siglo con la administración simbóli-ca y pragmática del deporte por parte de la oligarquía británica y nativa) se transforme en una forma cándida de la asimilación milagro-

---

[31] Testimonios del mismo Juan Brown, la figura más destacada del Alumni y de esos primeros veinte años de fútbol argentino (el primer *gran capitán* del seleccionado nacional) insisten en señalar la diferencia entre los "pases largos" y profundos de su época frente al juego corto de los años veinte y treinta en adelante (Lorenzo-Borocotó, 1929).

sa. Los actores claves de la historia deportiva argentina habían sido las clases populares; en la ficción, en cambio, son los "ingleses locos", criollizados por acción del aire y de la tierra argentina, "que todo lo da y todo lo merece"...

Aunque los héroes populares estén desplazados, aunque la figura central deba ser este escocés devenido inglés, aunque la historia de la apropiación popular de un deporte de elite haya sido sacrificada en pos de una neutralización ideológica y sin conflicto alguno, *Escuela de Campeones* significa la incorporación del fútbol al Olimpo de las herramientas legítimas para construir una Nación. Y, por supuesto, la entrada de Watson Hutton, nuestro escocés, al Panteón de los Padres Fundadores de la Patria. Allí radica la fuerza simbólica de la película.

4. Igualitarismos

Estos productos audiovisuales de ficción exponían las esperanzas de un sector para el cual el deporte (en especial el fútbol, ya profesionalizado) se convertía en una posible ruta hacia el éxito económico y la fama. Los héroes deportivos, en tanto íconos del concepto republicano de igualitarismo propio de las sociedades modernas, interpelan a los ciudadanos, en su condición de simples mortales, a reconocerse en la idea de meritocracia que supone la igualdad formal de oportunidades y de acceso a los recursos.[32] Y los medios de comunicación son el vehículo ideal de las sociedades de masas para escenificar las epopeyas de los héroes deportivos como una reafirmación de la creencia en la igualdad. Un buen ejemplo del período es la glorificación que se hiciera de las grandes hazañas deportivas de uno de los exponentes más mitificados: el boxeador José María Gatica, el "Mono". O en la ya citada *Pelota de trapo*: el futbolista Comeuñas saca a su madre del conventillo y financia la carrera universitaria de su hermano menor; el "sueño del pibe" en su más alta manifestación. O mejor aún, en *Con los mismos colores* (Torres Ríos, 1953).

En este film se ficcionaliza la infancia de tres jugadores reales, estrellas de la *edad de oro* del fútbol argentino: Alfredo Di Stéfano, Mario Boyé y *Tucho* Méndez, para narrar su ascenso al estrellato y, nuevamente, su arribo a la selección nacional. Los tres niños juegan juntos en un equipo

---

[32] Vale aquí recordar la diferencia esencial observada por Vittorio Dini entre los héroes mitológicos y los modernos héroes deportivos: "cuanto más baja es la condición social y cultural de partida, mayor es su representatividad como héroe" (Dini, 1991: 64).

barrial, el *Encontronazo*; pero Alfredo y Mario son pobres, deben trabajar para ayudar a sus madres –que suponemos viudas: no pueden ser solteras para los cánones conservadores de la época–, y el fútbol reaparece como la posibilidad legítima del ascenso social legítimo; por su parte, Tucho es hijo de una familia de clase media, para la que el estudio continúa siendo el camino indicado. Y no sólo para ellos: Tucho se queja, tras un partido, "Mañana otra vez a los libros", a lo que Mario responde "Qué diríamos los que no tenemos medios para estudiar". Sin embargo, cuando Tucho es incorporado a las divisiones menores de Atlanta, el padre acepta complacido la posibilidad de que el hijo realice su sueño juvenil: ser futbolista. No hay rastros de ningún conflicto en esa elección: nuevamente, el fútbol señala un universo ampliado de *lo popular*, donde si bien las clases medias han pasado a ser un término marcado, no dejan de ser un término aceptado y aceptable. Para ampliar este imaginario reconciliatorio, el personaje de Nené, una amiga del barrio, *niña bien* con piano de cola en la casa –como el personaje de Susana en *Los tres berretines*– flirtea con los tres amigos, antes de decidirse por Mario, del que la condición de futbolista y pobre no constituye ninguna objeción. Desde ya, la relación de esta representación, de esta reducción de las distancias entre sectores sociales con el universo de alianza de clases del peronismo es casi obvia.

Esa obviedad debilita la película en grado sumo: si en *Pelota de trapo* el protagonista debe luchar contra continuas barreras que se interponen entre él y el éxito económico, en este film no hay barreras, apenas pequeños obstáculos. Mario es rechazado en Atlanta, para ser incorporado al día siguiente en Boca. La ausencia de conflicto que permita mover el relato conduce a introducir un pequeño incidente en torno del juego –Mario lesiona a Alfredo en un River-Boca– para permitir que la narración avance de alguna manera. Previsiblemente, pero configurando un hecho interesante para la interpretación que estamos siguiendo, los tres amigos se reencuentran jugando para la selección argentina en un partido internacional frente a un rival que no se nombra –porque no importa. Lo importante es que la selección funciona como el espacio donde las amistades barriales pueden volver a constituirse productivamente: "son otros, pero son los mismos colores", dice Mario antes de comenzar el partido, recordando el *Encontronazo* de la niñez. La nación aparece entonces como reproducción –ampliada– del barrio, ese lugar donde tanto los hijos de los profesionales como los hijos pobres de las pobres viudas forjan un futuro común, sin atisbo de conflicto, sin posibilidad de desorden. Para semejante operación de neutralización, el peronismo –ese sueño nacional de una sociedad sin lucha de clases pero con clases– era harto eficaz.[33]

---

[33] M. G. Rodríguez me acotaba que, en su Tesis sobre peronismo y deporte, el fútbol aparece desplazado respecto de otros deportes en las políticas estatales, lo que se manifiesta en la revista *Mundo Deportivo*, editada por el peronismo para competir con la todavía hegemónica *El Gráfico*. Allí, la cobertura del fútbol es menor que la dedicada al resto de los deportes en su conjunto. Asimismo, no aparecerían intervenciones específicas del gobierno peronista en el universo futbolístico. Sin embargo, hay tres marcas de esta intervención que me aparecen como cruciales, aunque dos de ellas son desviadas y no probadas: la primera es el financiamiento para la construcción de estadios, especialmente el del club Racing, en Avellaneda, un estadio monumental que fue inaugurado con el nombre de "Estadio Juan D. Perón" en 1951. La segunda es la sospecha de la intervención de Eva Perón en la resolución del campeonato de 1951, en el que se habría intentado favorecer a un equipo humilde, Banfield (volveremos sobre esto en el próximo capítulo). La tercera es el rumor de que la serie de partidos amistosos jugados contra la selección de Inglaterra en 1951 y 1953 fue organizada por orden directa de Perón. En todo caso, la ausencia de políticas públicas dirigidas al fútbol –a excepción de estas intervenciones simbólicas y no por eso menos importantes– nos estaría hablando de la mayor autonomía, económica y simbólica, que disfrutaría el fútbol: y justamente por eso, de su mayor capacidad para soportar mecanismos de significación social como los que he analizado.

V. Modernidades: la saga de Estudiantes de La Plata

1. ¿Modernidades?

Luego de la caída del primer peronismo en 1955, el panorama descripto en el capítulo anterior sufrirá fuertes transformaciones. En primer lugar: se puede decir que los años posperonistas son un momento de inestabilidad discursiva muy fuerte, que aqueja a todos los campos.[34] La tensión se da entre tres posibilidades: la ruptura tajante con el peronismo (con sus políticas, sus prácticas y sus imaginarios), opción elegida por los grupos conservadores y dominantes;[35] la continuidad de algunos de sus fragmentos, elección de sectores progresistas y de izquierda; y el regreso en bloque a ese pasado que comienza a mitificarse, opción elegida por los grupos que se reivindican peronistas y comienzan un proceso de acciones clandestinas. Esto determina un paisaje de ambigüedades y contradicciones permanentes. En el plano deportivo, la *desperonización* se juzga, desde las políticas oficiales, como imprescindible, reconociendo indirectamente la eficacia simbólica de las políticas pasadas. El gesto es, entonces, la *despolitización*: pero no en el sentido de proponer una imaginaria autonomía de las políticas deportivas, sino en el rumbo más drástico (y lamentable) de la desaparición de las políticas deportivas públicas. Rein señala que uno de los primeros gestos de la dictadura de Aramburu es la disolución de los organismos públicos específicos. A la vez, la Revolución Libertadora interviene las asociaciones de derecho privado (AFA,

---

[34] A modo de ejemplo, la distancia que separa los números especiales de las revistas culturales *Sur* (1955), de tendencias conservadoras, y *Contorno* (1956) ligada a la izquierda, ambos dedicados al peronismo, puede ser una buena señal de esta inestabilidad respecto del campo intelectual. Inestabilidad (fragmentación) de una unidad que había sido acuñada frente al peronismo (Terán, 1991).

[35] La dictadura de 1955-1958 dicta un decreto prohibiendo la utilización de la palabra Perón y de toda su simbología. Su confianza en el valor del significante era, evidentemente, digna de mejor mérito.

Comité Olímpico Argentino, etc.) con el objetivo de erradicar peronistas confesos de la conducción, para luego "nomalizarlas" controlando la elección de las nuevas autoridades. La participación de los planteles argentinos en las competencias internacionales se vuelve una cuestión privada, cuyo saldo (y estoy estableciendo una relación de causa-consecuencia) es una actuación lamentable en los subsiguientes Juegos Olímpicos.

En segundo lugar: en relación con el fútbol, Argentina vuelve a la competencia internacional en 1957 obteniendo el torneo Sudamericano con una actuación juzgada como brillante. Pero en el Mundial de 1958 en Suecia, luego de 24 años de aislamiento global,[36] el seleccionado es derrotado por 6 goles a 1 por Checoslovaquia, y este hecho provoca la fractura de todos los relatos míticos. La superioridad de un estilo de juego, la narración que construyó una identidad nacional en torno del deporte, se ve demolida pragmáticamente. Las respuestas periodísticas al "Desastre de Malmö" –como fue llamado ese partido– pueden ser leídas, igual que en los años veinte, como discursos eficaces en el sentido de proponer cosmovisiones globales: la Argentina debía, en todos sus campos, modernizarse.

La modernización será la palabreja que domine el período. El presidente Arturo Frondizi había asumido el gobierno en 1958,[37] iniciando lo que luego sería conocido como la "etapa desarrollista", a tono con la hegemonía general del modelo "estructuralista"[38] propuesto por la CEPAL (Comisión Económica para América Latina, dependiente de la OEA) en toda América Latina. La política frondizista significaba profundizar la etapa modernizadora e industrialista que el peronismo había inaugurado entre 1945 y 1955, con el agregado del nuevo énfasis puesto en los capitales extranjeros como motorizadores del desarrollo. Los contextos internacionales también habían cambiado: la salida de la Segunda Guerra mostraban a los EE.UU. como potencia militar y económica en el hemisferio occidental, junto al desplazamiento de Gran Bretaña, hasta entoncs

---

[36] Argentina participó en 1930, obteniendo el subcampeonato frente a Uruguay, anfitrión del certamen. En 1934 envió a Italia un equipo amateur que fue derrotado en el primer encuentro. En 1950 se negó a participar del Mundial de Brasil, alegando la disputa por la organización del Torneo, que Argentina pretendía para sí. En 1954 también se decidió no participar. Hay sugerencias en el sentido de que la abstención se debió al temor del gobierno peronista por un fracaso, que hubiera sido contradictorio con la retórica triunfalista de la *edad de oro*.

[37] Tras elecciones en las que no participó el peronismo, proscripto por la dictadura. Perón ordenó el voto por Frondizi, que ganó así las elecciones.

[38] Con referencia a la transformación del carácter *estructural* del subdesarrollo que según los especialistas de la CEPAL caracterizaba a las economías latinoamericanas.

mucho más influyente en la política económica argentina. La Guerra Fría se hallaba en su apogeo, lo que colocaba las decisiones geopolíticas y económicas en un nuevo perfil: el desarrollo económico y la modernización cultural de las sociedades latinoamericanas se transformaban para la política norteamericana en un imperativo categórico, con el fin (declarado) de evitar los fenómenos de insurgencia de izquierda que los mapas de la miseria de las sociedades periféricas provocaban exitosamente. La *Alianza para el Progreso* propuesta por el presidente Kennedy adquiría sentido completo en ese trazado; la Revolución Cubana de 1959 se inscribe puntualmente entre sus considerandos.

Pero Frondizi significa sentidos más complejos: junto al desarrollismo, aparece la construcción (frustrada) de un nuevo y difícil equilibrio que permitiera contener al peronismo sin que esto implicara su rehabilitación política. En tanto los sectores más duros de las Fuerzas Armadas insistían en su proscripción definitiva, todo gesto destinado a incluir al peronismo en la escena política implicaba el riesgo de la condena e incluso, de la expulsión del poder. Frondizi había despertado una gran expectativa, especialmente entre los sectores medios e intelectuales, en el sentido de poder construir un proyecto político progresista que incluyera a los sectores populares, abrumadoramente peronistas, pero con la conducción "racional" de las clases preparadas. Esa ilusión se había deteriorado rápidamente entre 1958 y 1960: las claudicaciones de Frondizi frente al poder económico (los contratos petroleros con las compañías multinacionales, por ejemplo) y político (la apertura de universidades privadas católicas, la represión al movimiento obrero) llevó al alejamiento definitivo de los grupos intelectuales que lo habían apoyado desde la izquierda, y a la desilusión de los sectores medios que experimentaban el deterioro de su nivel de vida. Y a pesar de su aceptación del condicionamiento permanente por parte de los militares, el rol de custodia del poder institucional que éstos habían asumido se ejercerá casi cotidianamente: entre 1958 y 1962, Frondizi soporta 32 planteos militares, hasta ser, finalmente, derrocado.

Las transformaciones de la estructura productiva, sin embargo, fueron notorias. A pesar de una conducción económica zigzagueante, que lo llevó a ceder el Ministerio de Economía a sectores ortodoxamente liberales en varias ocasiones, la política de atracción de los capitales extranjeros y la intervención estatal en la planificación permitió un nivel de inflación relativamente bajo (14% anual hacia 1961), la triplicación de la producción de petróleo entre 1958 y 1962, el aumento de las inversiones extranjeras desde los 20 millones de dólares de 1957 a los 248 millones en 1959 y los 348 millones en 1961. Estas inversiones reorientaron el mapa industrial argentino: a diferencia de la etapa peronista, básicamente centrada en el consumo interno y la industria liviana, el período frondizista entregó un crecimiento sustancial en el área automotriz, siderúrgica y petroquímica. También, en consecuencia, comenzó el debilitamiento del empresariado tradicional en beneficio de los sectores más poderosos y concentrados.

Tanto por el proyecto desarrollista como por los nuevos contextos internacionales, la sociedad argentina experimentó un rápido proceso de modernización. Al peso económico de las nuevas ramas productivas (petróleo, acero, celulosa, petroquímica, automóviles) se sumó el desarrollo por parte del Estado de una serie de organismos científico-técnicos que apuntaban a elaborar saberes de punta: el Instituto Nacional de Tecnología Agropecuaria (INTA), el Instituto Nacional de Tecnología Industrial (INTI), el Consejo Nacional de Investigaciones Científicas y Técnicas (CONICET), el Consejo Federal de Inversiones (CFI) y la Comisión Nacional de Energía Atómica (CNEA). En el caso del INTA, por ejemplo, la difusión entre los productores de nuevas formas de perfeccionamiento de los rendimientos agropecuarios contribuyó a un sostenido crecimiento del sector, reforzado por la fabricación en el país de maquinaria agrícola. Las nuevas áreas industriales asomaban como modernas y eficientes, mientras que las provenientes de la industrialización peronista, carentes de apoyos crediticios y tecnológicos, aparecían como retrasadas. La llegada de capitales norteamericanos también contribuyó a transformar los hábitos de consumo, con la aparición de los primeros supermercados y una oferta más variada de bienes. Y fundamentalmente, estos capitales produjeron la explosión de un nuevo fenómeno: la televisión.

Si bien ésta había sido instalada por el peronismo en 1951, la licitación de frecuencias por parte de la dictadura siguiente permitió el surgimiento de tres nuevos canales porteños y dos en el interior del país, todos ellos privados y ligados de manera estrecha a las grandes cadenas televisivas norteamericanas. A partir de 1960-1961, la fabricación, importación y venta de aparatos de televisión comenzó a crecer exponencialmente (de los 5.000 aparatos en 1953, se pasa a los 800.000 en 1960 y a los 3.700.000 en 1973). La televisión era vista como un factor fundamental de modernización, en tanto permitía el acceso a las nuevas formaciones culturales que la industria norteamericana imponía exitosamente en todo el mundo: la música, la comedia familiar, los noticieros. La instalación de subsidiarias de las grandes compañías discográficas multinacionales, a su vez ligadas con las productoras televisivas, apoyó este fenómeno, ayudada por la popularización del tocadiscos y la radio portátil. El *rock and roll* norteamericano se difundió velozmente, así como las técnicas de producción artística de música popular vinculadas con el marketing y el estudio del mercado. Sin embargo, la composición estructural de los consumidores populares obligaba a fenómenos originales, donde la modernización no se mostraba como lineal, sino como intersectada con formaciones tradicionales; entre los nuevos cantantes que las discográficas lanzaban al mercado, los más exitosos eran dos migrantes, provenientes del interior del país: Palito Ortega (tucumano) y Leo Dan (santiagueño), originarios de provincias pobres y triunfadores en la gran ciudad, modelo imaginario de buena parte de su público. De la misma manera, la fuerte tradición de la industria cultural argentina incidía en la programación televisiva: a pesar de la subsidiariedad respecto de la industria norteamericana, un porcentaje elevado de la programación era de producción nacional, y era la que cosechaba la mayor respuesta del público.

La modernización económica significó también el progresivo desprestigio de las conductas tradicionales de las clases altas y patricias: frente a la decadencia de la aristocracia, el nuevo modelo exitoso pasó a ser el *ejecutivo*, figura surgida de la aparición de una nueva tecnocracia capacitada para administrar una economía complejizada. A tono con esta "apertura al mundo", también se expandió el prestigio de disciplinas como la sociología, el marketing, el psicoanálisis (hasta convertir a Buenos Aires en una especie de capital mundial psicoanalítica). Las vanguardias artísticas también encontraban un lugar privilegiado: el Instituto Di Tella. Fundado en 1958, solventado por la Fundación del mismo nombre, el Di Tella significaba un puente entre el peronismo y el desarrollismo: Torcuato Di Tella había sido uno de los industriales favorecidos por la política industrializadora del peronismo, y sus hijos cosechaban las ventajas de la experiencia desarrollista y de la aparición en escena de los subsidios provenientes de fundaciones norteamericanas dispuestas a volcar capitales en auxilio de actividades culturales y artísticas.

La Universidad ocupó un papel importante en este proceso. Luego de la normalización que impusiera la Revolución Libertadora, la Universidad argentina había recuperado su conducción autónoma: las autoridades eran elegidas por los claustros docentes y estudiantiles y por los graduados. La asociación entre saber, tecnología y desarrollo que las perspectivas estructuralistas de la CEPAL habían difundido, llevó a un rápido crecimiento de la investigación y la producción intelectual, junto al apoyo a las nuevas disciplinas de la modernización: la economía y la administración, la ingeniería, la física y la química, la sociología (de orientación funcionalista). Asimismo, la convicción pedagogista de las clases intelectuales motivó el desarrollo de actividades de *extensión universitaria*, tendientes a una mayor vinculación de la Universidad con los sectores populares. Si bien la mayoría de los intentos fueron poco productivos, uno de ellos, que combinaba el concepto de *extensión* con el de mayor circulación de los saberes especializados, constituyó un éxito rotundo: la creación de una editorial universitaria en Buenos Aires, EUDEBA. Las ediciones baratas de EUDEBA vendieron 3.000.000 de ejemplares entre 1959 y 1962. Algunas de sus ediciones configuraron éxitos jamás repetidos: una edición del *Martín Fierro*, ilustrado por el pintor Juan Carlos Castagnino, agotó sus 15.000 ejemplares en tres días, en 1963.

El clima de libertad intelectual de la Universidad argentina, especialmente la de Buenos Aires, estimuló la difusión del nuevo pensamiento de izquierda que desde la caída del peronismo y el triunfo de la revolución cubana se venía desarrollando. Pero este fenómeno no se restringiría únicamente a las aulas; por el contrario, su progresiva masividad señalaría todo el desarrollo de la sociedad hacia el final de la década.

En el fútbol, la modernización se llamó *fútbol-espectáculo* –la inversión económica en jugadores para incrementar la cantidad de espectadores, en continuo descenso desde la caída del peronismo[39]– y la adopción de esquemas tácticos y de entrenamiento europeos, insistiendo en sumar *disciplina* a la indolencia *criolla*.[40] Dos figuras, dos directores técnicos, son paradigmáticos: Helenio Herrera, argentino afincado en Italia, que construye un exitoso equipo con el Internazionale de Milan a comienzos de los sesenta en torno de esquemas defensivos cerrados y especulativos (el llamado *catenaccio*), y Juan Carlos Lorenzo, que se forma como director técnico en Italia y regresa con su título flameando, ante la admiración y la envidia de sus pares criollos. Consecuentemente, frente a tamaña aureola de modernidad, Lorenzo será el técnico de las selecciones argentinas en los Mundiales de 1962 y 1966, obteniendo sendos y nuevos fracasos.

Pero para muchos, la modernización significa crudamente mercantilismo. En 1960, la película *El Crack*, de Martínez Suárez, se postula como

---

[39] Las cifras más altas de ventas de entradas corresponden a los quinquenios 1946-50 (12.755 entradas de promedio) y 1951-55 (12.865 entradas). Las cifras descienden en tobogán: 1956-60, 10.783; 1961-65, 9.924; 1966-70, 7.830. En 1981-85, el promedio ha descendido hasta las 6.200 entradas por partido, con el doble de partidos jugados que en los años cincuenta (545 partidos contra 245). Fuente: Palomino y Scher, 1988: 46-50.

[40] Por cierto que esta contraposición entre disciplina europea (o anglosajona, según la fuente) e indolencia criolla es un tópico de nuestra cultura, para nada original en los cincuenta. Puede verse el argumento de Ford (1994) a partir del trabajo de Bialet Massé a comienzos de siglo.

una "vigorosa denuncia" –aunque es un film mediocre– de la mercantilización dominante. El argumento puede resumirse fácilmente: inescrupuloso dirigente fabrica un crack con un joven de extracción humilde, que finalmente fracasa víctima de la violencia de sus pares: el nuevo *crack* es fracturado en una pierna en su partido debut. La película habla más sobre los deseos de una clase y de un sector (los intelectuales de la pequeña burguesía) que pretenden dar por clausurado el ciclo de expectativas peronistas: si *Pelota de trapo* significa el clímax de esas expectativas (como dije, *el sueño del pibe*, la igualdad meritocrática y el ascenso social legítimo), *El crack* es la denuncia de la falacia y la alienación de esas mismas ilusiones. El joven futbolista quiere triunfar para poder escapar a un medio asfixiante: un conventillo, la pobreza, un padre retrógrado que maltrata a su mujer, una barra de amigos marcada por la pobreza, la violencia, la pobreza lingüística, la alienación cultural –los consumos son la radio, el fútbol, la prensa amarilla, las revistas pornográficas, el alcohol. Nada hay aquí de la "riqueza espiritual" del barrio obrero de *Pelota de trapo*, ni la solidaridad transclasista de *Con los mismos colores*. Denuncia doble, la otra señal apunta a los dirigentes de fútbol, cuyo único objetivo es la maximización de la ganancia, frente a hinchas desbordados que invierten su pasión. Ambigüedad: desde una máquina de fabricación de imaginarios se denuncia a otra, y ambas aparecen con marcas de clase. El fútbol es una máquina cultural para pobres, quiere decir Martínez Suárez, mientras que su cine derrocha gestualidades pequeño-burguesas post-peronistas.

Algo de la crítica al mercantilismo puede verse también en *El centroforward murió al amanecer*, la obra de teatro de Agustín Cuzzani filmada por René Mujica al año siguiente. Ciria analiza la obra de teatro original de Cuzzani como una crítica antiperonista, estrenada antes del golpe de Lonardi. Pero más nos interesa su recuperación cinematográfica, tras la caída del peronismo, coincidiendo con una discursividad pequeño-burguesa de tipo romántica, crítica de la mercantilización de las relaciones sociales que se percibe como hegemónica. El millonario Lupus compra ejemplares humanos, artistas o científicos, para mejorar la especie. Entre sus adquisiciones se cuenta un implacable *centrofoward*, al que Lupus destina como pareja reproductora de una bailarina clásica. El futbolista se enamora de la bailarina –¿una profecía de las múltiples relaciones entre los jugadores contemporáneos y las modelitos y vedettes?–, se resiste a su futuro de esclavo –¿una suerte de anticipo de las transacciones comerciales de la contemporaneidad?–, intenta escapar, y culmina matando a Lupus, por lo que será condenado a muerte.

2. Grandes y chicos: una historia de hegemonías

Pero hay otro proceso de cambio en marcha. En el momento de la institucionalización definitiva del fútbol argentino, con la profesionalización de los jugadores en 1931 y la fundación de la Asociación del Fútbol Argentino (AFA) en 1934, los estatutos incorporaron un mecanismo de voto calificado, que otorgaba la mayoría de los votos a sólo cinco de los clubes miembros: Boca Juniors, River Plate, Independiente, Racing Club y San Lorenzo de Almagro.[41] Esta posición de privilegio respondía a campañas deportivas exitosas en las épocas románticas del amateurismo o a posiciones hegemónicas entre los simpatizantes, medidos por cantidad de asociados a los clubes y por asistencia a los estadios; estos equipos fueron llamados *los cinco grandes*. Por oposición, todos los otros clubes del fútbol argentino fueron catalogados, tanto en la prensa deportiva como en el lenguaje cotidiano de la cultura futbolística argentina, como *equipos chicos*. La "grandeza" de los *cinco grandes* consistió no sólo en la mayoría absoluta en el gobierno institucional del fútbol argentino, como dije, sino también en un mayor poder económico –lo que les permitió sistemáticamente comprar los jugadores que se destacaban efímeramente en los *chicos*– y hasta en el abuso: cada vez que un equipo *chico* amenazaba disputar seriamente el título de campeón, los arbitrajes desequilibraban la ventaja deportiva en favor de la ventaja política. Esto había ocurrido ya en el primer torneo profesional en 1931, cuando el equipo de Estudiantes de La Plata, conocido como "los profesores" por la calidad de su juego, se vió perjudicado por los arbitrajes en los tramos finales. Consecuentemente, entre 1931 y 1967 todos los torneos profesionales fueron ganados por estos cinco clubes: la historia del fútbol argentino se redujo a la alternancia de hegemonías –el River de 1952 a 1957, el Racing de 1949 a 1951, por ejemplo– y a las épicas pequeñas protagonizadas por equipos *chicos* que amenazaban provisoria, aunque infructuosamente, esta hegemonía institucional, política y simbólica.[42]

---

[41] Ver Palomino y Scher (1988) para una descripción sistemática de la organización de la AFA. También AA.VV. (1955) y Bayer (1990).

[42] El caso quizás más afamado fue el de Banfield en 1951, que disputó una final por el título con Racing. La interpretación de esta pequeña historia giró, según su tratamiento periodístico, en torno de un alegado favoritismo de Eva Perón por Banfield, en tanto el triunfo de un equipo chico reproduciría en el plano deportivo los mecanismos de protagonismo político de las clases populares en el contexto del peronismo. Un primer tratamiento del tema, en relación con filmes de la época, está en Alabarces, 1996a. Muy recientemente fue filmado un documental, *Evita Capitana* (Malowicki, 2000), que insiste en la misma tesitura, incorporando testimonios de los actores (jugadores y políticos).

Este proceso coincide con la llamada *edad de oro* del fútbol argentino: una etapa en la que la proliferación de excelentes jugadores –algunos de ellos exitosos en el exterior, tanto en Europa como en Colombia, destino principal del éxodo de jugadores por razones gremiales en 1948–, el interregno de la guerra y el aislamiento de las competencias mundiales de 1950 y 1954 le permite al imaginario futbolístico argentino auto-percibirse como el *mejor fútbol del mundo*. La competencia se limita al plano sudamericano, a incursiones europeas en giras –San Lorenzo en 1947, por ejemplo– o a la presentación del seleccionado inglés en Buenos Aires en 1953. El éxito obtenido consolidaba ese imaginario victorioso, coherente además con el discurso peronista de la época, que presentaba a la Nación como re-colocada entre las naciones líderes –como vimos en el capítulo anterior.

Tras la crisis del Mundial de Suecia en 1958, la aparición del *fútbol-espectáculo*, denominado así por el entonces presidente del club River Plate, Antonio Liberti, consiste, como dije, en un gesto puramente económico: la incorporación de jugadores extranjeros –principalmente brasileños, luego del éxito de Brasil en las Copas del Mundo de 1958 y 1962. Más allá del fracaso de esta experiencia, que no redunda en aumento de recaudaciones ni en éxitos deportivos –el fútbol argentino sigue cosechando fracasos tanto a nivel de selección como de clubes, en la recién inaugurada Copa Libertadores, hasta 1964–, lo que esta operación señala es un doble movimiento: de continuidad, en tanto ratifica el poderío de los clubes económicamente más sólidos; pero también en el desplazamiento de las narrativas románticas de la *edad de oro* por un nuevo discurso donde la victoria deportiva es el objetivo a alcanzar, cualquiera sean los medios a utilizar. La lógica puramente mercantil, hasta entonces encubierta en el predominio de las lógicas simbólicas soportadas por la narrativa del estilo –jugar bien, de manera bella– se coloca en primer plano. La victoria significa ganancias económicas; la derrota no es sólo la humillación, sino un riesgo financiero.

El canto del cisne de la vieja estructuración imaginaria del fútbol argentino es la película *Pelota de Cuero. Historia de una pasión* (1963), escrita por el mismo guionista de la ya analizada *Pelota de trapo*, el periodista Borocotó, y dirigida y protagonizada por el mismo protagonista del primer film, Armando Bó. Estos rastros de continuidad –guionista, actor, el título similar y evocativo, que supone un pasaje *modernizador* desde la "pelota de trapo" infantil y pobre a la "pelota de cuero" adulta y rica– se ratifican en la historia: Marcos Ferretti, *centrehalf* de Boca Juniors durante… ¡veinticinco años!, es reemplazado por una estrella en ascenso –

interpretada por el jugador Antonio Rattin, dueño del puesto durante toda la década en el mismo equipo, y capitán en 1966 de la selección argentina en el Mundial de Inglaterra, donde será protagonista principal. El club le ofrece a Ferretti una transferencia, que el jugador rechaza, alegando que no puede jugar en otro equipo que no sea el de toda su vida. Por supuesto, Ferretti vive en el barrio porteño epónimo, la Boca, incesantemente filmado con la retórica de un documental turístico, acompañado por los acordes del tango "Caminito", tango emblemático del barrio. La previsibilidad y convencionalismo del film, una película realmente espantosa, se ratifica en su final: Ferretti se suicida, mientras su amado Boca Juniors juega el clásico contra River Plate, por primera vez sin su presencia. Si *Pelota de trapo* presentaba además un sistema de expectativas del ascenso social, *Pelota de cuero* limita su relato a los rasgos más periféricos e insustanciales del imaginario: la fidelidad al barrio y a los colores, el amor por la madre –que, previsiblemente, muere el día del debut de Ferretti en la primera de Boca. Esta disposición romántica y melodramática culmina en una escena clave para mis argumentos: en la etapa de su decadencia, Ferretti asiste a una charla técnica con un director técnico europeo, que explica una táctica sobre el pizarrón. Nuestro héroe, indignado, se revela y desgrana todos los lugares comunes del romanticismo futbolístico de la *edad de oro*: la resistencia a los esquemas tácticos, la habilidad *natural* del futbolista argentino, la retórica del *hacer la nuestra* frente al esquematismo europeo. Tras semejante declaración de principios, abandona el vestuario. La exclusión de Ferretti del equipo se interpreta, entonces, antes que como consecuencia de una decadencia anunciada (después de todo, veinticinco años no pasan en vano y a esa altura Ferretti es un tronco que no puede marcar ni a una vaca en un baño), como castigo del tacticismo europeo frente al talento y la rebeldía rioplatense. Afortunadamente para el público y para el fútbol argentino y boquense, como dije, Ferretti se suicida y la película se termina.[43] Pero deja marcada la articulación de un debate ideológico en discurso ficcional: la modernización avanza sobre el fútbol argentino, y va a dejar víctimas.

---

[43] Los títulos de cierre explicitan una cita que se suponía escamoteada: es el argumento de un cuento del escritor uruguayo Horacio Quiroga, titulado "Juan Polti, half-back", y publicado en 1918. A su vez, el cuento ficcionaliza un suceso real: el sucidio de Abdón Porte, jugador de Nacional de Montevideo que se pega un tiro en el estadio poco después de su separación por bajo rendimiento, el 5 de marzo de ese año. La película, entonces, al recrear en la contemporaneidad un suceso de medio siglo atrás, también se erige en clausura de una etapa romántica. Sobre el cuento de Quiroga, ver Rocca (1991: 20-21).

3. Identidades paranoicas y nuevas dictaduras

La participación en el Mundial de 1966, llevado a cabo en Inglaterra, es un punto de inflexión en esta serie. Argentina tuvo una actuación decorosa en la primera fase, clasificando para cuartos de final. En esta instancia debió eliminarse con el equipo local, en su quinto encuentro en toda la historia. El partido comenzó con su carga mítica a cuestas, pero su desarrollo y finalización lo transformó en una señal fundamental de esa serie autónoma.[44] La expulsión del capitán argentino Rattin, la cuestionada actuación del árbitro alemán Klein, la derrota, la sospecha de un complot anti-sudamericano –simultáneamente, un árbitro inglés dirigía el partido Alemania-Uruguay–; todos estos elementos colocaron al encuentro en Wembley en una posición privilegiada para la construcción de una épica imaginaria. Dos hechos se vuelven centrales para nuestro relato: el primero, la calificación del técnico inglés, Alf Ramsay, que en la conferencia de prensa posterior sostuvo que habían jugado frente a *animals*. El segundo: la recepción al equipo argentino en la Casa Rosada, tras su regreso a la patria, por parte de un nuevo presidente, el dictador Onganía, entre aclamaciones a los *campeones morales*.

El primer gesto articula una identidad paranoica radicalizada.[45] La inestabilidad de la que hablamos se resuelve en el gesto defensivo: el *Otro*, que es nada menos que el Imperio, califica con un estigma –animales–, y eso permite la inversión –*héroes*. Además, el hecho permite volver a poner en juego la importancia de los mecanismos especulares: un ojo

---

[44] Porque los partidos Argentina-Inglaterra –cinco en campeonatos mundiales, uno más en un torneo circunstancial en 1964, y pocos amistosos– construyen una serie narrativa con autonomía relativa. Algo de esto quisimos explorar en un artículo conjunto con investigadores ingleses (Alabarces, Tomlinson and Young, 2001): la comparación entre las narrativas nacionales puestas en juego en relación con el fútbol en ambas culturas futbolísticas ofrece similaridades sorprendentes –el aislamiento futbolístico, la "superioridad moral", el predominio de las hipótesis conspirativas, la situación insular respecto de cada continente, el peso de los héroes, etc.–. En relación con esta serie, el partido disputado en el Mundial de Francia de 1998 es otro punto clave, que recuperaremos más adelante.

[45] La omnipresencia de las explicaciones paranoicas en la cultura futbolística argentina merece una hipótesis interpretativa. Me seduce la de Jameson: "La paranoia [...] se expresa a sí misma en una producción aparentemente incansable de tramas conspirativas de las especies más elaboradas. Se puede decir que la conspiración es el mapa cognitivo de los pobres en la era posmoderna; es la figura degradada de la lógica total del capitalismo tardío, un intento desesperado de representar el sistema anterior" (Jameson, 1988: 356). A pesar de la referencia de Jameson a una "etapa posmoderna", creo que describe adecuadamente un estado del imaginario popular tras la caída del peronismo, donde el discurso de totalidad –tan dependiente del líder ausente– deja paso a interpretaciones fragmentarias y, nuevamente, conspirativas. Debo la referencia del texto de Jameson a Jeffrey Tobin.

está siempre puesto en la imagen que devuelve su espejo. Es una suerte de identidad narcisista, recurrente en la articulación de identidades desde la periferia. Para colmo, la teoría del complot ratifica todos los enunciados, en tanto se trata de estrategias de las potencias –Inglaterra y Alemania, más la FIFA, entidad dominada por los anglosajones– contra los países periféricos –Argentina y Uruguay, que se refuerzan ante la eliminación de los brasileños, sometidos a un concierto de patadas sin castigo, según las mismas fuentes.

El segundo gesto, la proclamación del *campeón moral*, desplaza el enunciado paranoico hacia un plano político –porque es proclamado por una autoridad institucional, aunque sea dictatorial– y moral: el hecho deportivo, el ser *campeón*, que debe tener una resolución pragmática medida en cantidad de goles, es superado por una categoría indiscutible, el ser *campeón moral*, porque es ética. Lo cierto es que la excursión inglesa domina como marca imaginaria el resto de la década y el comienzo de la siguiente: los *campeones morales* seguirán cosechando fracasos a nivel de selecciones –la derrota con peruanos y bolivianos en la clasificación de 1969, un mediocre desempeño en 1974– pero a cambio obtendrán una serie exitosa en los clubes, dominando las competencias sudamericanas entre 1964 y 1975, y obteniendo los títulos mundiales de clubes en 1967, 1968 y 1973, los dos primeros contra equipos británicos. Esta serie victoriosa permite la consolidación de un discurso nacionalista agresivo y paranoico, que quiere ver en el fútbol una representación exitosa en contextos sociales y económicos difíciles.[46] En última instancia, la nueva colocación imaginaria de los discursos futbolísticos afirma: el éxito deportivo es el éxito del *pobre* contra el *poderoso*, y con las armas del pobre –la *violencia*, pero leída como coraje físico y solidaridad de equipo.

Es que, además, el contexto ha cambiado nuevamente. Tras el golpe militar de 1962 que derrocara al desarrollista Frondizi, en las elecciones de 1963 –nuevamente con la prohibición del peronismo– había triunfado el candidato Illia, de la Unión Cívica Radical. Su gobierno, caracterizado por la debilidad de su legitimidad política, fue continuamente jaqueado por los militares, los conservadores y el sindicalismo peronista, hasta que en 1966 un piquete militar desaloja a Illia de la Casa de Gobierno e instala en el poder a una Junta de Comandantes de las tres

---

[46] En setiembre de 1967, luego del triunfo de Racing ante Celtic por la Copa Europea-Sudamericana, Carlos Fontanarrosa, director de la revista *El Gráfico*, editorializa: "las grandes alegrías que el país demuestra son casi siempre provocadas por hazañas como las que hoy Racing ha realizado. En un país preocupado las grandes alegrías se refieren al quehacer deportivo" (*El Gráfico*, 5/9/67: 3).

armas, que designa presidente al general Juan Carlos Onganía para producir un *shock autoritario*. El nuevo gobierno, autodenominado *Revolución Argentina*, destituye a todas las autoridades constitucionales, federales y provinciales; disuelve el Congreso y las Legislaturas, separa de sus cargos a los jueces de la Corte Suprema, disuelve los partidos políticos y expropia sus bienes. En julio decreta la remoción de los rectores universitarios y la intervención de todas las Universidades Nacionales, que para la percepción paranoica de los militares es la cuna de la agitación izquierdista: la resistencia a la intervención produce la ocupación militar de la Universidad de Buenos Aires, el 29 de julio de 1966, en lo que dio en llamarse *la noche de los bastones largos* (en alusión a los garrotes de la infantería policial). Este hecho inicia una política sistemática de persecución entre los científicos e intelectuales sospechados de simpatías peronistas o izquierdistas, que llevará a muchos de ellos al exilio, y determinará la destrucción de los equipos técnicos y científicos que la Universidad venía construyendo en los últimos años.

Onganía era un católico preconciliar, fervoroso anticomunista, con inclinaciones fascistas gestadas en los cursos político-religiosos que sectores conservadores de la Iglesia católica dictaban durante esos años entre grupos de las clases dirigentes. La represión es política, pero también moralizadora, apuntando a las vanguardias estéticas del Instituto Di Tella, las minifaldas, el largo de las cabelleras masculinas, el erotismo cinematográfico, los hoteles por horas para parejas. Surge un *slogan* que luego se hará recurrente: la política del *Onganiato* significa la recuperación de la *tradición occidental y cristiana*. En la economía, se intenta una política de ajuste y racionalización, de *shock*: se despiden empleados públicos, se reducen subsidios a la producción económica de distintas regiones; el consecuente cierre de ingenios azucareros en la provincia de Tucumán a fines de 1966 produce la crisis de toda la economía provincial.

A partir de marzo de 1967 se radicaliza la política de ajuste y racionalización para detener la inflación, que en 1966 había alcanzado el 32% anual. Los pasos incluyen el congelamiento de salarios, la suspensión de la negociación obrero-patronal, el congelamiento de tarifas de servicios y combustibles previo aumento de las mismas, una brusca devaluación del 40%, y la eliminación de todos los subsidios a las economías regionales: el azúcar tucumano, el algodón del Chaco, el tabaco de Misiones. El *shock* del ministro de economía Krieger Vasena obtiene efectos rápidos: la inflación se reduce al 29% en 1967, 16,2% en 1968 y 7,6% en 1969; el déficit público y la balanza de pagos aparecen equilibrados hacia 1969. El PBI ostentará un crecimiento constante: 2,7% en 1967, 4,4% en 1968,

6,8% en 1969. Pero sus consecuencias negativas también son rápidas: la participación del salario se reduce del 42% en 1967 al 39% en 1969. El crecimiento del PBI y de la inversión se genera, básicamente, por la inversión en obras públicas y no en capital productivo: en esos años se desarrollan proyectos de vieja data (en muchos casos, iniciados en la etapa peronista) vinculados a la infraestructura. La liberalización del régimen de inversiones extranjeras agudiza el proceso de desnacionalización de la estructura industrial argentina que el desarrollismo había inaugurado hacia 1960; la transferencia de la renta agropecuaria hacia el sector industrial no se dirige hacia los consumos masivos ni al mercado interno, perdiendo su carácter dinamizador. Por último, las economías regionales, ante la desaparición de la política de subsidios, entran en una crisis acelerada que genera desocupación y marginalidad entre las clases populares.

4. La revancha de los *chicos*

El ícono de la nueva etapa en el fútbol será un equipo de los denominados *chicos*, Estudiantes de La Plata, que aprovecha exitosamente una transformación en los torneos para inaugurar una serie de victorias propias y ajenas. En 1967, el presidente de la AFA, Valentín Suárez –nombrado por el dictador Onganía, pero de procedencia peronista– reorganiza la disputa de los campeonatos, hasta entonces organizado como un campeonato en dos ruedas –similar a los europeos–, con participación de equipos únicamente de las ciudades de Buenos Aires, La Plata y Rosario. Suárez crea dos torneos: uno de ellos consiste en el campeonato tradicional, pero abreviado –se juega en dos grupos de equipos, con finales entre los cuatro mejores–, que se denomina *Metropolitano* –en referencia al carácter central de la ciudad de Buenos Aires. El otro se llamará pomposamente *Campeonato Nacional*, e incorpora la participación de equipos de las provincias argentinas, que por primera vez acceden a la disputa deportiva con los equipos porteños. Las nuevas competencias demuestran dos cosas: que los equipos de las provincias –más pobres que los de Buenos Aires, e imposibilitados de retener a sus jugadores que migran hacia la gran ciudad, al igual que sus trabajadores– son muy inferiores deportivamente; salvo contadas excepciones –principalmente, los equipos de la provincia de Córdoba, la tercera en orden de importancia económica y política–, estos equipos sufren estruendosas goleadas.[47] La segunda comprobación es que la mayor brevedad de los tor-

---

[47] En 1967, River vence a San Martín de Mendoza 8 a 0; Vélez a San Lorenzo de Mar del Plata 8 a 1. Al año siguiente, Vélez derrota al humilde Huracán de Bahía Blanca por un insólito 11 a 0.

neos permite a los equipos *chicos* mayores posibilidades; a pesar de contar con planteles más reducidos –cuantitativa y cualitativamente– están en mejores condiciones de aprovechar series exitosas breves, que en los torneos largos podían ser revertidas a largo plazo por los equipos poderosos.

Así, Estudiantes inicia en el campeonato Metropolitano de 1967 una serie que se prolonga en otros actores: en 1968, Vélez Sarsfield obtiene el campeonato Nacional; en 1969, Chacarita Juniors gana el Metropolitano; en 1971, Rosario Central vence en el Nacional, repitiendo en 1973; Huracán gana el Metropolitano de 1973, y lo mismo hace Newell´s Old Boys de Rosario en 1974. Los equipos chicos quiebran así una hegemonía de 36 años; hasta entonces, toda la historia profesional del fútbol argentino había estado monopolizada por los *grandes*. Pero el caso de Estudiantes se torna especialmente significativo: luego de su éxito local –que no repetirá hasta 1982– conquista sucesivamente las Copas Libertadores de América en 1968, 1969 y 1970. Y en 1968 vence al Manchester United por la Copa Europeo-Sudamericana, aunque es derrotado en 1969 por el Milan de Italia y en 1970 por el Feyenoord de Holanda. Esta serie exitosa introduce, en la narrativa del fútbol argentino, una anomalía, inaugura una polémica, dispara juegos de sentido hasta entonces impensados.

5. Estudiantes y la *nueva mentalidad*

He revisado como texto central la cobertura que la revista *El Gráfico* dispensara a la campaña de Estudiantes entre 1967 y 1971, así como coberturas parciales de otros medios periodísticos generales de la época.[48] La elección de esta revista se justifica en su papel central en la construcción del imaginario futbolístico argentino de la época; las páginas de *El Gráfico* albergaban a los periodistas deportivos más respetados y leídos, sus tiradas eran las más elevadas, era el único medio que, a despecho de competencias parciales y esporádicas, venía ocupando un espacio central en la administración de los discursos deportivos desde 1919, como ya argumentamos en el capítulo II. Asimismo, como ha analizado parcialmente Roberto Di Giano, el discurso modernizador posterior al Mundial de 1958 había sido asumido duramente por la revista, especialmente por sus dos periodistas-estrellas: Julio César Pasquato (Juvenal) y Osvaldo Ardizzone. Sin embargo, y contradiciendo la interpretación un tanto esquemática de Di Giano, la revista no sostiene un discurso único y mo-

---

[48] En la recopilación y el análisis de esa cobertura conté con la colaboración indispensable de Ramiro Coelho y Juan Sanguinetti.

nolítico. Tal como señalé, es un período de profunda inestabilidad discursiva; de allí que la tónica dominante sea la ambigüedad. Todas las ideas son posibles: la serie de fracasos del fútbol argentino admite todas las interpretaciones, aun las contradictorias. Así, al comenzar la campaña exitosa de Estudiantes en 1967, Jorge Ventura puede elogiar

> Un fútbol que se elabora en la dura faena de una semana de laboratorio y que estalla en el séptimo día con toda la misma eficacia que consagra la tabla de posiciones. Porque Estudiantes sigue fabricando puntos tal como fabrica su fútbol: con más mecánica que talento, con más pelotazos que pelota contra el piso. [...] Estudiantes sigue ganando. Sus partidos no tienen exquisitez, pero sí intensidad. No convence su estilo, pero es convincente su campaña. No es cuadro 'de lujo', pero sí un buen equipo. Con una convicción de grupo ganador, con un trabajo de equipo moderno y con una firmeza de club grande (3/5/67: 23).

Para, dos fechas más tarde afirmar, luego de una derrota ante Lanús:

> Un homenaje al fútbol, casi una reivindicación…La fiesta de Lanús alcanza a todo el fútbol nuestro, ahogado por sistemas [...] [frente a Estudiantes] Un puntero inobjetable del torneo, un luchador elogiable de 90 minutos de trabajo dominical, pero también un cuadro carente de algún talento que pueda hacer variar el funcionamiento cuando hay que salirse de un esquema que no sirve… (17/5/67: 43).

Así, la ambivalencia entre *talento* y *sistema* comienza a diseñar el campo de posibilidades. El esquematismo deriva hacia otra asociación, sistema/eficacia, donde *sistema* puede reemplazarse (y se hace habitualmente) con otro término ideal para las pretensiones modernizadoras: *laboratorio*. El responsable es el director técnico Osvaldo Zubeldía, elogiado profusamente, propuesto reiteradamente como técnico de la selección nacional, un cultor de los valores que el discurso modernizador está proponiendo: trabajo, disciplina, preparación física.

> Equipo difícil, que marca, defiende, obstruye y asfixia el partido en toda la cancha. Así volvieron a jugar los platenses, poniendo de manifiesto otra vez todos esos atributos, exhibiendo toda la línea de esos valores, que no serán muy diáfanos en función de fútbol puro, pero que son contundentes en función de resultados. Porque lo notable de este Estudiantes es 'la humildad' de sus hombres para exteriorizar e imponer sus convicciones en el campo (21/6/67: 12).

Este fragmento señala una nueva incorporación: *humildad*. El término comienza a volverse clave: lo que se distingue de Estudiantes no es la condición de equipo *chico*, sino *humilde*, lo que permite la extensión de esa categoría, como recomendación, a todo el fútbol argentino. Que, para colmo, obtiene su máximo éxito internacional en ese mismo momento: el 4 de noviembre de 1967, Racing vence a Celtic Glasgow en Montevideo por 1 a 0 y gana la Copa Europeo-Sudamericana, tras tres durísimos partidos con gran cantidad de golpeados y expulsados. La aparición de la violencia deportiva en estos partidos es una marca de continuidad, luego del partido del año anterior en Wembley entre argentinos e ingleses. Que el Celtic sea escocés no significa diferencia para el imaginario argentino: *grosso modo*, son todos ingleses.[49]

Finalmente, cuando Estudiantes obtiene su primer campeonato local en 1967, Juvenal analiza al campeón celebrando:

Estudiantes: un triunfo de la nueva mentalidad

Su triunfo ha sido el triunfo de la *nueva mentalidad*, tantas veces proclamada desde Suecia hasta aquí, y muy pocas veces concretada en *hechos*. Una *nueva mentalidad* servida por gente joven, fuerte, disciplinada, dinámica, vigorosa, entera, espiritual y físicamente. [...]
Es claro que Estudiantes *no inventó nada*. Se limitó a seguir una senda ya trazada por el ejemplo de Racing el año anterior [...]
Estudiantes le ganó a 36 años de campeonatos 'vedados' a la ambición de un cuadro 'chico'. Estudiantes le ganó a su convicción y a sus limitaciones de equipo ultra-defensivo-mordedor-destructivo. [...] Estudiantes le gana a la embriaguez de *una semana única en la historia del club*, reivindicando el más ejemplar de sus atributos en la hora del triunfo: *la humildad* (20/7/67: 8).

En este texto se ratifican las líneas antes anunciadas. La *nueva mentalidad* designa la modernidad reclamada, compuesta de una serie de términos positivos que designan, por oposición, aquello que se diagnostica y se quiere desterrar. La alianza es clara: *novedad* –juventud, fortaleza, disciplina, dinamismo, vigor, entereza espiritual y física– más *humildad*. Ahora bien: esta serie de términos puede colocarse a la vez en una serie no-deportiva, sino más claramente política. Los *valores* de Estudiantes son los mismos que la dictadura en el poder reclama a todos los ciudadanos argentinos: el gobierno militar del dictador Onganía es una alianza entre sectores conservadores y ultracatólicos, con tentaciones corporati-

---

[49] Recordemos que el escocés Alexander Watson Hutton, "padre fundador" del fútbol argentino, siempre fue considerado inglés por la mitología futbolística. Ver al respecto los capítulos II y III.

vas, y militantemente anticomunista, en el marco de la Guerra Fría y la Doctrina de la Seguridad Nacional –el combate contra los grupos de izquierda internos– que los EE.UU. habían impuesto como norma en todo el continente americano.[50]

6. *Anti-fútbol* y representación nacional

Durante la Copa Libertadores de 1968, finalmente ganada por Estudiantes, aparece un nuevo epíteto, en este caso peyorativo: *anti-fútbol*. La procedencia es clara: la tendencia a hacer de los partidos por las Copas verdaderas batallas campales, con heridos y expulsados como saldo (en 1971, un partido entre Boca y Sporting Cristal de Perú desembocará en una pelea entre 19 de los 22 jugadores), sumado al estilo áspero y luchador de Estudiantes. *El Gráfico* reconoce la existencia del epíteto, para negarlo; cuando gana la Copa ante el Palmeiras de Brasil, el director de la revista editorializa:

> Una corriente trajo el 'antifútbol' para calificar la destrucción de Estudiantes, de este Estudiantes que ha ganado los más grandes elogios que quizás se hayan tributado jamás en la prensa extranjera a un equipo argentino. Marcar con todos sus hombres y en toda la cancha no puede ser 'antifútbol'. [...] Que su juego sea más sólido que bonito, no basta para llamar 'antifútbol' a ese auténtico *fútbol* de producción masiva y resultados convincentes que hace Estudiantes (Carlos Fontanarrosa, 21/5/68: 3).

En este fragmento aparece otro ingrediente que debemos tomar en cuenta: Estudiantes *es elogiado por la prensa extranjera*. Lo que se está debatiendo no es la saga de un equipo: la discusión es en torno a todo el fútbol argentino, en tanto Estudiantes es investido con la representación nacional al competir internacionalmente. En torno de un equipo con una parcialidad reducida –un equipo *chico*, recordemos– es más sencillo construir totalizaciones inclusivas, más difíciles en el caso de los equipos *grandes*. El *otro* de Estudiantes, su rival clásico, es Gimnasia y Esgrima de la misma ciudad de La Plata, otro equipo *chico*; por lo tanto, el relevo de esa identidad por una representación mayor es fácil, las voces en contrario son casi inaudibles, Estudiantes se *deslocaliza* con facilidad, la metonimia es posible. Y esa metonimia alcanza su plenitud en los partidos

---

[50] Ya sé, ya sé, mis queridos amigos hinchas de Estudiantes: es un comentario malvado. Pero lo repensé, le dí vueltas... y me sigue convenciendo.

finales contra el Manchester United, a fines de 1968, por la Copa Europeo-Sudamericana.

Los partidos se disputaron el 26 de setiembre, en Buenos Aires, con la presencia del dictador Onganía, y el 21 de octubre de 1968, en Manchester. El tratamiento periodístico alcanza niveles paroxísticos de chauvinismo, en ambos países.[51] El primer *match* se jugó en el estadio de Boca Juniors: además de que el estadio de Estudiantes en La Plata era muy pequeño para semejante acontecimiento, el desplazamiento es otra prueba de la deslocalización que señalábamos antes. Estudiantes jugaba en Buenos Aires, vidriera y centro del país. Y el partido recibe un tratamiento extenso en *El Gráfico*. El juego resulta duro, tenso, golpeado, con un expulsado; Estudiantes gana 1 a 0. Mientras el *Mirror* titula "The night they spat on sportsmanship" ["la noche que golpearon la deportividad"] (27/9/68: 30-31), Alex Stepney, arquero del Manchester, declara: "Los jugadores de Estudiantes juegan sucio y son animales" (*El Gráfico*, 26/9/68: 33). Brian Glanville, del *Sunday Times*, escribe una columna especial:

> Algunas de sus tácticas [...] llevaron nuevamente a la pregunta de cómo el fútbol, en su más alto nivel, puede sobrevivir como deporte. Faltas tácticas como las practicadas esta noche por Estudiantes, por Racing el último año y por Argentina en 1966 en Wembley simplemente tornan imposible practicar el juego. Todo deporte debe, especialmente cuando el contacto corporal es inevitable, depender del mutuo respeto entre los rivales. Si un hombre esquiva a otro y éste le comete fríamente un foul, entonces es mejor dejar el juego y entrar en la cancha con una bomba en el bolsillo y un palo en la mano (*idem*: 30).

Para la prensa inglesa, la asociación es obvia: una línea de continuidad une los tres partidos, y esa línea se llama violencia, aplicada como método. Para *El Gráfico*, la continuidad existe, pero se llama, tributando a la paranoia dominante, *complot*. Ya en el partido de Buenos Aires, se apunta a los periodistas ingleses como responsables; en un breve recuadro se dice:

> **Lo absurdo**. El apresuramiento de algunos ingleses en transmitir un clima de violencia antes de empezar a transmitir el partido, con una ligereza casi infantil, como si Buenos Aires fuera una jungla virgen o el próximo punto para plasmar una colonización (*idem*: 29).

---

[51] He relevado la cobertura que los diarios ingleses *The Times, The Guardian, The Sun* y *Daily Mirror* hicieran de ambos partidos.

El Gráfico, como vemos, se había transformado en un publicista del anti-imperialismo. La cobertura del segundo partido alcanza mayores niveles de explicitación. El enviado especial, Osvaldo Ardizzone, organiza la narración en torno de la violencia desatada por los hinchas ingleses, como la prueba a superar por el héroe:

> Ambiente. Clima. Piso. Hostilidad. Intriga… Estudiantes le ganó a todo. ¿Si hubo fútbol en Manchester? Tal vez no. Pero, de todos modos, en Manchester preocupaba poco… Lo que importaba realmente era esto: llegar a la vuelta triunfal frente a tribunas que seguían gritando 'animals…animals…' (22/10/68: 68).

Estudiantes empata 1 a 1, obteniendo la Copa. La ira de los hinchas ingleses es rápidamente utilizada por el periodista argentino como argumento. El jugador George Best agredió al argentino Medina, siendo ambos expulsados: las fotos del *El Gráfico* muestran a ambos rumbo al túnel, bajo una lluvia de proyectiles, con el epígrafe "Los 'animals' se protegen de los 'gentlemen'…" (*idem*: 71). Más adelante, Ardizzone insiste, en un giro novedoso:

> Es mentira el 'fair play'. Sí, puedo asegurar que es mentira…Ese señor bien vestido que estaba a mi lado, que me miró con gesto duro, no aplaudía a los triunfadores… Es igual que en mi Mataderos, igual que en mi Avellaneda… No, aquí tampoco admiten que le ganen y menos ahí… (*idem*: 74).

Si la reivindicación inglesa consiste en *fair play* y *sportsmanship*, Ardizzone niega cualquier peculiaridad distintiva: los hinchas son todos iguales, afirma. Pero el texto más interesante es el editorial del mismo número, que no lleva la firma de Carlos Fontanarrosa, director de la revista, sino del mismísimo Constancio Vigil, dueño de la editorial. Con el título "Sobre 'animals' y 'gentlemen'… (Sobre animales y caballeros…)", Vigil acusa a los ingleses de traicioneros, de haber despreciado la *típica cordialidad argentina*:

> Los dirigentes estudiantiles mantuvieron intacta su clase en la despedida, hasta que el avión despegó de Ezeiza rumbo a Inglaterra, ignorando lo que en esos momentos desparramaba por el mundo un periodismo inglés rencoroso, histérico, exagerado y mentiroso…Un periodismo a cuyos representantes recibimos y tratamos con hospitalidad de señores, como para tranquilizarlos respecto a nuestra condición de *animals*, según el estigma que nos aplicó Alf Ramsey en 1966 […]

Entre su arribo y su regreso hubo un partido de fútbol. Un simple, común y corriente partido de fútbol, donde pasaron cosas que suelen pasar en un partido de fútbol y que no pueden escandalizar ni asombrar a nadie… Ese partido de fútbol llegó deformado a Inglaterra, como una guerra entre los 'animals' y las víctimas inocentes de sus instintos criminales (*idem*: 3).

La violencia en Manchester –aparentemente, dirigida contra los jugadores pero también contra periodistas y simpatizantes– le permite a Vigil concluir, en tono triunfalista y vengativo, e investido de un patrioterismo que sonaría paródico, si no fuera literal:

Y ellos son los *gentlemen* y nosotros los *animals*… Ya se agotó nuestra capacidad de indignarnos. Pero no nuestra capacidad para medir, objetivamente y sin exageración, la diferencia abismal que existe entre los *gentlemen* y los *animals*… Para ser *gentlemen* como ellos preferimos ser *animals* dentro de nuestra sencilla, abierta, humana y franca manera argentina… (*ibidem*).[52]

La constitución de un par *nosotros/ellos* señala con claridad la manera en que Estudiantes funciona como disparador para la asunción de una representación nacional. Como remate, poco después el director Federico Padilla filma una increíblemente mala *Somos los mejores*, donde un grupo de muchachos "de barrio" –los actores Javier Portales, Luis Brandoni, Jorge Luz, Carlos Balá, Emilio Disi, Sergio Renán– acompañan a Estudiantes hasta Manchester para ver el partido final y festejan alborozados la nueva condición anunciada en el título. El *somos* designa la Nación, bravamente representada en un gol de Verón, en las patadas de Bilardo o Manera, o en los festejos de estos humildes muchachos argentinos que han cruzado el océano para *defender a la patria*.

La celebración de un *estilo argentino* se reduce aquí a un repertorio estereotipado de conductas, ya no futbolísticas: los seis amigos son un compendio de los pequeños ilegalismos que jalonan el estereotipo del *chanta* porteño. Para conseguir el dinero que financie el viaje apelan a todos los repertorios de la pequeña estafa: una colecta destinada a los pobres, el incendio deliberado de un auto, el desfalco en una apuesta de juego clandestino. Además, su condición de "humildes muchachos de barrio" está sobremarcada lingüísticamente y en sus consumos: la prime-

---

[52] Desde que encontramos este párrafo, lo debo haber leído varias decenas de veces. No dejo de asombrarme en cada ocasión. ¿Será acaso un rasgo de humor "vigiliano" que nos pasa inadvertidos a los lectores, creyendo que habla en serio?

ra imagen en un hotel londinense los muestra tomando mate y escuchando tangos. La metonimia entre fútbol y patria se explicita cuando uno de ellos (Balá) grite, apenas arribado al aeropuerto de Heathrow, "¡larguen las Malvinas!". Y también en una escena anterior, cuando en una salida de despedida, encuentren en un local nocturno al célebre bandoneonista Aníbal Troilo. Los viajeros anuncian su partida, y Troilo, paternal, les recomienda "llenar las valijas bien de tango", para evitar la desnacionalización. El músico los interroga sobre su condición de hinchas de Estudiantes, a lo que sólo uno responde afirmativamente; el resto se revela seguidores de Boca, River y Racing, pero desplazan su identidad frente al lema "Vamos a ver a un equipo argentino...afuera la camiseta no importa". Esa respuesta, treinta años después, como veremos, será impensable. Pero en ese momento señala el éxito de un discurso que instituye la representación nacional en torno al fútbol, sin asomo de conflicto ni disenso: la estructuración autoritaria de ese texto es tajante.

7. La caída

Si el triunfo ante Manchester es el pico más alto de la épica de Estudiantes, el partido disputado un año después frente al Milan será el inicio de su caída. Pero esa caída se vuelve más estrepitosa por el tipo de representación alcanzada: Estudiantes no es más el equipo chico que alcanza alturas impensadas, sino la digna representación de la Nación, que responde a la derrota en Wembley con las victorias de Racing y Estudiantes, que desplaza la indolencia por el trabajo, el desorden por la disciplina, el subdesarrollo por el desarrollo. Como dice Juvenal:

> Racing organiza y consuma la primera gran revolución [...] eso elimina, o al menos nos torna un poco menos subdesarrollados ante nuestros propios ojos. [...] Estudiantes prosigue con la campaña *emancipadora* fortaleciendo aquella primera *cruzada* de Racing [...] Se le ganó con las mismas, o al menos con parecidas, armas que las de ellos. Estructura defensiva, dinámica, temperamento, sacrificio, agresividad para defender, contracción a la marca, espíritu de lucha, concepto de equipo, organización. Eliminamos la improvisación. Mejoramos y evolucionamos en lo que según nuestra misma crítica constituía nuestra inferioridad (7/1/69: 30; subrayados son míos).

Aquí, *emancipación* es un término heredado de la narrativa de la Guerra de Independencia frente a España en el siglo XIX, y *cruzada* se tiñe de obvias coloraciones religiosas. Las relaciones entre el discurso celebratorio del periodismo deportivo y la discursividad enunciada por el autoritarismo militarista y católico de la dictadura se habían vuelto estrechas.[53]

Y el éxito es el argumento más sólido. Tras la obtención de la segunda Copa en 1969, contra Nacional de Montevideo, Ardizzone insiste: "¿A usted no le gusta el fútbol de Estudiantes?", y abunda: "En otras palabras, Estudiantes sale a destruir, a ensuciar, a irritar, a negar el espectáculo, a utilizar todos los subterfugios ilegítimos del fútbol", para concluir: "Yo, por mi parte, me rindo... Si sirve para ganar debe ser bueno. En todo caso, debe ser mejor que aquel fútbol que pierde..." (27/5/69: 25-26).

El trastabilleante desempeño de la selección nacional para la misma época, que se prepara para disputar la clasificación para el Mundial de México contra Bolivia y Perú, lleva a *El Gráfico* a proponer "¿Y si le ponemos la camiseta a Estudiantes?" (3/6/69: 23). Sin embargo, la ambigüedad que señalara como marca del período no ha desaparecido. En julio de 1969 Chacarita Juniors, un equipo del humilde suburbio porteño de San Martín, vence a River Plate 4 a 1 y gana el Campeonato Metropolitano. Y el mismo Juvenal desplaza su análisis hacia una zona polémica con la defensa a ultranza de Estudiantes que había sostenido hasta el momento:

> La victoria de Chacarita simboliza la vigencia de valores que hicieron grande al fútbol argentino. Justamente cuando esos valores parecieron haber sido olvidados por muchos de nuestros equipos, nuestros jugadores y nuestros técnicos [...] Porque Chacarita no es el 'chico' agrandado que llega a la victoria más importante de su historia a fuerza de correr y 'meter', de morder y luchar, de traspirar y seguir 'metiendo'. Chacarita corre, muerde, traspira, se brinda, se sacrifica, pero además juega al fútbol. Mejor dicho: quiere jugar, respetando la consigna de cuidar la pelota en toda la cancha, y además lucha (8/7/69: 4).

---

[53] Como volveremos a discutir, las relaciones entre los discursos periodísticos y las configuraciones discursivas oficiales en una dictadura son complejas. Por un lado, la existencia de un gobierno autoritario supone la ilusión de la igualdad entre ambas tramas: los discursos públicos son homogéneos, sin fisuras, y los desvíos deben ser buscados en otras zonas o en otras configuraciones (los discursos privados, las circulaciones clandestinas, las resistencias politizadas, las alusiones y las metáforas). Sin embargo, cabe otra posibilidad: y es que esa homogeneidad entre el discurso oficial y el periodístico sea asumida por este último sin dificultades, y sin necesidad de presiones o coacciones autoritarias. En el caso de la revista *El Gráfico* (y esto se repetirá en 1978), que ya caracterizamos como editada por un grupo ligado a las posiciones conservadoras y católicas desde su fundación en 1919, la censura no necesita operar: la revista se sujeta dócilmente al discurso estatal autoritario. De allí que la distancia parezca no existir. En consecuencia, el hecho de que el enunciador no sea estatal no implica que su gramática de producción sea distinta.

A pesar de que Estudiantes había obtenido su segunda Copa Libertadores, la ambigüedad no es desplazada por el exitismo. Por el contrario: se ratifica en la derrota. En setiembre de 1969, Argentina empata en Buenos Aires 2 a 2 con Perú y es eliminada de la Copa del Mundo 1970. *El Gráfico* vive la eliminación como una catástrofe; en el editorial consecuente, Estudiantes aparece señalado, veladamente, como partícipe de un estado de cosas que ha conducido a la Argentina a la humillación:

> No tenemos tiempo para buscar culpables de esta nueva frustración. No queremos hacerlo, por convicción de su inutilidad o, más bien dicho, de su negatividad. Cuando el desastre de Suecia nos volteó con su impacto tremendo, elegimos el camino de buscar y señalar culpables. Elegimos todos: los que dirigen, los que sostienen el fútbol con su aporte popular, los que comentamos fútbol, los que juegan. Y de esa caza de brujas surgieron unos pocos culpables y una gran víctima: la escuela del fútbol argentino. A partir de ese instante crucial comenzó a desdibujarse lo más importante que teníamos: la personalidad del jugador nacido para intentar lo que mejor sabe y siente. El afán de borrar el recuerdo de aquellos seis goles de Checoslovaquia nos impulsó hacia el juego defensivo, hacia el eterno miedo de perder que nos hizo olvidar de la necesidad y de la alegría de hacer más goles que el adversario para ganar. El afán por superar nuestro déficit de velocidad y potencia física ante los europeos nos indujo a la imitación indiscriminada, al menosprecio de la habilidad y la inteligencia. Y así cayendo un poco más cada año, porque no nos engañamos con la honrosa clasificación alcanzada en el mundial de Inglaterra, con un esquema mental de miedo, llegamos a esto de hoy... (2/9/69: 3).

El texto aparece como autocrítico; la defensa exitista de Estudiantes aparece desplazada por la constatación de que incluso la saga heroica de Wembley debe ser sometida a cuestionamiento. La eliminación de México '70 se equipara a Suecia '58 como nuevo punto de inflexión, con lo que la ambigüedad pendular ya no encuentra un lugar donde afirmarse, salvo la referencia a la "escuela del fútbol argentino", que aparece reivindicada, luego de una década de cuestionamientos.

En esta serie novedosa, es significativa la nota del 23 de setiembre (23/9/69: 56 y ss.). Con el título "¿Quién ganaría: La Máquina o Estudiantes?", Juvenal contrasta imaginariamente el equipo de River de los años cuarenta, apodado *La Máquina* y consagrado como el mejor equipo argentino de la "edad de oro" —es decir, el mejor representante de la "escuela argentina"– con el Estudiantes "moderno": "todos hablan del fútbol del 40 y nunca ganamos un título mundial. Estudiantes no gusta, le dicen anti-fútbol, ¡pero es campeón del mundo!, afirma, a su vez, el entusiasta defensor del hoy" (*idem*). Claramente, contrariando las expectativas anteriores, la opinión del medio se inclina por La Máquina.

En octubre comienza la caída. Estudiantes juega contra el Milan la primera final de la Copa Europeo-Sudamericana, en Italia, y es derrotado 3 a 0. El juego violento de los platenses es criticado por el director de la revista, Fontanarrosa, en un editorial (14/10/69: 3). Una semana después, el director técnico Zubeldía reconoce: "Los jugadores de Estudiantes han estado viviendo con demasiada intensidad la obligación de ser los salvadores del fútbol argentino después que nos eliminaron de México…" (21/10/69: 75). Esa representación metonímica que el periodismo le asignara pasa a ser asumida por los propios actores, pero como una carga. El 22 de octubre se produce la catástrofe: en el estadio de Boca –al igual que en el partido contra el Manchester– Estudiantes gana 2 a 1, pero varios de sus jugadores no soportan la derrota resultante por la diferencia de gol y agreden furiosamente a los italianos. Uno de éstos, Combín (a su vez, argentino), sufre una fractura en su rostro, producto de un codazo del defensor Aguirre Suárez, mientras el arquero Poletti patea salvajemente al italiano Rivera en el piso. Los dos argentinos, junto con otro de los agresores, Manera, son detenidos por la policía y condenados a penas de cárcel directamente por intervención del dictador Onganía, y luego suspendidos por un año para jugar al fútbol –excepto Poletti, que es suspendido de por vida–. El 28 de octubre, después del escándalo, Fontanarrosa editorializa nuevamente: "…nos acaban de poner en la primera página de todos los diarios del mundo –hasta en 'L'Osservatore Romano', del Vaticano– dejándonos con una enorme y amarga experiencia cuyo eco todavía no podemos medir exactamente" (28/10/69: 3). Así como la disputa por el tratamiento periodístico inglés le permitía a Fontanarrosa –recordemos: director y voz oficial de la revista– polemizar desde el chauvinismo, lo incontrastable de la violencia de Estudiantes se transforma en este caso en vergüenza nacional. Un año antes, las interpretaciones inglesas eran voces desoladas por una derrota impensada; en este caso, no hay manera de alegar inocencia. "No hubo corrientes demagógicas ni falsas posturas nacionalistas: en este caso, para defender lo nuestro, teníamos que atacarnos", continúa, para rematar:

> Las sanciones a los jugadores pueden ser discutidas. […] Pero había que hacer 'histórica' la sanción de la misma manera que fue histórica la falta y el daño. Un daño al país, no olvidar. […] Nos jugábamos –como pueblo y como país– ante el mundo, y así había que actuar; de alguna manera había que confirmar que nosotros no somos así (*ibidem*).

La claridad del texto es meridiana: lo que se pone en juego es el valor de un "somos". Como señalé anteriormente, el "somos los campeones" de la película de 1968 coloca la saga de Estudiantes en un lugar inconfundible: la Nación toda. Tras la catástrofe, hay que ajustar cuentas con esa enunciación: "nosotros no somos así".

El cierre del año, en una nota de balance, sólo tiende a radicalizar la interpretación:

> La televisión llevó por todo el mundo la imagen deformada de un partido convertido en guerrilla urbana… […] El Estudiantes que admiramos, el que aplaudimos, el que defendimos, era otro muy distinto. Porque cuando ganó sus primeras finales, lo suyo no era antifútbol, sino auténtico fútbol amasado con esfuerzo, vitalidad y sacrificio. […] Esa noche triste de la Bombonera dañó un poco más nuestro deteriorado prestigio internacional… (17/12/69: 15).

Porque si bien la transferencia entre representación local y nacional se asume ("dañó nuestro deteriorado prestigio"), la colocación del escándalo es por lo menos sugestiva: "un partido convertido en guerrilla urbana". El desplazamiento es radical: Estudiantes pasa a ocupar el lugar del enemigo por excelencia, la guerrilla, que ya ha comenzado sus operaciones en la Argentina como continuidad de lo ocurrido en buena parte de Latinoamérica a lo largo de la década, desde la aparición exitosa de la guerrilla cubana a fines de los años 50. A partir de allí, a pesar de ganar otra Copa Libertadores en 1970 y disputar una cuarta final consecutiva en 1971 –en este caso, derrotado por Nacional de Uruguay el 9 de junio en Lima, Perú–, la presencia celebratoria de Estudiantes en las páginas de *El Gráfico* desaparece casi por completo. La noche de la última derrota, Osvaldo Ardizzone clausura el ciclo con una nota de despedida.

Ha llegado la época del regreso a las fuentes míticas: en 1973, Huracán obtiene el campeonato bajo la conducción de un técnico joven, pelilargo y vagamente izquierdista, César Luis Menotti.[54] Huracán, otro equipo "chico", juega un fútbol que se reivindica como *clásico*, recuperador de las *tradiciones* del fútbol argentino.[55] Las relaciones entre la cultura futbolística y el clima político del momento son, sin embargo, más opacas que

---

[54] La afiliación de Menotti al Partido Comunista argentino circula como rumor en esos años, para ser confirmada recién después de la dictadura. En la revista *Noticias*, XIX, 1034, 19/10/96, Buenos Aires: 102-104, Menotti declara: "Fui fiscal [electoral] por el comunismo".

[55] La imagen juvenilista de equipo y técnico, ideal para el clima de época, se vio acompañada por la asignación –hasta donde se sabe, real– de simpatías de sus hinchas por Montoneros. Ver Archetti y Romero, 1994.

en cualquier otro período analizado. La razón es sencilla: la politización de la sociedad argentina desplaza todo otro argumento, las discusiones han pasado a desarrollarse en el lugar correcto –la esfera política. El estadio se propone sólo como un lugar de épicas parciales (el triunfo de Huracán en 1973, el campeonato logrado por River Plate en 1975 luego de dieciocho años sin triunfos) o de conflictos politizados de manera directa: las huelgas de jugadores de 1971 y 1975, que asumen características de los conflictos sindicales clásicos por la firma de un convenio colectivo de trabajo, coherentes con las luchas reales de los trabajadores argentinos en ese período. Si bien es un momento de proliferación de los argumentos nacionalistas –con la aparición del slogan oficial "Argentina Potencia"–, y de fuerte intervención del Estado sobre las instituciones futbolísticas –el Interventor de la AFA será colocado por los sectores sindicales, especialmente los metalúrgicos: Paulino Niembro y David Bracuto–, el fútbol aparece limitado a su espacio autónomo. Cuando en 1974 se participe en el Mundial de Alemania, la atención será puramente deportiva: a pesar de que ese Mundial es el primero televisado en directo con participación argentina,[56] la actuación de la Selección no consigue desplazar lo político, especialmente porque coincide con los últimos días de vida del presidente Perón, que había vuelto al poder en las elecciones democráticas de 1973. A tal punto que, producido el fallecimiento de Perón durante el campeonato, saludablemente, el último partido del seleccionado no será televisado.

De allí hasta el Mundial de 1978 sigue otra historia, que analizaremos en el próximo capítulo.

8. Saldos

Quiero concluir el análisis de esta etapa en torno de tres argumentos: el primero remite específicamente el problema de la práctica deportiva; el segundo es político; el tercero, prospectivo.

1. ¿Cómo jugaba realmente Estudiantes? Más allá de los enormes problemas de archivo para este tipo de investigaciones en la Argentina –es casi imposible acceder a grabaciones completas de los partidos de la época–, la pregunta no es demasiado pertinente. Los testimonios de entonces, así como los que pueden leerse treinta años después en las notas conmemorativas, coinciden en que el juego de Estudiantes consistía es-

---

[56] El primer Mundial televisado vía satélite fue el de México en 1970, donde no participó la Argentina.

pecialmente en el aprovechamiento hasta el último detalle de las posibilidades reglamentarias y la permisividad de los árbitros. Algunas fuentes insisten en caracterizar sus tácticas estrictamente futbolísticas como revolucionarias, renovadoras de un estilo de juego que se había simplemente burocratizado. Podemos inferir, también, que lo que no se le perdonaba a Estudiantes era el hecho de haber quebrado la hegemonía de los *grandes*, y que los mitos tendieron a sancionar este pecado original. También hay ciertas disputas sobre detalles: la leyenda sostiene que los jugadores llegaron a usar alfileres para hostigar adversarios, dato negado enfáticamente por los involucrados. Pero lo cierto es que en torno de esa práctica se construye un texto casi sin fisuras: Estudiantes –se dice– practicaba un estilo férreamente defensivo, con marcación personal al estilo italiano, con despliegue físico, disciplina táctica, ausencia de improvisación... y rudeza, mucha rudeza. Esa ausencia de fisuras en el discurso interpretativo, incluso de los defensores de Estudiantes, permite asegurar que la distancia entre lo narrado y lo realmente practicado es muy breve. Por otro lado, si estamos discutiendo narrativas de estilo, la práctica que las soporta es menos importante que los mitos que produce. Y el mito del Estudiantes de los sesenta es muy eficaz: constituye una marca decisiva en el imaginario del fútbol argentino, que organizará cuarenta años de debate.

2. Las referencias políticas son insoslayables. Señalé a lo largo del capítulo una fuerte coherencia entre los "nuevos valores" desarrollados por Estudiantes y elogiados profusamente por *El Gráfico*, y los preconizados por la dictadura de Onganía. El desarrollismo de fines de los años cincuenta y comienzos de los sesenta, como señalé anteriormente, había sido iniciado por gobiernos precariamente democráticos –en tanto la participación del peronismo estaba prohibida–, pero a partir del golpe de Estado de 1966 se había transformado francamente en un desarrollismo autoritario, impuesto coercitivamente, con la utilización de los recursos del Estado para la aplicación represiva de sus políticas –la prohibición de partidos políticos, huelgas y sindicatos, la censura artística, la expulsión de profesores de la Universidad, la persecución de disidentes, inclusive el asesinato. Además, el componente fascista de la dictadura de Onganía había reemplazado la "modernización de las costumbres y la sociabilidad" del desarrollismo original por un catolicismo reaccionario y profundamente conservador. Todo el ciclo de Estudiantes se desarrolla en ese contexto, y su crisis coincide con el fin de esa dictadura. En mayo de 1969, poco antes del escándalo contra el Milan, se había producido el llamado "Cordobazo", una rebelión popular que tomó el control de la ciudad de Córdoba por dos días hasta la intervención directa del Ejérci-

to. Desde allí, la debilidad del gobierno de Onganía fue creciente. Un año después, la aparición del grupo guerrillero Montoneros –que secuestra y fusila al general Aramburu, responsable del golpe de Estado contra Perón en 1955 y de la represión antipopular consiguiente– significó la caída de Onganía, reemplazado sucesivamente por los dictadores Levingston y Lanusse, para culminar en las elecciones democráticas de 1973. A partir de esta fecha, el clima político es radicalmente otro: las dictaduras represivas han dejado paso al regreso del peronismo, donde la hegemonía está en manos de su ala izquierda, y donde el peso de las organizaciones guerrilleras es enorme. El discurso exitista y cínico que la saga de Estudiantes genera en el fútbol argentino será reemplazado por el populismo de izquierda: el regreso a la "esencia del estilo". La experiencia del desarrollismo autoritario había fracasado.

3. Pero la saga de Estudiantes no había concluido, realmente. Si el protagonista de esa experiencia era centralmente el director técnico Osvaldo Zubeldía, toda la prensa coincidía en que su representante dentro del campo de juego era su volante por derecha –¿su volante derechista?–, Carlos Bilardo. Bilardo cumple durante el período 1967-1970 la función de portavoz cínico: es aquel que defiende sin hipocresías la utilización de los vericuetos reglamentarios en pos del éxito, único objetivo.[57] Luego de abandonar la práctica activa del fútbol en 1970, Bilardo retornará pocos años después como director técnico, llevando a Estudiantes a obtener un nuevo título local en 1982. Ese mismo año, luego del fracaso de Menotti en el Mundial de España, fue designado director técnico de la selección, con la que obtuvo el campeonato Mundial de 1986 y el subcampeonato en 1990. El peso de Bilardo en el imaginario futbolístico es mayor aún que el de Zubeldía y el Estudiantes de los sesenta: al punto que se constituye, junto pero contra Menotti, en una de las instancias polares que insisten en definir el fútbol argentino. En Italia 1990, con un equipo espantoso sustentado en las pocas cosas que pudiera hacer un Maradona arrasado por las lesiones, Bilardo llegó a la final contra Alemania cabalgando sobre una doble continuidad: la de la práctica ilegítima –violencia del juego, y algún truco más–[58] y la del discurso paranoico –en la conspiración planetaria denunciada por Maradona. La discontinuidad era sólo política: del desarrollismo autoritario, la Argentina se había desplazado al populismo neoconservador. Bilardo es la constante que los une.

---

[57] Puede verse como ejemplo la entrevista de *El Gráfico* del 20/5/69, donde Bilardo afirma: "hay que ganar y nada más".

[58] Se dejó entrever que, en una interrupción del juego, el masajista argentino convidó agua al jugador brasileño Branco; el líquido contenía una droga vomitiva.

VI. El campeón mundial del terror

1. Un mapa del terror

Tras la muerte de Perón en 1974, el gobierno peronista entró en un acelerado proceso de decadencia. Políticas económicas de ajuste, que elevaron abruptamente la inflación y deterioraron el poder adquisitivo de las clases populares, anticipando las políticas neoconservadoras que serían hegemónicas desde 1976; la acción de la guerrilla, que tras un paréntesis de expectativa por las elecciones democráticas, volvieron a la acción por propia decisión pero a la vez obligadas por la persecución del gobierno peronista sobre sus cuadros políticos e intelectuales; el desmembozado boicot de las clases dominantes y los militares; la progresiva instalación de dictaduras derechistas en toda América Latina, con apoyo norteamericano (Uruguay y Bolivia, en 1971; Brasil ya desde 1964; Chile en 1973; Paraguay desde el lejano 1954; Perú, que pasó de un golpe militar izquierdista en 1968 a su derechización en 1974). Todo condujo a una espiral de violencia y crisis económica que se hizo aparecer como causa "justificada" del golpe militar que el 24 de marzo de 1976 derrocó a la presidente Perón, viuda del caudillo, e instauró la dictadura más sangrienta de la historia argentina.

La organización institucional de la dictadura de 1976 fue minuciosamente planificada, y reveló que el nuevo gobierno, pomposamente autodenominado Proceso de Reorganización Nacional, aspiraba a constituirse en algo más sólido que un simple interregno militar. El 24 de marzo, día del golpe, se constituyó la Junta de Comandantes, integrada por los líderes golpistas: el general Jorge Rafael Videla, del ejército; el almirante Emilio Eduardo Massera, de la marina; y el brigadier Orlando Agosti, de la aeronáutica, y dictó las primeras actas institucionales. Se removieron a los poderes ejecutivos y legislativos nacionales y provinciales; cesaron todas las autoridades federales, provinciales y municipales, y las Cortes de Justicia nacionales y provinciales; se suspendió la actividad de los partidos políticos; se intervinieron los sindicatos y las confederaciones obreras y empresarias; se prohibieron las huelgas; se anularon las convenciones colectivas de trabajo; se instaló una férrea censura de prensa; se detuvo a disposición del nuevo Poder Ejecutivo, sin acción legal, a dirigentes políticos y sindicales. El 26 de marzo se dictó la ley 21.256 que reglamentó el funcionamiento de la Junta Militar, nombró al general Videla como presidente a cargo del Poder Ejecutivo, y creó un simulacro de legislatura, la Comisión de Asesoramiento Legislativo (CAL), compuesta igualitariamente por oficiales de las tres armas. El 31 de marzo, se dictó el Estatuto del Proceso de Reorganización Nacional, que incluyó todas las medidas anteriores, estipuló los objetivos a cumplirse (centrados en la "pacificación del país", el "aniquilamiento de la subversión" y el "reordenamiento económico"), y colocó a este Estatuto como cuerpo legal superior a la Constitución Nacional, obligando a todas las autoridades y a los jueces a jurar respeto al mismo. Todo el aparato del Estado, federal y provincial, fue repartido proporcionalmente entre las tres armas, que colocaban oficiales o civiles adictos.

Simultáneamente, como continuidad de los mecanismos iniciados en la última fase del gobierno peronista, la dictadura multiplicó los esfuerzos destinados a derrotar militarmente a la guerrilla; pero para ello perfeccionó un aparato de terror, que dividió el territorio en zonas correspondientes a los cuerpos militares, e inició la detención masiva y clandestina de militantes vinculados o no con la guerrilla, la práctica sistemática de la tortura en los interrogatorios, los fusilamientos nocturnos; durante 1976, se estimaron en 30 los secuestros diarios, gran parte de cuyas víctimas jamás reaparecieron. A las desapariciones forzadas se sumó otra práctica aberrante: el secuestro y entrega a familias adictas de los niños nacidos en el cautiverio de sus madres, falseando los datos filiatorios a los efectos de obtener la adopción legal.

Si por un lado la estrategia apuntó a destruir la capacidad operativa de la guerrilla, utilizando la información producida por la tortura para capturar más militantes e identificar las bases logísticas de las organizaciones armadas, la práctica sistemática y masiva del terror buscó un objetivo más amplio. La dictadura fue, paradójicamente, *gramsciana*: sabedora de que la lucha política en los países occidentales se desarrolla fundamentalmente en el plano ideológico y cultural, los secuestros también tuvieron como destinatarios a intelectuales, artistas, periodistas, profesores universitarios, dirigentes gremiales de base, que en su gran mayoría no estaban vinculados con la guerrilla e incluso, en muchos casos, la repudiaban como práctica. Así, el efecto buscado (y obtenido) apuntó a la desarticulación de una sociedad civil con autonomía y capacidad para disputar una hegemonía ideológica. La acción de los llamados *Grupos de tareas* encargados de la represión ilegal adquirió características monstruosas y masivas: luego de un atentado montonero contra el comedor de la Superintendencia de Seguridad de la Policía, el 2 de julio de 1976, aparecieron setenta cadáveres de detenidos dinamitados en represalia. El 4 de julio, un grupo supuestamente vinculado con la marina asesinó en una iglesia del barrio porteño de Belgrano a diez curas y seminaristas de la orden de los palotinos, acusados de simpatías izquierdistas; cuando el 9 de noviembre estalla una bomba en la jefatura de policía de la provincia de Buenos Aires, su jefe, el general Ramón Camps, ordenará cincuenta y cinco fusilamientos clandestinos entre el 10 y el 16 del mismo mes. El secuestro y asesinato de dirigentes extranjeros exiliados en la Argentina reveló, además, la coordinación entre las fuerzas armadas sudamericanas: durante 1976 son asesinados los legisladores uruguayos Zelmar Michelini y Héctor Gutiérrez Ruiz, y el ex presidente boliviano Juan José Torres. La Ley de Seguridad Industrial dictada en setiembre de ese año colocó bajo jurisdicción militar a cualquier grupo de trabajadores que desarrollara conflictos gremiales; esto implicó la desaparición de comisiones internas enteras en las fábricas, en muchos casos secuestradas en los lugares de trabajo con anuencia y complicidad empresaria. En 340 centros clandestinos se alojó una cantidad indeterminada de secuestrados, entre ellos algunos de los mejores escritores argentinos: el narrador Haroldo Conti, el historietista Germán Oesterheld, el escritor y periodista Rodolfo Walsh, los poetas Miguel Ángel Bustos y Roberto Santoro. Otros, como el poeta Francisco Urondo, militante de Montoneros, cayeron en enfrentamientos. De los desaparecidos, unos pocos fueron legalizados y pasados a cárceles oficiales; entre éstos, la mayoría permaneció detenida hasta el final de la dictadura, siete años después. Algunos fueron ejecutados en las prisiones aduciendo "intentos de fuga". El éxito fue fulminante; el Ejército Revolucionario del Pueblo, ERP, ya debilitado desde diciembre de 1975 tras un frustrado ataque a la unidad militar de Monte Chingolo, fue definitivamente desarticulado con la muerte de su líder, Roberto Santucho, el 19 de julio de 1976; Montoneros mantuvo una mínima capacidad operativa hasta 1979, en que una extraña y sospechada "contraofensiva" decidida por su líder, Mario Firmenich, desde el exterior, permitió a los militares la desarticulación total de la organización, la muerte de sus últimos militantes activos, y la excusa perfecta para continuar agitando el fantasma de la "subversión".

En marzo de 1977, a un año del golpe y poco antes de su propio secuestro, el escritor Rodolfo Walsh denunció la eficacia terrorífica de la dictadura: 15.000 desaparecidos, 10.000 presos políticos, 4.000 muertos. La paranoia se instaló exitosamente en la sociedad; una larga lista de artistas e intelectuales emprendió el exilio hacia algunos destinos americanos y europeos: Venezuela, México, España, Francia, en menor medida Holanda y Suecia, donde comenzaron a desarrollar una insistente acción de denuncia de las violaciones a los derechos humanos por parte de la dictadura entre los gobiernos europeos. A pesar de los reclamos de éstos y del presidente norteamericano James Carter, todos los países occidentales reconocieron diplomáticamente al nuevo gobierno argentino.

La acción represiva de la dictadura no conocerá fronteras. Imbuidos del misticismo anticomunista, los militares argentinos intervendrán con armas y apoyos crediticios en el golpe militar que en 1980 derrumbó el gobierno democrático boliviano de Lidia Guelier e impuso la dictadura narcotraficante del general García Meza. Simultáneamente, desde 1981 exportarán su capacidad para la guerra clandestina colaborando con el entrenamiento de los *contras* nicaragüenses que, financiados por el gobierno de Ronald Reagan desde 1980, intentaban derrocar al gobierno revolucionario sandinista de Managua.

Para los que no se exiliaron, para los que se quedaron, les quedó reservada la otra cara del gobierno militar: una política económica, social y cultural que tendió, como objetivo real, al disciplinamiento definitivo de la sociedad argentina y a la transformación estructural de su mapa socioeconómico.

El 2 de abril de 1976 asumió el ministerio de Economía un representante de los grupos tradicionales de poder, vinculado tanto a los sectores agropecuarios como a la gran industria: José Alfredo Martínez de Hoz. Éste se había formado en la escuela monetarista de Chicago; por la común proveniencia de la mayoría de su equipo de trabajo fueron apodados "los Chicago boys". La caracterización de la crisis que hizo Martínez de Hoz respondía en gran parte a la realidad caótica que había generado el gobierno peronista; la inflación se proyectaba en un 566,3%, el PBI había descendido durante 1975 en un 1,4% y se proyectaba para el nuevo año una disminución del 6%. La deuda externa, a causa del déficit público, se elevaba a 3.500 millones de dólares, y se amenazaba con una cesación de pagos por parte del Estado. Pero la terapéutica aplicada se encuadró en una perversa combinación de liberalismo monetarista, dirigismo estatal y represión.

Como medidas inmediatas, se decretó el congelamiento de salarios, la derogación de los precios máximos, el aumento de las tarifas de servicios y combustibles y la desnacionalización de los depósitos bancarios, así como la liberalización del comercio exterior. El *shock* de Martínez de Hoz fue estremecedor: en tres meses, la caída de los salarios reales alcanzó al 40%; la participación del sector asalariado en el producto bruto descendió por debajo del 39%. Asimismo, la política financiera encareció el crédito y mantuvo elevadas las tasas de interés, permitiendo la proliferación de entidades financieras dedicadas a la especulación, lo que unido a la persistencia inflacionaria (durante todo la dictadura no bajó del 80% anual) y la baja de aranceles externos inició un sostenido y acelerado deterioro del sector industrial: el PBI industrial cayó un 20% entre 1976 y 1981, y la industrialización desapareció como política de Estado, para ser reemplazada por su reverso. Uno de los miembros del equipo económico caracterizó adecuadamente el nuevo enfoque: "Si la Argentina debe fabricar caramelos en vez de acero, fabricará caramelos". La apertura indiscriminada del comercio exterior a los productos importados se combinaría, en diciembre de 1978, con un mecanismo decisivo: el establecimiento de una tabla de devaluación mensual decreciente, que en tres años llevaría la devaluación a cero; este procedimiento fue conocido como la *tablita cambiaria*. Pero la continuidad de la inflación generó una sobrevaluación excesiva del peso, que unida a las tasas elevadas motivó un continuo flujo de capitales especulativos. Para cerrar el panorama, el costo elevado del crédito llevó a los empresarios argentinos a endeudarse en el exterior, aprovechando el exceso de capitales que el auge de los petrodólares generara en los mercados internacionales; el mecanismo fue favorecido por el Estado con la instauración de garantías públicas para el endeudamiento externo. En 1982, esta tendencia explotó como la *crisis de la deuda externa argentina*, cuyas consecuencias se pagan hasta hoy.

Si hablamos de combinaciones perversas, es porque las recetas monetaristas y liberales no se aplicaron sistemáticamente. La presión del aparato militar, que se había repartido las empresas estatales como botín de guerra y coto de caza, impidió a Martínez de Hoz la privatización del sector público. El déficit público, a pesar del recorte del gasto social y las prescindibilidades masivas de trabajadores estatales, se mantuvo incólume, agravado por los gastos militares con la excusa de la represión antiguerrillera.

2. Un Mundial faraónico

Apenas asumida la Junta Militar, la cuestión de la organización de la Copa Mundial de 1978 se transformó en un eje de debate. En su primera reunión, en marzo de 1976, el jefe de la Marina, almirante Massera, comenzó sus presiones a favor de la realización: sus argumentos colocaron lo que sería la tesis central del operativo, la necesidad de presentar una novedosa "imagen argentina ante el mundo". En mayo, ante la falta de decisiones concretas, la FIFA solicitó una definición: la respuesta fue decididamente positiva, a pesar de las objeciones de la conducción económica, que resistía la utilización de fondos estatales a raíz de la delicada situación de las cuentas. En junio se creó el Ente Autáquico Mundial 78 (EAM 78), organismo que se encargaría de todo lo relacionado con la organización del campeonato: su presidente fue el general de ejército Omar Actis, un ingeniero militar que proponía la realización de un "Mundial austero". Su vicepresidente fue colocado por la marina: el capitán de navío Carlos A. Lacoste, delegado personal de Massera en el Ente. El 6 de julio de 1976 se dictó la ley 21.349 que declaró al Mundial de "interés nacional". El 19 de agosto el general Actis convocó a una conferencia de prensa para anunciar sus planes: fue asesinado esa misma mañana. El 27 de agosto fue nombrado en su reemplazo el general Antonio Merlo, conservando Lacoste su lugar. La muerte de Actis fue adjudicada a la guerrilla: sin embargo, el rol preponderante que pasó a cumplir Lacoste, desplazando en la práctica a Merlo, llevó a muchos a suponer un crimen por encargo, que permitiera a la Marina tomar el control de la organización.

Los primeros datos del EAM proponían un costo total de 200 millones de dólares: pero el costo final superó los 500. La magnitud de la diferencia llevó incluso a una polémica interna: el secretario de Hacienda de la dictadura, Juan Alemann, hizo pública su opinión crítica respecto de los gastos, sosteniendo que el costo final sería de 700 millones de dólares. El general Merlo reconoció sólo 500, alegando como justificativo que buena parte de las obras eran en infraestructura (caminos, hoteles, aeropuertos, estadios, televisoras). Justamente, la construcción de Argentina Televisora Color (ATC), un nuevo edificio para la emisora televisiva del Estado, costó 40 millones en el edificio y 30 más en equipamiento.[59] Los gastos no fueron, empero, sólo en edificios: el EAM también contrató a una consultora norteamericana, Burson y Masteller, para asesorar en estrategias comunicacionales destinadas a contrastar la imagen argentina en Europa, rodeada de las denuncias sobre violaciones a los derechos humanos.

El fracaso económico del Campeonato fue abrumador: en una etapa donde la televisación no representaba ingresos económicos tan impor-

---

[59] Durante la dictadura, todas las emisoras televisivas eran del Estado. Pero ATC era la primera de todas, el viejo Canal 7 fundado en 1951 por el peronismo, y durante más de veinte años único canal estatal.

tantes, el eje de los inversores estaba puesto en la afluencia de visitantes extranjeros. Se estimaron de 50.000 a 60 mil turistas: llegaron sólo 7.000, más 2.400 periodistas y 400 invitados.

El costo total del Mundial (según datos oficiales) alcanzó a u$s 521.494.931; descontados 9.642.360 de ingresos, el balance final resultó en un costo de u$s 511.852.571. Como comparación, el costo total del campeonato siguiente, España 1982, fue de u$s 150.000.000. Para demostrar que las discusiones internas respecto del costo del Campeonato estaban sujetas a la misma lógica que la política general del gobierno, el 21 de junio, exactamente a la hora en que el equipo argentino convertía el cuarto gol contra Perú (las 20.20 hs.) que lo clasificaba para la final del torneo, explotó una bomba en el domicilio del secretario Alemann, a 50 metros de una unidad policial.

3. Un relato de esencias y obligaciones

La designación de César Menotti como técnico del seleccionado argentino en 1974, tras el fracaso en el Mundial de Alemania, significó el inicio de un nuevo ciclo: los éxitos deportivos entre 1974 y 1982, obteniendo un primer título mundial en 1978 y el campeonato del mundo juvenil en 1979, se sustentaron en la supervivencia poderosa del relato mítico original del estilo argentino. Menotti argumentaba con vehemencia a favor de ese relato, de *la nuestra*, repudiando el ciclo de los años sesenta como una "desviación" respecto del mito. Turner ha señalado que este discurso esencialista coincide, ideológicamente, con el momento en que la dictadura militar argentina defendía "el tradicional estilo de vida argentino" contra la "amenaza comunista"[60]; sin embargo, el discurso de Menotti ha sido considerado, paradójicamente, como *de izquierda* por cierto periodismo "levemente progresista" (Turner, 1998). Su análisis de la revista *El Gráfico*, entonces todavía central en la administración del imaginario deportivo argentino (la edición del 26 de junio de 1978, luego del partido final, es un record para revistas deportivas: 600.000 ejemplares), revela que los ejes argumentativos se centraron en cuatro ítems:

a. Un poderoso "nosotros inclusivo", que asociaba la acción gubernamental y deportiva a la de "todo un pueblo". Esta estrategia es coherente con la del gobierno: los slogans centrales de la propa-

---

[60] Esa tendencia tradicionalista de la dictadura aparecía en relación con el Mundial en la elección de su mascota: previsiblemente, fue un pequeño *gaucho*, llamado Pampita. El tradicionalismo esencialista del gobierno militar debía por fuerza ser ruralista, y la recuperación del gaucho es un movimiento consecuente.

ganda fueron "Veinticinco millones de argentinos jugaremos el Mundial" y "En el Mundial usted juega de argentino". Si el primero remite a la postulación de un *nosotros* sin fisuras, que incluye todos los sujetos, el segundo pone en escena un carácter fuertemente pedagógico, combinando un imperativo que no admite discusión y la asignación de un rol que tampoco puede discutirse, bajo pena de colocarse por fuera de lo nombrable. Como dice la nota editorial de la revista, el 23 de junio de 1978: "Llegamos al final. No solamente los jugadores, sino todos. Se acabaron los YO refugiados atrás de aislados gritos. Ahora somos NOSOTROS sin distinción de colores, como debimos ser siempre. Goleamos al destino y derrotamos a las sombras" (*op.cit.*: 3).[61]

b. El fuerte carácter nostálgico de los textos: la actuación del equipo argentino se lee como el retorno a una *edad de oro*, el regreso a las fuentes. Esta marca también es coherente con las estrategias de gobierno: las proclamas de la dictadura abundaron en verbos tales como "reorganizar", "devolver", "recuperar", "reencontrar"). Dice *El Gráfico*: "Y todo lo que siguió fue, como no hace mucho lo pedíamos en estas mismas páginas, un retorno a las fuentes" (23 de junio de 1978: 19).

c. Consecuentemente, la inscripción histórica: no estamos frente a un hecho meramente deportivo, sino frente al clímax de una serie histórica ("La hora más gloriosa del fútbol argentino", dirá la portada de *El Gráfico* el día del éxito). *El Gráfico* funciona asimismo como texto que enlaza toda esa historia: es el discurso que inaugura la serie, en el momento de fundación del fútbol argentino y de su mito de estilo, y es también el que celebra su coronación. Así, si el *retorno* es la palabra clave, *continuidad* es la práctica; y *El Gráfico* es el lazo de esa continuidad:

"Con ustedes, por el mismo túnel, camina una historia. Escrita con zapatillas rotas en los potreros o pies descalzos en la arena. Crecida en las orillas del mar o de las zanjas. Educada en los penales que se cobran a trompadas y sometida a la desgracia que levantó las banderas de su origen, aún en los campos más extraños. Territorios conquistados con mágicas gambetas que parecían vengar antiguas ofensas. Dominios alcanzados para siempre con el fabuloso poder de los goles a un toque. Una valerosa historia que se mantuvo en pie y

---

[61] Para la compilación de estos ejemplos conté con la invalorable ayuda de Mariana Conde.

soportó altiva los crueles ataques que le dirigen con fuerza y potencia, que se hizo grande aguantando alevosos golpes y codazos lanzados con intenciones ocultas. Una historia defendida letra a letra por sabios que conocían profundamente el sentido de este juego tan parecido a la vida... [...] Y hay millones de ojos acechando otra vez el nacimiento del milagro. Ahora, no se olviden de transmitir el sentimiento..." (*El Gráfico*, 15 de junio de 1978: 38).

d. Una fuerte estereotipificación cultural del *otro*: si la identidad no tiene fisuras, porque *todos somos argentinos*, el *otro* debe estandarizarse a los efectos de que funcione como *otro significativo*, de manera fácil y esquematizada. Así, la revista presentará una serie de nacionalidades caracterizadas con epítetos: los holandeses son sospechosos (drogas, homosexualidad, excesos), los polacos conflictivos, los peruanos religiosos, los suecos trabajadores, los iraníes exóticos. Y los escoceses, por supuesto, son borrachos:

"Uno sabe –y además lo escribió– que las puertas del Sierra Hotel se abren a todas horas para que los jugadores entren y salgan cuando se les ocurra. Es testigo de la ansiedad de estos hombres por jugar dinero en el casino, por aprovechar en la conquista amorosa ese halo de exotismo que los rodea... [...] Uno ve todo eso, palpa la autosuficiencia, la casi descarada confianza de estos conquistadores que visten 'kilts' (polleritas), boinas, medias tres cuartos y zapatos abotinados... [...] Escocia nos había contagiado su optimismo a través del grupo de hinchas fervorosos, de las incontables botellas de cerveza consumidas por sus jugadores. PORQUE TODO LO ANTINATURAL EN UN DEPORTISTA, LOS ESCOCESES LO HABÍAN TRANSFORMADO, AQUÍ EN CÓRDOBA, EN ARTÍCULO ADMIRABLE, ELOGIABLE. 'TONTOS LOS ARGENTINOS QUE HACE MESES VIENEN CONCENTRANDO...'. [...] Escocia se queda sin piernas. Diaz se la quita a Rioch y éste ni siquiera intenta correrlo. Son piernas de espuma. El mito de la cerveza como una forma de preparación atlética comienza a derrumbarse" ("Lo de Perú no fue un milagro", en *El Gráfico*, 6 de junio de 1978: 32-36; las mayúsculas en el original).

Estos mecanismos no son privativos de *El Gráfico*. La censura es férrea, a veces tanto que se vuelve ridícula: diversas fuentes insisten en una directiva oficial prohibiendo las críticas deportivas a Menotti y al equipo nacional. Pero la extensión de estos argumentos celebratorios nos permiten hablar también de una hegemonía discursiva que la mayoría de los periodistas deportivos no están interesados en discutir. Por cierto que en este período, la violencia y el terror de la dictadura funcionan como coacción suficiente para evitar cualquier asomo de distancia o resistencia en todos los discursos públicos. Sin embargo, cabe preguntarse qué hubiera ocurrido si el periodismo argentino hubiera al menos tratado en conjunto de adoptar posiciones menos genuflexas y obedientes.

Para rematar, Juan De Biase dice en el diario *Clarín*, el más importante de la Argentina, al comenzar el campeonato:

> Asegurar el éxito [del Torneo] es una obligación, porque va más allá de lo deportivo, para configurar la imagen del país, una imagen a la que todos damos vida, seamos o no aficionados al fútbol. Y por encima de todo esto [...] se trata de una cuestión nacional.
> ¿Escapismo? Esta es una discusión que se pueden repartir los sociólogos y el diván de los analistas (*Clarín*, 1/6/78).

4. Silencio o hipérbole

Lo cierto es que la asociación entre éxito futbolístico y *representación patriótica* alcanza en esos años una presentación hiperbólica, debida principalmente a cuatro factores: uno, la asociación con el nacionalismo agresivo y fascistizante de la dictadura (nacionalismo contradictorio, por cierto, que renuncia al antiimperialismo para demonizar a los vecinos, aunque culmina en la locura de Malvinas);[62] dos, la supresión de la política, en tanto todo el espacio social es ocupado por la represión dictatorial, obligando a formaciones culturales diversas a asumir funciones en otro momento desempeñadas por actores políticos *estricto sensu*;[63] tres, el creciente peso de los medios de comunicación en la configuración de la oferta de bienes simbólicos (y los medios, especialmente la televisión y la radio en manos gubernamentales, no pueden ni desean proponer una discursividad alternativa); por último, la aparición desde 1977 de un símbolo de la eficacia y pregnancia de Diego Maradona, cuyo apogeo comenzará en 1982.

El nacionalismo futbolístico alcanza su pico en este Campeonato Mundial de 1978. Pero se trata de un nacionalismo en el que podemos acceder a un solo soporte: el discurso oficial. Toda otra palabra, en el contexto de la dictadura, queda silenciada. Los testimonios sobre el Mun-

---

[62] El péndulo de la dictadura recorre ese sendero: rechaza las alianzas tercermundistas del peronismo para arrojarse en los brazos de EE.UU.; llega al límite de la guerra contra Chile en 1978, y luego invade las Malvinas reclamando el apoyo de la Cuba castrista, en 1982. Ante este cuadro, el análisis cultural o político parece necesitar ayuda del psicoanálisis.

[63] Así, por ejemplo, el rock pasa a ocupar las funciones que la militancia política desempeñaba entre los sectores juveniles (Alabarces, 1993).

dial que señalen un grado máximo o mínimo de distancia sólo aparecen hacia el final de la dictadura, cuando el campeonato comienza a transformarse en una metáfora del ocultamiento y el silencio, frente a, como veremos, su simbolización como júbilo, festejo y unitarismo en el momento de su realización. Frente al Mundial, en el clima exitosamente represivo que la dictadura instala desde 1976, sólo caben dos voces disidentes: la del exilio, que no circula en la Argentina y que no nos sirve como fuente para interpretar la lectura interna del fenómeno –justamente por su condición exterior–; y la del ya entonces nombrado como "movimiento del rock nacional", que en su publicación más exitosa y representativa, la revista *Expreso imaginario*, opta por la más radical de las disidencias: el silencio absoluto. El *Expreso…* no hace ninguna mención al torneo en todo el año 1978. Por posición –en un momento en que el Mundial domina todas los textos– el gesto rockero funciona alternativamente (como afirman Goldstein y Varela, 1990).

Por el contrario, como señalé, el discurso oficial está por todos lados, capturando todo los sentidos posibles. Meses después del torneo, el film *La fiesta de todos* (dirigido por Sergio Renán en 1979) se encarga de compilar y exhibir buena parte de los argumentos convocados. La palabra dominante es nuevamente *todos*, soportado por un *nosotros universal* que se hace presente en los primeros enunciados: "nosotros, los argentinos" es el pronombre que conduce la narración (lo que ya era legible en el texto de la "Marcha del Mundial": "Veinticinco millones de argentinos/ jugaremos el Mundial…"). Pero ese *todos* debe señalar las fisuras, porque no hay identidad nacional sin *otro* significativo: la otredad se designa como un enemigo que juega en lo interno y en lo externo (en alusión a la pretendida "campaña antiargentina") a través de la malevolencia y el escepticismo. El tratamiento de los rivales es respetuoso, hasta llegar al final, donde la xenofobia se manifiesta en la voz del narrador folklórico Luis Landriscina de manera desembozada: "Era inevitable. Nuestra alegría significaba la tristeza de los brasileros. Y bueno. En otros tiempos, ellos festejaban como si fueran carnavales sus victorias, mientras nosotros nos conformábamos con ser campeones morales".[64]

Corrección al fin (no olvidar que la dictadura impone una moralina cerrada), las imágenes de los festejos desplazan el canto original ("Ya

---

[64] Landriscina funciona en el film como el principal narrador (en términos de la cantidad de entradas, y de la centralidad de sus textos). Una posibilidad de trabajo: la recurrente relación planteada entre la figura de Landriscina y los argumentos nacionalistas, a partir de su asociación con el interior del país, por su condición de provinciano y por sus "habilidades telúricas" (la narración oral). Incluso en la publicidad: parece no haber mejor figura

todos saben que Brasil está de luto/son todos negros/son todos putos")
por un increíble "Se van para la B…", suprimiendo la clásica referencia
homofóbica –y en el mismo movimiento, racista– de las hinchadas argentinas. En términos de género, las mujeres deben incluirse, porque el
todos es demasiado poderoso para soportar su exclusión, aunque la inclusión femenina se produzca con la exclusión del saber deportivo, con
la incorporación de un público que sólo defiende una bandera y unas
preferencias erótico-estéticas: la mujer "invade y alegra los estadios", para
elogiar "la pinta de Paolo Rossi" ("con los ojos que tiene…").[65] Pero, ho-
mofóbicos al fin, las operaciones de inclusión –casi– universal revelan
un nuevo *otro* insospechado: la exclusión se produce sobre el homosexual, en la figura de un peluquero que se niega a dejar de ver un
teleteatro frente a sus clientas que reclaman el partido Argentina-Brasil.

Un segundo elemento excluido del *todos* es significativo. Frente a un
clima representado de "alegría, solidaridad y confraternidad", la única
disidencia está señalada por la presencia de aquél que hace negocios: el
hecho comercial del Mundial está minuciosamente expurgado del film,
para el que el torneo sólo significa un escenario de afirmación patriótica
y deportiva. Con una excepción: un vendedor de banderas y vinchas
argentinas, que sube y baja sus precios de acuerdo a los vaivenes deportivos. Oficio popular y tradicional, el "busca" que vende informalmente
en la entrada y salida de los estadios es catalogado, en la lógica de la
película, como el único actor cuyo objetivo es la maximización de la
ganancia económica, no la simbólica. A la luz de los hechos –el gigantesco negocio que significan los Mundiales, y la corrupción extendida que
rodeó a la organización de éste en particular– este señalamiento no deja
de causar escozor –o pavor.

La narración del film se confía a "artistas populares" (Nélida Lobato,
Landriscina, como locutores; Juan Carlos Calabró, Ricardo Espalter, Mario Sánchez, Luis Sandrini, como actores de precarias ficcionalizaciones)
y a periodistas deportivos (Néstor Ibarra, Enrique Macaya Márquez, Diego Bonadeo, Héctor Drazer) o generalistas (Roberto Maidana). Pero el
cierre, allí donde el discurso celebratorio y narrativo cede paso a un

---

para publicitar yerba mate, que se presenta como un símbolo de argentinidad. Su asociación con la figura de la cantante folklórica Soledad Pastorutti, a fines de los noventa,
operaría como una duplicación del símbolo. Ver al respecto el desarrollo del análisis en
relación con Pastorutti en el capítulo X.

[65] El menosprecio disfrazado de reconocimiento que el film practica con el público femenino llega a su clímax con una intervención de la escritora Martha Lynch, quien afirma: "Ya
el fútbol había pasado a ser una cosa más importante que *las vidrieras y las peluquerías*" (el
subrayado es mío). Lo juro, dice eso.

explícito acento ideológico, se le confía a un intelectual, que funciona aquí como vocero orgánico de la dictadura: se trata del historiador Félix Luna, que a un costado de los festejos por el triunfo enuncia a la cámara la interpretación oficial:

> Estas multitudes delirantes, limpias, unánimes, es lo más parecido que he visto en mi vida a un pueblo maduro, realizado, vibrando con un sentimiento común, sin que nadie se sienta derrotado o marginado. Y tal vez por primera vez en este país, sin que la alegría de algunos signifique la pena de otros…

A lo que el locutor agrega como coda: "Esta fue nuestra mejor fiesta. Porque fue la fiesta de todos".[66]

5. ¿La fiesta o la vida?

Caben aquí como cierre dos señales. La primera: ¿cómo interpretar las manifestaciones espontáneas de júbilo que inundaron las calles de Buenos Aires tras los dos últimos partidos? Es imposible generar empiria que apoye o resista ninguna interpretación, lo que convierte a toda apuesta en conjetural. Las entrevistas a participantes en los festejos están marcadas por la distancia temporal, que en la historia argentina significa estar atravesados por la conciencia de la dictadura. No hay informante que pueda evitar esa marca: recordar los festejos significa inmediatamente acotaciones del tipo "no sabíamos lo que estaba pasando", "nos usaron".[67] La textualidad de la época, dominada por el doble mecanismo de la censura-autocensura, no ofrece ninguna garantía. Como uno de los pocos elementos disponibles está el hecho de que las manifestaciones evitaron la politización: salvo un grupo de estudiantes secundarios el día siguiente de la final, que se dirigieron a la Plaza de Mayo y reclamaron la presencia del dictador Videla, no hay en los festejos ninguna marca que permita suponer un desplazamiento de lo futbolístico a lo explícitamente político.[68] La dictadura no se celebra en las calles ni en los estadios: por el contrario, apenas dos años más tarde el dictador Viola es celosamente silbado en el estadio de Rosario Central. Osvaldo Bayer avanza en

---

[66] El análisis de otros textos contemporáneos apunta en el mismo sentido del que planteamos en torno del film, en cuanto a proponer la construcción de un nuevo *nosotros universal*. Ver, por ejemplo, el discurso del dictador Videla por la cadena nacional de televisión y radio al día siguiente de la final (reproducido en Palomino y Scher, 1988: 173-4).

[67] Testimonios obtenidos en entrevistas a hinchas argentinos entre 1996 y 1998.

[68] El 26 de junio de 1978 yo era estudiante secundario en la Escuela Normal Mariano Acosta, entonces colegio reservado para varones. Por supuesto, decidimos que el triunfo

esta línea al proponer la interpretación opuesta: los festejos funcionan como una manera de recuperar la calle como espacio público, como el espacio clásico de la política argentina del que la sociedad ha sido desalojada por la fuerza, y que reconquista con un "dispositivo de astucia".[69] Si superamos la clásica asociación entre política y deporte abonada por Jean-Marie Brohm y epigonalmente por Sebreli, según la cual toda manifestación de masas significa un nuevo ejemplo de manipulación e idiotización, la lectura de Bayer es una conjetura seductora.

La espontaneidad de los festejos (no hubo ningún tipo de convocatoria, ni oficial ni mediática) es un dato que entiendo clave para establecer una interpretación. Los actores parecieron leer rápidamente una fisura en el control, e instituyeron así un mecanismo doble: la re-ocupación del espacio público, y el auto-reconocimiento en una multitud (la primera vez, vale recordarlo, desde antes del golpe militar). Las manifestaciones, asimismo, diseñaron recorridos múltiples, no se limitaron al centro urbano (el obelisco) y sus adyacencias: ocupan espacios barriales, como el Parque Patricios. Por último, y como dato contrastante que permitiría ratificar la interpretación desarrollada, al año siguiente el equipo argentino obtiene el Campeonato Mundial Juvenil de fútbol en Japón, el mismo día en que la Comisión Interamericana de Derechos Humanos (CIDH) comienza sus actividades de investigación en Buenos Aires sobre la situación de los detenidos-desaparecidos. En este caso, los medios convocan explícitamente a la manifestación del festejo: los periodistas Julio Lagos desde Radio Mitre, José María Muñoz desde Radio Rivadavia y José Gómez Fuentes desde ATC invitan a sus públicos a un festejo callejero en Plaza de Mayo, con la colaboración del Ministerio de Educación que decreta un asueto estudiantil.[70] En el caso de Muñoz, ese festejo (esa convocatoria) se politiza radicalmente: "Vayamos todos a la Avenida de Mayo [donde funcionaba la oficina de recepción de denuncias, en el número 760] y demostremos a esos señores de la CIDH que la Argentina no tiene nada que ocultar". La aparición de esta convocatoria explícita señalaría, por oposición, la espontaneidad de lo ocurrido un año atrás, y

---

deportivo era una excelente excusa para conseguir un día de asueto, y presionamos a las autoridades para que nos dejaran salir. Lo obtuvimos: mientras bajábamos las escaleras, alguien propuso ir a la Plaza de Mayo; la puteada de respuesta fue unánime. Era claro que el asueto no era para celebrar nada, sino una excusa para ir a ver mujeres (en este caso, las compañeras del Normal 8). No quiero decir con esto que nuestras hormonas fueran políticas; pero al menos nos evitaron la vergüenza de vivar a Videla.

[69] La referencia es de Certeau (1996), referencia que no está en Bayer.

[70] Es decir: no provocado hormonalmente.

la necesidad del aparato de poder de restablecer sus mecanismos de control, por codificar lo que podía significar autónomamente.

Segunda señal: a pesar de esta interpretación, que vería en las manifestaciones una forma desviada de la contestación, la memoria del Mundial funciona en la sociedad argentina como un lastre significativo. *Deportivamente*: el triunfo por seis goles contra Perú en la rueda semifinal, que permite el paso de Argentina a la final desplazando a Brasil, es reiteradamente calificado como producto de un acto de corrupción, de negociaciones gobierno a gobierno, de sobornos masivos; esta posibilidad, que la memoria de la dictadura alimenta, impide incluso el simple goce de un triunfo deportivo ¿legítimo? *Políticamente*: como señalé anteriormente, el Mundial comenzó a ocupar, al final de la dictadura, el lugar de símbolo de la manipulación, del ocultamiento, del escamoteo, de la estupidez colectiva. Vale como muestra la aparición reiterada de las imágenes del Mundial en fragmentos de films de la transición democrática: cualquier televisor encendido que quisiera significar ese momento aparecía mostrando esas imágenes, designando de manera rápida todo el período dictatorial. En dos films en particular, esa señal se vuelve central: en *Hay unos tipos abajo* (Alfaro y Filipelli, 1985) los sonidos mundialistas sirven de eco persistente a la amenaza del secuestro; en *La deuda interna* (Pereira, 1987) el Mundial permite la aparición del televisor, y motiva la separación más radical entre el *maestro conciente* (Juan José Camero) y los públicos manipulados por un patrioterismo banalizado. En el mismo sentido, la cobertura periodística del vigésimo aniversario de la obtención del título (durante julio de 1998) manifestó esta inestabilidad: ni aún a la distancia –o peor, porque la distancia significa más conocimiento y no mayor olvido– el Mundial podía celebrarse con plenitud. Como ejemplo: la revista *Noticias* tituló en tapa con la "pregunta incómoda": "¿Y vos, papá, que hiciste en el Mundial '78?". La pregunta era obviamente retórica, porque la respuesta era vergonzosamente imposible.

Y finalmente y para ratificar todo esto: en ocasión de celebrarse el 25º aniversario de la obtención del Campeonato Mundial, en julio de 2003, buena parte de los textos periodísticos insistieron en la tesis de la influencia deportiva de la dictadura militar, relativizando incluso la validez del éxito futbolístico (salvo los defensores acérrimos de la figura del entrenador Menotti). Asimismo, algunos jugadores involucrados en la organización de una fiesta de celebración (Julio Ricardo Villa, que había jugado el Mundial, y Claudio Morresi, hermano de un desaparecido, que no lo jugó) trataron de que el fútbol saldara esa deuda, incorporando la presencia y el homenaje a los Organismos de Derechos Humanos en el estadio de River. Nadie quiso responsabilizarse por la negativa (todos apuntaban al Gran Bonete), pero las Madres de Plaza de Mayo no pudieron participar en la ceremonia. Y a la vez, la concurrencia fue escasa. El *establishment* futbolístico no estaba dispuesto a aceptar un reconocimiento político de su complicidad con la dictadura... pero los hinchas tampoco parecieron dispuestos a convalidar tamaña indiferencia.

VII. Interludio: una ficción (una más)

En esta serie, el *crescendo* patriótico-deportivo entre 1966 y 1978 no llega a alcanzar su plenitud en el Mundial de 1982. Porque la participación argentina es un fracaso –¿un castigo mítico por la corruptela de 1978?–; pero especialmente, porque la guerra de Malvinas coloca la serie en su justo lugar, y revela que frente a las guerras reales los enfrentamientos simbólicos no funcionan más que como placebos. Lo que se agiganta es la colocación de las disputas deportivas en el contexto internacional, que aún no se llama global: el Mundial de España de 1982 inicia una nueva serie, donde la asociación entre fútbol y televisión pasa a ser central en la configuración del espectáculo, y donde la presentación hiperbólica de los nacionalismos se magnifica en miles de millones de pantallas.[71] Sobre ese momento, el análisis de una novela nos puede permitir algunas hipótesis sobre un estado del imaginario.

En su segunda novela, *El área 18*, de 1982, el escritor rosarino Roberto Fontanarrosa incursiona en este mundo del fútbol. Si bien el registro paródico tradicional de Fontanarrosa domina la escritura –especialmente, en torno de los clichés de la novela de espionaje y los *best-sellers* (justamente, Best Seller es el nombre de su protagonista, un mercenario sirio)–, el principio constructivo de la trama se desplaza hacia una metáfora, donde la relación entre el fútbol y la construcción de una nacionalidad ocupa un espacio central. En la trama, Best Seller es contratado por una multinacional norteamericana, la Burnett, a los efectos de liderar un equipo de fútbol, reclutado entre jugadores provenientes de diversas partes del mundo –no faltan un argentino, un brasileño, varios europeos, que arrastran tras de sí todos los estereotipos de sus respectivos *estilos nacionales futbolísticos*. El objetivo de ese combinado variopinto, más parecido a

---

[71] Se pueden asignar dos hitos subsiguientes en esta serie: el Mundial de Italia de 1990, que la sociología europea coincide en señalar como un punto de máxima plenitud en una nueva escenificación espectacular del fútbol (Dunning, 1999; Armstrong y Giulianotti, 1997); y los Juegos Olímpicos de Barcelona en 1992, llamados "los Juegos de la comunicación" por Moragas Spa (1992).

una corte de los milagros, es enfrentar en un desafío al equipo nacional de Congodia, "un pequeño principado entre Kenia y Somalía" (*idem*: 42).

Congodia es un país joven, independizado de los árabes medio siglo atrás, tras sucesivas dominaciones europeas. Congodia no tiene historia previa a su invención como país: es un conglomerado de tribus y lenguas que se unifica en torno al fútbol. Porque la independencia de Congodia se juega al fútbol, en un partido en que los congodios vencen 4 a 1: el héroe de la independencia es entonces uno de sus jugadores, "Paulo Arigós Brizuela do Botafogo, Mariscal del Área" (*idem*: 45).

> De esta forma [...] los congodios comprendieron o entendieron cuál era la manera de conseguir cosas. De obtener cosas que no podían conseguir por otros medios. Comenzaron a concretar partidos de fútbol con sus países limítrofes, primero por rebaños de cabras, por partidas de semilla para la agricultura, por permisos para cazar en cotos vedados. Luego por zonas aledañas, por aldeas fronterizas en litigio. Hasta que hace 15 años le ganaron la salida al mar a Kenya en un partido tremendo que finalizó 2 a 1 y donde Congodia apostó toda su población de leopardos [...] contra un corredor de tierra que la conectara con el Índico (*ibidem*).

En Congodia no hay torneos internos, a los efectos de galvanizar la unidad nacional, de evitar las controversias y los antagonismos:

> Sólo existe un equipo nacional, adiestrado como un conjunto de astronautas, reverenciado e idolatrado por toda la población. Y por si todo esto fuera poco [...] no sólo se juegan un prestigio y una honra nacional, sino que se juegan la propia subsistencia como país, la propia economía (*idem*: 61).

En esta serie, el narrador asegura que los partidos de Congodia no se rigen por la FIFA, sino "por la Convención de Ginebra del 32" y que su himno nacional es "la recopilación musical de la transmisión de todos los goles que ha convertido el equipo nacional hasta el momento" (*idem*: 63). Ya disparado el efecto desmesurado del relato, el narrador acumula datos coherentes con esa serie: la calle principal de la capital congodia se llama Paulo Naram N° 5, en homenaje a un célebre *centre-half*; el Museo recoge el monumento al juez de línea y a la barrera, óleos ("en la escuela de Delacroix" –*idem*: 154–) que homenajean partidos históricos, banderas de estadios, hasta una urna conteniendo un fémur. El partido que disputará el equipo de Best Seller se integra en la misma continuidad: la Burnett se juega el permiso para una base de misiles, mientras que Congodia busca la concesión exclusiva de una marca de gaseosas para vender en toda África. Finalmente, después de diversos avatares, el partido se realiza. La acotación final de Fontanarrosa consiste en que, durante el mismo, cada jugador del *team* mercenario se comportará como su estereotipo estilístico lo exija, estereotipo narrado desde una percepción sudamericana: los europeos sólo pueden aportar su rudeza, mientras que el argentino, Garfagnoli –contratado con el argumento de funcionar como "padrillo reproductor" de jugadores de fútbol en el mercado norteamericano para el Play Boy Club–, ratifica corporalmente una identidad indudable:

> Pisó el balón y lo retrotrajo por detrás de su pierna izquierda, lo impulsó apenas hacia delante con la punta del botín y de inmediato lo volvió a sepultar bajo la suela de su zapato diestro para devolverlo al lugar de partida de la misma forma en que un gato podría juguetear con un ratón moribundo. La parte superior del torso del argentino se insinuó hacia la derecha como para emprender la carrera pero fue tan solo una finta, la ilusión de un movimiento, el espectro móvil de una intención. La cintura tornó a quebrarse y Garfagnoli salió limpio hacia su propio campo con el balón misteriosamente adosado a la capellada de su botín derecho (*idem*: 249-250).

Desplazamiento metafórico: sobreimpreso en la parodia, el principio dominante de buena parte de las ficciones de Fontanarrosa, la novela se organiza en torno de un enunciado prescriptivo. *El fútbol es la patria*. El desplazamiento es, por supuesto, hiperbólico: el fútbol, en este caso, *inventa la patria*. Frente a toda la teoría sobre el nacionalismo, frente a la multitud de casos analizables donde los factores de integración se revelan complejos y múltiples, Congodia es una nación y un estado sólo porque el fútbol lo permite. El fútbol no refuerza, como en otros casos, los mecanismos de afirmación de las identidades nacionales, sino que desplaza a cualquier otro procedimiento para ser, luminosamente, el centro organizador de una *comunidad imaginada*. Doblemente: por ficcional y por nacional.

Pero la Congodia de Fontanarrosa también implica, en la metáfora, una parodia. No es el género deportivo lo parodiado (decía más arriba: el registro es la novela de espionaje y aventuras en claves lejanamente políticas), aunque muchos textos del rosarino cabalgan sobre estos formatos –especial y magistralmente, la serie "Semblanzas deportivas". La parodia apunta aquí a un discurso, o mejor aún, a una formación ideológica: aquella que construye nacionalidades fervorosas a través de las prácticas deportivas, privilegiadamente el fútbol, con un fuerte peso de los estereotipos estilísticos como definidores *per se* de una pertenencia nacional o al menos continental. Y hablo de parodia porque en el desborde, en la desmesura que plantea Fontanarrosa en el universo narrado, puede hablarse de la distancia que exige el mecanismo paródico. La visión de Congodia es ácida y se extiende, a través de marcas diseminadas, a toda glorificación chauvinista: piénsese, por ejemplo, en esa acotación según la cual los óleos del Museo Histórico de Congodia revelan la influencia de Delacroix (podría decirse: del peor Delacroix, o mejor aún de David). Pero el guiño de Fontanarrosa, el gesto que destaca esta novela sobre las otras,[72] es una mirada cómplice a la vez que crítica: detrás de Congodia no está África, sino más ampliamente toda la estructuración nacionalista de las afiliaciones futbolísticas de la periferia. Incluso, evidentemente, la argentina.

Congodia obtiene su independencia, su salida al mar, sus concesiones petrolíferas, en partidos de fútbol. Soluciona sus conflictos limítrofes en partidos de fútbol. Realiza, en suma, en el plano de lo real –la historia, la política, la economía– aquello que la dramaticidad del fútbol repone en el plano de lo imaginario. El fútbol de Congodia produce efectos políticamente, cuando el fútbol real lo hace sólo imaginariamente. Cuando Congodia derrota a Kenya 2 a 1, obtiene su salida al Índico; cuando Argentina vence a Inglaterra por penales en la Copa Mundial de Francia 1998, las Malvinas persisten, tercamente, Falklands.[73] Aunque para la multitud que se congregó frente al Obelisco las islas hubieran sido, provisoriamente, en la fugacidad de lo simbólico, vengadas. Fontanarrosa señala magistralmente dos direcciones paralelas: que esa eficacia es sólo posible en el plano de la ficción, pero que al mismo tiempo es la tentación permanente de todo imaginario futbolístico.

Como dicen Duke y Crolley:

---

[72] En *Best Seller*, en *La gansada*, y también en *El área 18*, las posibilidades de la parodia revelan también sus límites: cuando el mecanismo se reconoce, el límite de la saturación está cercano. Creo que el mismo Fontanarrosa es conciente de ese límite: sus últimos libros de relatos tienden a suprimirla, a trabajar más acentuadamente el registro costumbrista (para calificar esquemáticamente recursos variados de representación de un imaginario cultural masculino y machista).

[73] A pesar del clásico entusiasmo que llevó a la pantalla del canal de noticias por cable *Crónica TV* a proponer el cartel "Las Malvinas son Argentinas". Estos desplazamientos intolerables de la ilusión a la realidad son los que motivan la incomodidad que refería al comienzo de este libro. Dicho de otro modo: no escribí este libro por culpa de *Crónica*, pero se merecen otro.

Relatos de acciones legendarias de jugadores internacionales del pasado, nunca vistos pero jamás olvidados, pasan de generación en generación. En casos extremos de naciones invadidas o anexadas por un estado vecino, el recuerdo de partidos internacionales de fútbol del pasado confirman que la nación realmente existió, y que inclusive aún existe (Duke y Crolley, 1996: 5).

Evidentemente Fontanarrosa, catorce años antes de esta cita, estaba pensando en ella.

VIII. Maradonismo, o la superación del peronismo por otros medios

Santa Maradona priez pour moi!

Manu Chao-Mano Negra

La figura de Maradona es central en el relato nacionalista futbolístico de los años ochenta.[74] De manera sintética, y en relación con los problemas que estamos tratando, Maradona funcionó como "centro luminoso" de la *patrioticidad* del fútbol argentino, un centro que lleva toda la serie anterior hasta la hipérbole. Maradona también ofreció la posibilidad de apropiarse de un sentido errante: el de una sociedad que vió derrumbarse sus referencias políticas más elementales. Maradona fue la (¿última?) posibilidad de otorgarle a la *patria* un sentido (futbolístico), históricamente objeto de disputa. Pero una posibilidad imprevisible: por la propia ambigüedad de sus entradas y salidas del universo futbolístico, ya sea

---

[74] La bibliografía maradoniana en el plano académico es relativamente escasa: fundamentalmente, el libro compilado por Dini y Nicolaus en ocasión del homenaje napolitano del *Te Diegum* (1991), aunque limítrofe con el periodismo y la intervención extra-académica; el análisis de Archetti (1997, 1998, 1999, 2003) es insoslayable. Sobre Maradona he publicado intervenciones colectivas (Alabarces y Rodríguez, 1996; 2000) e individuales (Alabarces, 1996b), en diálogo con la indagación de Rodríguez (1996a, 1998). Ese diálogo será recuperado constantemente en este capítulo; sin él, mi análisis no sería posible. Respecto del periodismo, además de la crónica cotidiana y sus consecuentes y desatados ejercicios permanentes de loas y diatribas, puede verse la apología –casi una vida de santos– de Levinsky (1997), la biografía levemente anglocéntrica de Burns (1996) –aunque ambos son muy útiles documentalmente–, y la de Dujovne Ortiz (1993); o los números dedicados respectivamente por *El porteño*: "Queremos tanto a Maradona" (XI, 122, febrero 1992) y *Página/30*: "Mondo Maradona" (V, 69, abril 1996). En las zonas limítrofes, entre la biografía y la semiótica, puede verse Fernández y Nagy (1994). Un ejercicio de análisis mítico puede leerse en Bernstein (2000). Y por supuesto, cerrando la lista, la espantosa (auto)biografía *Yo soy el Diego de la gente* (Maradona, 2000). Desde que esta nota fue escrita originalmente hasta ahora ha habido bastante más, gracias a las resurrecciones de Maradona y a que siguió siendo claramente un buen argumento de ventas. Pero nada es muy novedoso.

en su desempeño profesional como en la deriva de sus amistades y/o de sus opiniones políticas, las que hicieron de él un objeto codiciable. Maradona fue así una suerte de significante vacío, disponible para ser llenado según quién y en qué momento intentara apropiárselo. Lo que sigue es un intento de análisis de estos vaivenes.

1. La épica del pobre y la profecía autocumplida

Los datos del nacimiento e infancia de Maradona se acumulan en una sola dirección: la pobreza, el origen humilde, una condición social baja. Más allá de que, además, sumen señales premonitorias, operación que solo se produce en las narraciones más modernas (por ejemplo, la de Jimmy Burns en 1996): Maradona anuncia su nacimiento dando patadas, o su madre grita "Gol!!!" en el momento del parto. Este mecanismo, que intenta agregar a la narrativa maradoniana la simbólica católica de la Anunciación, es innecesario; la marca básica que permitirá estructurar a posteriori una *épica del pobre* está condensada en el nombre del vecindario, *Villa Fiorito*. Con un juego de sentido falaz: la palabra *villa* evoca en el español de Buenos Aires el aglomerado caótico y marginal del asentamiento más pobre, la *villa miseria*. Pero Villa Fiorito no *es* una villa miseria; la *villa* designa aquí, neutralmente, un vecindario. Sin embargo, en la recuperación posterior, la denominación repone un sentido de miseria extrema que acentúa los rasgos pertinentes a los fines que busca la narrativa. Sin que fuera necesario: Fiorito es un clásico barrio pobre, proletario, del conurbano bonaerense, de calles de tierra y sin servicios básicos. La pobreza de origen era suficiente, sin hipérboles.

Fiorito, entonces, funciona como la palabra que no requiere explicación: significa pobreza y marginalidad, y representa eficientemente lo que quiere representar. Maradona abusa del tópico: "Dicen que yo hablo de todo, y es cierto. Dicen que yo me pelié con el Papa, y tienen razón. ¿Porque salí de Villa Fiorito no puedo hablar?". Pero la operación de mitificación se completará con el verbo: *salir*. De Fiorito se *sale*, para llegar a la fama, al mundo, a la gloria, pero sin *olvidar*. Su fiesta de casamiento en 1989 en el estadio Luna Park de Buenos Aires, transmitida televisivamente, cubierta por toda la prensa, desbordante, expansiva, excesiva, es un buen ejemplo: entre los invitados también se contarán sus amigos de infancia, no sólo el *jet set* vernáculo. Por el contrario, los "olvidos" se cuentan entre estos últimos, no entre los primeros. Maradona es el *pobre ascendido*, el que *sale*, pero no se olvida de sus orígenes. Este rasgo continúa hasta la contemporaneidad, transformado ya en pura retórica:

cuando estrene su programa televisivo en 2005, sentará en primera fila del estudio a toda la familia, la embajada de Fiorito impuesta en primer plano a la cámara de Canal 13. Entre tantas declaraciones al respecto, vale ésta de 1989: "A mí me parece bien que me llamen cabecita negra porque nunca renegué de mis orígenes. Sí, soy un cabecita negra. ¿Cuál es el problema?". La *salida*, asimismo, también mecanismo clásico de la épica, se complementa con la *llegada*: y cuanto mayor, más exterior, sea la diferenciación del origen, más cargada simbólicamente será la misma.[75]

Así, Maradona personifica un clímax: no se aparta de la clásica épica deportiva –porque no es únicamente futbolística– del ascenso social, sino que por el contrario la lleva a su máxima síntesis: es el *pibe de Fiorito*, y a la vez –o como culminación– llega a ser el nombre más conocido del mundo, disputando tal condición con el Papa, Bill Clinton, Tom Hanks y Michel Jordan. Asimismo, repone –continúa– la narrativa clásica del deporte argentino: la estrella *debe* ser humilde, si quiere ser estrella. Caso contrario, será término *marcado*, señal de distinción. Y el *potrero* de Fiorito se carga de un sentido de esencialidad: es el origen de todos los futbolistas argentinos, los viejos y los por venir...

Las primeras apariciones públicas de Maradona parecen formar parte, y han sido narradas así, de un modelo profético. Dos presentaciones son claves: la primera ocurre en julio de 1970, a los 9 años, en el entretiempo de un partido entre el humilde Argentinos Juniors, su club de *origen*, y el poderoso Boca Juniors, su club de *llegada*. Maradona sale a hacer malabares con la pelota: recorre todo el campo llevando el balón con sus pies, sus hombros, su cabeza. Varios minutos después los equipos están listos para reiniciar el partido, pero las hinchadas gritan, aplaudiendo la exhibición: "¡Que se quede, que se quede!". En la misma época, en un programa televisivo, lo exhiben como una rareza: es presentado como un prometedor jugador del fútbol infantil, descubierto por algún productor inquieto por la falta de material más importante y seducido por la *historia humana del niño humilde*. Las imágenes son estremecedoras: Maradona, en un viejo blanco y negro, juega con la pelota, para luego enfrentar a la cámara y asegurar: "Mi sueño es jugar en Primera...y jugar con Argentina y ser campeón Mundial...". Estas imágenes han sido retransmitidas apenas pocas veces menos que el segundo gol a Inglaterra en 1986. Pero además fueron compiladas en la edición de materiales televisivos sobre

---

[75] El modelo de *llegada* desde la periferia hacia el centro ha sido además fuertemente utilizado en la política argentina, especialmente en la retórica populista. Perón, Eva Perón y Menem participan de este modelo. En el caso de Perón, ha sido analizado por De Ipola (1985).

Maradona realizada por Rodríguez Arias, en 1994, y en *Fútbol argentino*, de Víctor Dinenzon (1989), el único documental dedicado a la historia del fútbol realizado en la Argentina. En este caso, además, las imágenes abren y cierran el film: el anuncio de Maradona es la profecía autocumplida, en tanto empalman, en la secuencia de cierre, con el gol de 1986 y la entrega de la Copa del Mundo.

La siguiente señal es el debut: el 20 de octubre de 1976, en un partido de su Argentinos Juniors contra el equipo de Talleres de Córdoba. Ya reconocido como un valor prometedor del fútbol juvenil, con apenas 15 años (a días de sus 16), ingresa en el segundo tiempo del partido, sin poder revertir la derrota de su equipo. Como es previsible, en un estadio para 20.000 espectadores y cuya capacidad no estaba colmada, la cantidad de argentinos que sostienen haber visto ese debut se cuenta por millones.[76] Finalmente, el segundo debut, el internacional: cuatro meses después, el 25 de febrero de 1977, ingresa en el segundo tiempo de un partido de la selección argentina contra la de Hungría, en el marco de una serie de encuentros que la selección disputaba como preparación para el próximo Mundial de 1978. Argentina vencía 5 a 1, cuando el técnico Menotti ordenó el ingreso de Maradona: las crónicas del partido –y también Burns y el mismo Maradona– insisten en que la multitud que poblaba el estadio de Boca Juniors donde se disputaba el partido reclamó el ingreso de la joven estrella en ascenso, inaugurando un grito que se haría clásico: "Maradoooooo…".

La consolidación de la figura y la simultánea constitución progresiva de las marcas del relato épico tienen tres hitos más, sucesivos en el tiempo:

a. La exclusión del plantel que disputaría la Copa Mundial de 1978. Maradona, integrante del equipo, será excluido en el último tramo de la preparación. Menotti alegará su excesiva juventud para lo que sabe será un campeonato difícil, no sólo por la exigencia deportiva, sino también por la política: la dictadura está en el poder, y ganar no es un objetivo, sino un imperativo. La respuesta de Maradona es el llanto: las imágenes periodísticas lo muestran desconsolado ante la decisión. Esa imagen será retomada en el momento de gloria, en 1986, sin evitar algún reproche hacia el técnico que impidió su consagración como campeón del Mundo a la misma edad que Pelé, la figura que devuelve el espejo… El

---

[76] Permítaseme la clave autobiográfica: tres de mis amigos, compañeros de escuela media, forman parte de la lista imaginaria. Juran y perjuran que ese día vieron el debut de Maradona…

héroe, entonces, afronta su primer contratiempo. La venganza deberá esperar ocho años.

b. Un año después, el mismo Menotti lo elige capitán del equipo juvenil que disputa la Copa Mundial de 1979 en Japón. La actuación de Maradona es deslumbrante, y el equipo conquista el campeonato ganando todos los partidos. La figura en ascenso se consolida y asume, por primera vez, una representación nacional exitosa. Pero, además, le suma un condicionamiento interesante: por la diferencia horaria, los partidos se disputan entre las 3 y las 7 de la madrugada argentina, obligando a los telespectadores a largas trasnoches o a inmorales madrugones. El mito agrega entonces una condición iniciática: disfrutar de Maradona y su equipo –realmente, la selección desplegó un juego bello y contundente– exige el rito, el esfuerzo, la prueba que permita disfrutar de las hazañas del héroe. Además del exotismo que representa, para la cultura argentina, el Japón. Doble distancia, entonces, para la iniciación de esta representación nacional: la física y la temporal. Y esa duplicidad refuerza la significación.

c. En 1981 Maradona es transferido a Boca Juniors, abandonando definitivamente el origen humilde del pequeño club de barrio. En ese primer año en Boca –habrá que esperar hasta 1995 para su retorno– obtiene el campeonato local. La figura prometedora asume entonces su condición de ídolo, aunque sea de tipo fragmentario: Boca es el club con la hinchada más numerosa… pero no la única de la Argentina. Sin embargo, esa condición de representación parcial todavía está superada por la memoria del éxito de 1979 en Japón y la expectativa del próximo campeonato Mundial de 1982. Maradona, aún asumiendo una inserción local, promete una expansión internacional que suspende el juicio por parte de los adversarios. Ante los rumores sobre un traspaso a Europa, las hinchadas inauguran un nuevo canto: "Maradona no se vende/ Maradona no se va/ Maradona patrimonio/patrimonio nacional". El ídolo, así, es equiparado a la condición de producto nativo, de mercancía con valor agregado, de saldo exportable, que debe defenderse con una política proteccionista…

2. Del ídolo local al héroe global

> O mamma, mamma, mamma/tu sai perché/
> mi bate il corazón/
> ho visto Maradona/ho visto Maradona/
> *O mamma! inamorato son*
> Cántico de los *tifosi* napolitanos

Sin embargo, y a pesar de su traspaso al Barcelona en 1982, la consagración internacional de Maradona deberá esperar unos años. En el Mundial de España, su actuación es deficiente e irregular, como la de todo el equipo: es eliminado en segunda ronda por Italia y Brasil. Maradona, sometido a la marca asfixiante del *stopper* Gentili en el partido contra Italia, no toca la pelota; contra Brasil, revela su impotencia ante la nueva derrota en un foul descalificador que le vale la expulsión. En Barcelona, sufre una hepatitis en su primer año, y la fractura de un tobillo a manos del jugador Goicoetxea –un asesino serial devenido futbolista–: esta lesión será interpretada luego como una nueva prueba a ser superada por el héroe. Además, sus enfrentamientos con la dirigencia catalana y la aparición de los primeros síntomas de excesos en su vida privada no contribuyen a hacer de esa estadía una etapa feliz. El ídolo *es alejado* de su hogar, sometido a las nuevas fuerzas que todavía no se llaman globalización pero ya se le parecen, *incomprendido* –como todo genio. Su vida privada revela una pauta de organización que se tornará reiterativa: el clan, el agrupamiento de familia y amigos, donde inclusive los profesionales que cumplen tareas específicas (el preparador físico Signorini, el agente de prensa Blanco) son asimilados dentro de la estructura clánica. Esto, que para los catalanes es asombro y desorden, no es interpretado en la Argentina –harto preocupada por la derrota de Malvinas, la caída de la dictadura y la transición democrática– más que como un lógico traslado de Fiorito al Primer Mundo.

Hasta que el 5 de julio de 1984 Maradona hace su llegada triunfal a Nápoles, luego de su salida negociada del Barcelona, batiendo un nuevo récord en el monto del pase, y comienza a construir la parte central de su saga, los diez años que vuelven imprescindible su presencia en este trabajo. No son tantos los títulos: los *scudetti* de 1986-1987 y 1989-1990, la Copa de Italia de 1988, la Copa UEFA de 1989 y la Copa Mundial de 1986 en México. A esto se le sumará el sub-campeonato Mundial de 1990, en Italia. Pero cada uno de esos jalones, especialmente el primer *scudetto* napolitano y ambas Copas Mundiales, se cargan en la saga maradoniana de sentidos plurales y poderosos, pletóricos de contradicciones pero que resultan –en el sentido de la resultante física, más que la suma de las partes– en una construcción simbólica incomparable.

Porque Maradona asume, en esos años, una representación plural hasta entonces irreconciliable: es un ídolo local-regional para el Sur de Italia; es un ídolo nacional para la Argentina; se transforma en el personaje más famoso del mundo; carga a la vez una significación política, que se agudizará en torno a 1990; se revela públicamente como un drogadicto; es la primera figura global del fútbol-espectáculo, atravesado por las nuevas condiciones televisivas de producción del fútbol a partir de los noventa. Y es además, en todos esos años, indiscutiblemente el mejor jugador de fútbol del mundo.

La primera etapa de esa serie, quizás la más importante en términos de la cultura argentina y por la brillantez de su desempeño deportivo, es la Copa del Mundo de México, en 1986. Argentina sale campeón invicto, empatando sólo un partido y ganando todos los demás, con Maradona en el nivel más alto de su calidad.[77] El equipo juega por él y para él; como aseguró el entrenador noruego Olsen, "Argentina es Maradona y diez japoneses… y Bilardo encontró a los japoneses". Pero además Maradona produjo uno de los acontecimientos más celebrados de la historia del fútbol: los dos goles al equipo inglés –consuetudinarios adversarios-enemigos de la Argentina desde las invasiones de 1806-1807 hasta la Guerra de las Malvinas de 1982, e imagen básica del *otro significante* a lo largo de la historia de su fútbol, como ya hemos analizado– en el partido de cuartos de final. En el mismo *match* hizo dos goles paradigmáticos de aquello que se le pide a un ídolo popular: el "astuto" gol de la *Mano de Dios* y el "mejor gol de todos los tiempos". Y si Bromberger afirma que para llegar al éxito el mérito sólo no alcanza, que otros factores como el azar o la trampa –o la "viveza criolla", la "picardía"– contribuyen a alcanzar los triunfos, en 1986 Maradona puso en acción todos los elementos simultáneamente. Esta actuación corona la serie que permitió consagrar a Maradona como el *pibe*, aquel que, como dice Archetti, no pierde su capacidad lúdica y su creatividad, porque en tanto *pibe*, es decir, no adulto, no se sujeta a las lógicas disciplinarias y productivas del mundo/mercado. Por el contrario: las excede y exhibe el exceso.

Y lo hace solo. La soledad del héroe es de gran valor para su transformación en ícono cultural: el héroe permanece solo contra un mundo de

---

[77] Y no debe olvidarse que el triunfo de México devuelve legitimidad: el éxito deportivo de 1978 estaba oscurecido por la dictadura y especialmente por las sospechas en torno del partido con Perú. Maradona no ganaba, entonces, sólo una Copa del Mundo: indirectamente, ganaba dos.

oponentes, y solo contra un submundo de peligros. La individuación de Maradona se vuelve empírica –no sólo simbólica– en esos dos goles: en el primero queda aislado por un rebote accidental del balón y resuelve, con rapidez de prestidigitador, ante el asombro de Shilton. En el segundo, como dice Brian Glanville,

> fue un gol tan inusual, casi romántico, que lo podría haber marcado un héroe de la escuela o algún remoto corintio de los tiempos en que el gambeteo no estaba de moda. Casi no pertenecía a nuestra era racional y racionalizada, época en que los gambeteadores estaban tan extinguidos como los pterodáctilos (cit. en Burns, 1996: 208).

La descripción de Burns carga las tintas sobre la soledad de la acción de Maradona:

> Tomó la pelota desde su mitad del campo y la mantuvo en sus botines como si la tuviera pegada a ellos. Maradona procedió a abrirse camino entre los ingleses, con un movimiento grácil semejante al de un esquiador [...] Después de haber contenido a Fenwick y sin perder el control de la pelota en ningún momento, Maradona tuvo tiempo de asegurar la posición de Shilton. El arquero inglés parecía desesperado intentando predecir los posibles movimientos del argentino, así que Maradona siguió adelante, dejando el tiro para el último momento. Un retraso de décimas de segundo hizo reaccionar a Butcher. Intentó interrumpir el avance impresionante de Maradona con un ataque que tampoco fue efectivo. El argentino se recompuso y sin esfuerzo alguno pasó la pelota del pie derecho al izquierdo antes de hacerlo deslizar con mucha calma a través de Shilton (*idem*: 208-209).

Entonces: los goles de Maradona se cargan de simbolismo por tratarse de acciones individuales, no dependientes del juego de equipo, soportando el sentido de lo excepcional, lo imprevisible, lo no reglado, propio de quien es –se re/presenta– como único.[78] Es el comienzo de un periplo heroico: y la caracterización de *héroe* para el Maradona de 1986 se refuerza en la película filmada en esa ocasión, titulada justamente *Héroes*. Si bien se trataba apenas de la película oficial y documental de la FIFA, la misma fue exhibida en la Argentina como un estreno cinematográfico. Y el plural del título se traducía, para el espectador argentino, en el singu-

---

[78] Es la principal dirección en la que trabaja el análisis de Archetti (1998) respecto de Maradona: su excepcionalidad, dentro de una narrativa de estilo pero superándola, excediéndola. Carolina Duek me señala que esto también es legible en la frase con que el narrador radial Víctor Hugo Morales cerrara su relato del gol: "¡Barrilete cósmico! ¿De qué planeta saliste?"

lar excluyente, en la narración de la gloria de un solo héroe posible, ése
que superaba ingleses una y otra vez en una imagen repetida…¡6 veces!

Y es el periplo que lo llevará a Simon Kuper a afirmar, mucho más
recientemente, y cuando ese periplo parece estar concluido,

> Si Maradona arruinó su cuerpo con cocaína, y tomó la efedrina prohibi-
> da para perder peso en el Mundial de 1994, lo hizo para servir a su país.
> El donó su carne. Y la Argentina, en una decadencia sin final desde su
> nacimiento, se lo demandó. Sí, hubo otros grandes jugadores, que alcan-
> zaron mejores rendimientos, pero Johan Cruyff, Franz Beckenbauer y
> Bobby Charlton venían de países ricos donde el fútbol no tenía que
> compensar nada más, mientras que Pelé tuvo la ayuda de una genera-
> ción tan dotada que ganaron la copa de 1962 sin él. *Maradona, sin
> embargo cargó a la Argentina sobre sus hombros* (Kuper, 2000: 8; el
> subrayado es mío).[79]

Lo mismo podría decirse, por cierto, de los dos goles contra Bélgica
en semifinales. Pero los goles son contra Inglaterra. Años después, Maradona reconocería lo que nadie podía decir en 1986:

> Lo de Inglaterra, en México 86, fue, más que nada, ganarle a un país, no
> a un equipo de fútbol. Nosotros decíamos, antes del partido, que el
> fútbol no tenía nada que ver con la Guerra de las Malvinas, pero íntima-
> mente sabíamos que habían muerto muchos pibes argentinos allá, que
> los habían matado como pajaritos… Era mentira que las cosas no se
> mezclaban, era mentira. Porque inconscientemente lo teníamos bien
> presente, ¿entendés? Entonces, eso era más que ganar un partido, mu-
> cho más que dejar fuera de la Copa del mundo a los ingleses. Nosotros
> hacíamos culpables a los jugadores ingleses de todo lo que había sucedi-
> do… Sí, yo sé que era una locura, pero así lo sentíamos y era más fuerte
> que nosotros. Estábamos defendiendo a nuestra bandera, a los pibes, la
> verdad es ésa. Y el gol mío… el gol mío tuvo una trascendencia que… los
> dos, en realidad. El primero fue como robarle una cartera a un inglés, y
> el segundo… tapó todo (Arcucci, 1999: 38).

En 1986, con una democracia recién recuperada[80] en la que el recuerdo de Malvinas aparecía como vergüenza por la aventura militar y el
exceso patriotero que la había acompañado, nadie podía vincular el hecho deportivo al bélico. No, al menos, explícitamente. La traducción *a*

---

[79] Esta referencia se la debo a la atención cazadora de Alan Tomlinson.
[80] El Presidente Alfonsín había vencido en las elecciones de octubre de 1983 y asumido el
gobierno el 10 de diciembre de ese año, menos de tres años antes del Campeonato de
México, inaugurando la etapa conocida como la *transición democrática*.

posteriori que hace Maradona bien puede ser pensada como un imaginario flotante, que sólo podía ser traducido en un parco festejo callejero donde el recuerdo de la guerra era desplazado por doloroso.

Pero esto sería apenas el comienzo de su momento de clímax. Como señalé, el 24 de mayo de 1987 el Napoli, nuevamente con Maradona como figura excepcional, gana por primera vez el *scudetto* italiano, y esa *primera vez* excede al club: es la primera vez del Sur italiano, pobre, campesino y caótico contra el Norte industrial, desarrollado y europeo. Es el clímax de su valor representativo como ídolo local-regional –en tanto trabaja simultáneamente sobre la ciudad de Nápoles y sobre el espacio sureño en general, sobre la *cuestión meridional* de que hablaba Gramsci. Y también funciona por desplazamiento: si el triunfo contra los ingleses significa una *revancha* que no puede ser nombrada, en el caso napolitano designa una ausencia de su sociedad civil:

> En tales condiciones, la sugestión de cualquier paradigma carismático tiene necesariamente un efecto envolvente. Ya he dicho antes que el fútbol en Nápoles ha reflejado con evidencia la sociabilidad negada de su vida civil. Y ante todo la ha reflejado con Maradona (Craveri, 2001: 99).

Estos significados están narrados en el film de Bertrand Bloch de 1987, *Napoli Corner*, presentado en la Argentina como *Maradona y el Napoli* –traducción que carga el sentido sobre el héroe antes que sobre el espacio.[81] El relato se mueve permanentemente entre el héroe –que juega un campeonato excepcional– y la ciudad, entendida como un espacio público caótico, abigarrado, y a la vez como una inmensa hinchada, que se desplaza de lo religioso –las imágenes de la Madonna dell'Arco y San Gennaro, yuxtapuestas a la santificación de Maradona (*San Gennarmando*) en los íconos callejeros–, a lo político: un entrevistado recuerda que el subdesarrollo napolitano se debe a la traición del prócer Giuseppe Garibaldi, cuando resignó la independencia del Reino de las Dos Sicilias a la unificación italiana a fines del siglo XIX, en un ejercicio de memoria histórica que el mismo Gramsci envidiaría...[82]

Los años que van hasta la Copa del Mundo de 1990 son los más placenteros –en tanto son aquellos en los que disfruta las mieles de ambos éxitos, los locales (italianos) y los nacionales (argentinos)–, aunque sean

---

[81] El film fue producido en 1987 por Canal Plus para la televisión europea. La música es de un argentino radicado en Francia, Osvaldo Piro.

[82] El análisis del periplo napolitano de Maradona puede verse en la edición ya citada de Dini y Nicolaus (1991) especialmente los aportes del mismo Dini, Craveri y Lanfranchi, y en los trabajos de Bromberger (1993 y 1995).

a la vez agitados –se transforma lentamente en un cocainómano, enfrenta un juicio por paternidad, nacen sus hijas y se casa, se enfrenta cotidianamente a los dirigentes del Napoli y de la FIFA. Pero ese campeonato mundial de Italia 1990, a la vez el primer campeonato globalmente espectacularizado, es un clímax de la saga, aunque sea a la vez un registro del inicio de su decadencia deportiva. Que Maradona haya jugado un campeonato mediocre es poco importante (salvo una acción, contra Brasil, en la que asiste a Caniggia para que convierta el gol que le da el triunfo a la Argentina, en un partido de segunda ronda que el team brasileño había merecido largamente ganar); la actuación maradoniana es fuertemente productiva en términos de significados, no de goles.

Y nuevamente reaparece su doble representatividad, pero llevada hasta la hipérbole. En términos argentinos, Maradona había sido nombrado, días antes del inicio del torneo, *embajador honorario* del nuevo gobierno argentino, presidido por Menem desde el año anterior. El gesto significaba tanto la espectacularización de la representación nacional encarnada por Maradona –hasta la saturación, en tanto era convalidada oficialmente por un gesto estatal– como el intento de apropiación más desembozado de la relación entre fútbol y políticas de estado.[83] Y Maradona no ofrecía, al respecto, ninguna resistencia. La alternatividad del símbolo se dispara hacia fuera, hacia las instituciones –básicamente, la FIFA– y hacia, ampliamente, los *países poderosos* que dominan dichos organismos, a partir de un discurso donde reaparecen en posición dominante los argumentos paranoicos. Luego del partido final contra Alemania, que Argentina pierde por 1 a 0 tras un penal dudoso, este argumento explota: la derrota es producto del complot, el Mundial habría sido preparado como exhibición de los fastos primermundistas de los países ricos, y ese *país periférico y descentrado* había sido castigado por osar participar en el festín... desplazando nada menos que a la poderosa Italia, dueña de casa vencida en semifinales. La transmisión televisiva del campeonato, a cargo del único canal estatal argentino, fue el principal soporte de estos argumentos, que cedían rápidamente al chauvinismo, con profusión de banderas flameando al viento.[84]

---

[83] Si dejamos de lado el caso extremo del Mundial 78, donde la lógica del estado dictatorial se sobreimprime a todo texto y a toda práctica, como ya analizamos.

[84] Esta retórica patriótica reapareció, nuevamente a cargo del canal ATC, en la transmisión de los Juegos Deportivos Panamericanos de 1995, realizados en la ciudad bonaerense de Mar del Plata. Esta transmisión fue analizada por Menzulio (1997), poniéndola en relación con la cobertura de los Primeros Juegos Panamericanos en 1951, organizados en Buenos Aires por el peronismo gobernante.

Pero el segundo eje de representación se complementa con el primero: Maradona trabaja eficientemente con la oposición Norte-Sur italiana, luego de la silbatina y los gritos de "Maradona/Figlio da putana" recibidos en Milán en la inauguración del torneo. Ya el segundo partido, contra la URSS, se juega en Nápoles y las silbatinas son reemplazadas por aplausos.[85] A partir de allí, sus declaraciones preparan el terreno para lo que sería la exhibición central del conflicto: el partido de semifinales entre Italia y Argentina, jugado también en Nápoles. Maradona arriba al encuentro luego de recordar diariamente, en sus declaraciones periodísticas, el desprecio del Norte sobre el Sur, así como la deuda napolitana con el héroe que los llevara a la victoria. El resultado es tanto la ausencia de silbatinas en el estadio San Paolo el día del partido, como la rechifla estruendosa que, por el contrario, lo cubre el día de la final contra Alemania en Roma. Esa noche, Maradona impone dos imágenes a la televisión global:[86] la primera, sus labios pronunciando con toda claridad el "hijos de puta" dirigido a los *tifosi* que insultan el himno argentino –y que al insultar el himno nacional para insultar a Maradona, facilitan la asociación que identifica la Nación con el héroe–; la segunda, sus lágrimas al recibir la medalla del segundo lugar, luego de la derrota que el periodismo argentino –y Maradona– califican de "robo". El héroe, derrotado en la batalla, se revela contra la injusticia. Las lágrimas en la entrega de la Copa del Mundo de Italia 1990 pusieron en un primer plano ese *ethos patriótico*: en el rostro de Maradona se observaban distintas líneas, desde la tristeza por la derrota hasta el honor por el sub-campeonato; el orgullo de mantenerse en pie frente a la humillación de la silbatina y la vergüenza de saberse observado por millones de televidentes; la sed de venganza por el bochorno y el sentimiento de deshonra hacia la camiseta argentina. Un complejo juego de significados cruzados que condensaban al mismo tiempo los atributos de un *ethos* argentino popular.

El cierre de la aventura italiana de 1990 es sugerente: en 1986 el equipo campeón había sido recibido en triunfo y conducido a la sede del gobierno argentino, la Casa Rosada, para ser saludados por el presidente Alfonsín y luego a su vez saludar a los hinchas congregados en la Plaza de Mayo desde el balcón central del edificio, aunque el presidente se que-

---

[85] El diario *Azzurro* titula el 13 de junio, antes del match contra la URSS: "Napoli é pronta ad aiudare Diego" [Nápoles está lista para ayudar a Diego]; cit. en Levinsky (1996: 201).
[86] ¿Maradona sabe que la cámara lo sigue? ¿Es competencia de actor consumado que sabe cómo puntuar el relato televisivo? Volveremos sobre esto para el tratamiento de otra gran imagen, en 1994.

dara prudentemente en el interior del mismo.[87] En 1990, el equipo derrotado es nuevamente recibido en triunfo, vuelve a ser conducido a la Casa Rosada, vuelve a asomarse al balcón. Las diferencias son tres: el equipo había perdido un campeonato, el presidente era un peronista, Menem, y éste salió al balcón para recibir vicariamente los vítores de la multitud. La reaparición del epíteto *campeones morales*, en desuso desde los años sesenta, será el broche de oro a tamaña puesta en escena. Como ya hemos analizado, hay por su parte una triple continuidad entre los sesenta y los noventa: la idea del triunfo moral, unida a la estructuración paranoica de la explicación de la derrota; la "modernización autoritaria" de la dictadura en los sesenta se continúa en la "modernización conservadora" del menemismo; y por último, la figura de Bilardo, entonces jugador de Estudiantes de La Plata y ahora director técnico del equipo argentino.

3. Un "negrito respondón y deslenguado"

Entre 1990 y la Copa del Mundo de 1994 se produjo un desplazamiento en la significación maradoniana, desplazamiento que había sido inaugurado en esa proto-politización que significara Italia '90 pero que se desbordó en su exclusión de los campos de juego. En marzo de 1991 se detectó cocaína en su orina y fue suspendido por 15 meses por las autoridades italianas. Las explicaciones paranoicas reaparecían: la acusación de dóping era un castigo por la actuación mundialista.[88] Maradona regresó a Buenos Aires, y el 26 de abril fue detenido en una casa particular luego de consumir cocaína, siendo liberado rápidamente pero bajo proceso judicial. Allí se produjo el desplazamiento definitivo: la detención comenzó a ser leída como un nuevo complot, del que participaban ahora las autoridades políticas argentinas, el menemismo gobernante, ansioso por distraer a la opinión pública de reiteradas acusaciones de corrupción y lavado de dinero del narcotráfico, que involucraban inclusive a la cuñada del presidente. Ese mismo día, asimismo, el gobierno dejaba sin efecto la designación como embajador de Maradona, menos

---

[87] Un espacio interesante: la Plaza de Mayo es el lugar público-político por excelencia en la Argentina, a partir de su utilización recurrente por el peronismo para los actos populares. Y el balcón era el lugar desde donde Perón se dirigía a la multitud allí reunida.

[88] Similar habría sido la interpretación de los *tifosi* napolitanos. Dini (1994) sostiene que, al menos, la acusación de drogadicto no canceló el lazo de amor incondicional, siendo imposible transformar al héroe Maradona en ejemplo negativo. Dice Dini: "La acusación, llevada en nombre de una ética racional, se vuelve inoperante frente a la fuerza de una ética enraizada en un sistema de creencias populares generado por las condiciones de existencia del pueblo napolitano" (Dini, 1994: 75).

de un año después de su nombramiento en tiempos de gloria. La suma
de la FIFA y Menem, más el Papa y los Estados Unidos –a los que había
criticado en declaraciones anteriores– configuró un bloque definido por
una palabra fetiche: el *Poder* y sus administradores, los *poderosos*.

Esta colocación novedosa de Maradona se alimentó eficazmente con
el relato del origen: Maradona simbolizaba al pobre que ascendía, al que
no se le perdonaban su irreverencia y sus cuestionamientos. Cierto es
que éstos habían sido, hasta entonces, bastante tímidos: defender la salud de los jugadores amenazados por el sol mexicano en 1986, indicar
un complot improbable e indemostrable en Italia '90, señalar la contradicción entre la riqueza papal y la caridad cristiana –un lugar común.
Sólo se destacaba, entonces, una señal original: su visita a Cuba y su
entrevista con Fidel Castro en 1987, única marca de una proto-politización. De la misma manera, su irreverencia había sido más futbolística
que cultural: inclusive su televisiva fiesta de casamiento en 1989, si bien
marcaba su fidelidad al origen –como dije, sus amigos de Fiorito estuvie-
ron entre los invitados– también practicaba todos los tics del *nuevo rico*.[89]
Pero la nueva situación que se genera tras su suspensión, al mismo tiempo que lo excluye del territorio donde su producción de sentidos parecía
más rica –el estadio–, lo colocó en un lugar más interesante: la víctima
que se rebela contra el poder. En esa victimización Maradona trabaja
además con un contenido fuerte de las tradiciones populares argentinas:
el rebelde perseguido por la justicia, que no es justa porque está dominada por los poderosos. Esa tradición, que por otra parte es común a las
culturas populares, se remonta en la Argentina al texto fundacional de
su cultura: el poema gauchesco *Martín Fierro*. Así, la relación entre la
condena y el *poder* era denunciada en los cantos de la hinchada de Boca:
"En la Argentina/hay una banda/hay una banda de vigilantes/que mete
preso a Maradona/y Carlos Menem también la toma". Con la excepción
de los hinchas de River, que comenzaban a *tribalizar* la figura de Maradona, las hinchadas insistían en cánticos de defensa del ídolo. Los argumentos centrales son interesantes: por un lado, que los hinchas en tanto
consumidores reales o imaginarios de drogas –y defensores del consumo
en sus cantos– no podían atacar a otro consumidor, que para colmo lo
reconocía públicamente, lo que lo alejaba del mundo de lo *careta*, la
hipocresía. Por el otro, la acusación venía de estratos gubernamentales, a
los que el imaginario popular sindicaba no sólo como consumidores,

---

sino como traficantes. Finalmente, las hinchadas produjeron un desplazamiento original: centraron sus ataques en Constancio Vigil, dueño y director de *El Gráfico*, que había endurecido sus ataques a Maradona. Pero a su vez, Vigil había sido descubierto en maniobras fraudulentas destinadas a importar autos de lujo utilizando franquicias impositivas de discapacitados. Los hinchas, entonces, desplegaban banderas y cantos alusivos, señalando que el delito de Vigil era peor que el de Maradona, lo que lo descalificaba como acusador.

Pero además, este nuevo juego de significados no se produce en un contexto aleatorio o neutral; es un momento en que la crisis de los grandes relatos descripta por el pensamiento posmoderno se coloca en la superficie de la política argentina y describe un mapa de inestabilidad, ambigüedad y contradicciones que debilita –¿definitivamente?– la capacidad de las instituciones de la modernidad –escuela, Estado, política, sindicalismo– para interpelar y constituir sujetos sociales. De manera sintética, en pocos años se suceden tres marcas que sólo pueden contribuir a fragmentar y debilitar la capacidad de esos mecanismos:

a. Tras la asunción del presidente Alfonsín en 1983, de la Unión Cívica Radical, se acusó, juzgó y condenó a los miembros de las juntas militares que gobernaron la Argentina entre 1976 y 1983. Pero en 1987, jaqueado por amenazas militares y víctima de sus propias limitaciones político-ideológicas –después de todo, el radicalismo era un partido pequeño burgués y conservador, con tímidos devaneos social-demócratas–, el gobierno dictó la Ley de Obediencia Debida, que exculpó a miles de violadores de los derechos humanos amparándolos en que sólo "habían cumplido órdenes". La claudicación del gobierno fue sentida como una traición, especialmente por los sectores juveniles que se habían acercado a la política en la transición democrática alentados por las esperanzas de hacer justicia con la masacre cometida por los militares durante la dictadura. El término *careta* pasó a describir, entre los jóvenes, esta condición de falacia y doblez de la política adulta. El síntoma más evidente –que retomaremos más adelante al describir la situación contemporánea– fue el repliegue hacia consumos y prácticas culturales donde los jóvenes se percibían como autónomos del mundo adulto-*careta*: el rock… y las hinchadas de fútbol. Allí, Maradona funciona como el símbolo de una autenticidad perdida que vincula el territorio del rock con el fútbol. Como señala Juanse, líder del grupo de rock "Los Ratones Paranoicos":

"Diego tendría que salir por TV en cadena, aunque sea cinco minutos
por día, diciendo lo que se le canta el culo para que la gente se dé
cuenta de lo que es la vida. (...) ¿Nosotros queremos las Malvinas y
mandamos preso a un tipo que les hizo un gol con el meñique a los
fucking ingleses? ¿Y encima bostero? La vida por Maradona..."

b. En 1989 las erráticas políticas económicas del gobierno radical
   desembocan en la hiperinflación, simultáneamente con su derrota
   en las elecciones presidenciales de ese año a manos del retornado
   peronismo y su candidato, Carlos Menem. La hiperinflación y sus
   consecuencias en la vida cotidiana y los consumos de las clases
   populares provocan, entre mayo y junio de ese año, una ola de
   saqueos a locales comerciales y supermercados. La explosión, básicamente espontánea, no pudo ser encauzada ni por los partidos
   políticos ni por el sindicalismo, y sólo se diluyó ante las expectativas generadas por la renuncia del presidente Alfonsín y la asunción anticipada del presidente Menem en julio. Pero los saqueos
   de la hiperinflación indicaban la aparición de síntomas de ano-
   mia, fragmentación, debilidad de la sociedad civil, ruptura de los
   lazos de sociabilidad y la incapacidad de las instituciones estatales para establecer mecanismos simbólicos y pragmáticos de inclusión social. Un estado benefactor precario, inventado por el
   peronismo en los años cuarenta y cincuenta, se revelaba ya como
   absolutamente ineficaz.

c. Pero la salida de esa crisis fue peor. El peronismo, nuevamente en
   el gobierno, cambió vertiginosamente su discursividad tradicional: del populismo distribucionista pasó a asumir las formas más
   radicales del neo-conservadurismo. En menos de tres años, Menem había privatizado las empresas públicas de servicios, liberali-
   zado la economía, alineado su política exterior con los Estados
   Unidos, debilitado y desfinanciado los mecanismos estatales de
   seguridad social (educación, salud, jubilaciones). Pero además
   había transformado la legislación laboral, la otra gran herencia del
   peronismo, fuertemente protectora de los trabajadores, para así
   precarizar las condiciones de empleo; y había contado para eso
   con el asentimiento de los líderes sindicales, que priorizaron sus
   compromisos políticos –e intereses económicos– con el gobierno
   antes que la defensa de la clase obrera. Como broche de oro, Menem dictó el indulto de los militares condenados por violaciones
   a los derechos humanos, los que recuperaron su libertad.

Este cuadro, que de manera sintética muestra a partidos democráticos claudicando frente a presiones autoritarias y a partidos populistas reciclados como conservadores y anti-populares, intenta describir un contexto de inestabilidad y fractura de todos los relatos que habían narrado la Argentina del siglo XX. Maradona, entonces, podía ubicarse como un último gran relato de doble significación: como la supervivencia, por un lado, de la añeja vinculación entre fútbol y nación, y por el otro de una serie de marcas del ídolo popular, como venimos analizando: el origen pobre y la fidelidad a ese origen, el modelo de llegada, la picardía, la rebeldía, la denuncia, la persecución, hasta la solidaridad con los suyos.[90] Maradona, entonces, se transformaba en el último anclaje de esos sentidos.

El otro tópico es el de la voz. Maradona se presenta a sí mismo como el portavoz autorizado de los desplazados. Como ya citamos:

> Dicen que yo hablo de todo, y es cierto. Dicen que yo me pelié con el Papa, y tienen razón. ¿Por qué salí de Villa Fiorito no puedo hablar? Yo soy la voz de los sin voz, la voz de mucha gente que se siente representada por mí, yo tengo un micrófono delante y ellos en su puta vida podrán tenerlo.

Esa asunción de un lugar enunciativo le permitió a cierta prensa progresista re-colocar a Maradona en un lugar más claramente político, impregnado de la tradición del populismo progresista y cultor de los tópicos de la alternativa y la resistencia de las culturas populares: "El pibe salió respondón. Un negrito deslenguado. Los que se cambiaron de bando no le perdonan que tantas veces sintonice con la sensibilidad de los humildes" (AA.VV., 1992: 5). Esta deriva le permitirá, tras el Mundial '94 y el regreso de 1995, proponer el último desplazamiento: Maradona como una versión posmoderna de Perón y Evita, como dice Carlos Ares:

> Maradona es el Perón de los noventa, el único líder posmoderno capaz de seguir luchando en el fin de siglo argentino por la liberación o la dependencia, con las reglas y las armas de la economía de mercado que le han impuesto y elegido sus enemigos. [...]

---

[90] El 15 de abril de 1992 Maradona participa en un partido en homenaje a Juan Funes, jugador recientemente fallecido, con el objeto de recaudar fondos para su viuda. Como todavía regían los efectos de la suspensión, la FIFA amenaza con sanciones a los jugadores argentinos que participaran del encuentro. Sin embargo, el partido se jugó: los jugadores decidieron formar un equipo con 12 integrantes, jugar 82 minutos y hacer los saques laterales con el pie. La violación al reglamento deportivo implicó que la FIFA no pudiera sancionar a los participantes, ya que no podía considerarlo un encuentro oficial. Picardía, solidaridad y rebeldía se encastraban habilidosamente.

El sábado 7 de octubre de 1995, las masas suburbanas, orilleras, periféricas, los excluidos del modelo, convocados por un mensaje subterráneo que sólo ellas parece oír y comprender, se lavaron las patas en las fuentes de la sabiduría original y celebraron con un big-bang artificial en la cancha de Boca el Día de la Lealtad. A casi cincuenta años de aquel 17 de octubre de 1945, el acto mítico fundacional, la movilización del sábado en términos culturales –según lo que Elliot definía como 'todo aquello que hace que la vida merezca ser vivida'–, solo es comparable entre 1945 y 1995 con el regreso de Perón. [...]
Maradona es, también, la Evita de los noventa. Uno de los amados grasitas, un descamisado de Versace (Ares, 1995: 32).

4. La caída y la decadencia

Esta construcción simbólica, que se beneficia en esos años de comportamientos menos erráticos y menos polivalentes, se potencia a finales de 1993. Maradona había regresado a la actividad en 1992, tras su suspensión, jugando para el Sevilla de España. En ocasión del retorno, transmitido globalmente, su salida al campo fue acompañada por la canción "Mi enfermedad", del músico Andrés Calamaro e interpretado por la cantante Fabiana Cantilo, ratificando en el gesto la vinculación de Maradona con un terreno significante para su nueva colocación: el rock argentino. En esos días, el suplemento juvenil de *Página/12* está dedicado a "Los rockeros y Maradona", ilustrado con un montaje de Maradona tocando la guitarra eléctrica con la camiseta nacional. Asimismo, ese regreso devolvió a Maradona a las primeras planas, y de manera significativa: *Página/12* tituló "Y al año y medio resucitó", con un fotomontaje donde Maradona aparecía en el cielo jugando con una pelota (*Página/12*, 29/9/92: 1). Las vinculaciones constantes de Maradona con la simbología católica son también importantes para el análisis: Maradona juega con Dios, es un elegido, un enviado en la tierra. ¿Una víctima propiciatoria, un cordero pascual? Como veremos luego, esa simbología católica incluiría hasta la resurrección.

Mientras tanto, la selección argentina había tenido brillantes desempeños, obteniendo las Copas América de 1991 y 1993 y manteniendo un invicto de 32 partidos. Ese récord permitía suponer que la salida de Maradona del equipo sería definitiva. Sin embargo, ocurrió la catástrofe: el 5 de setiembre de 1993, la selección argentina era derrotada por Colombia en Buenos Aires por el inédito marcador de 5 a 0, y condenada a jugar un repechaje contra Australia para obtener su clasificación para la

Copa del Mundo de USA '94.[91] Maradona, presente en el estadio como un hincha más, era reclamado por la multitud con el atronador grito de "Maradoooo" (posiblemente la primera vez que el grito desplazaba su significación celebratoria hacia la protesta). El regreso a la selección para el partido en Sidney, entonces, era el retorno del salvador de la patria: "Más viejo y más sabio, el Genio volvió desde el infierno para darle su mística ganadora a la selección. Ayer fue ídolo. Hoy es un mito" (AA.VV., 1993: 88). El empate en Sidney y la victoria en Buenos Aires clasificó a la Argentina, y consagró el regreso de Maradona como definitivo. La actuación en USA '94 y la obtención del campeonato sería, cómo dudarlo, alcanzar la cima de la gloria y consolidar su rol de "padre de la patria" (un San Martín posmoderno).

El comienzo del campeonato mostró un juego sólido, con Maradona mostrando grandes destellos de su etapa dorada y acompañado por un equipo argentino por momentos brillante. En el primer partido, un cómodo 4 a 0 contra el modesto equipo griego, Maradona convirtió el tercer gol:[92] para festejarlo, corrió hacia un lateral donde estaba ubicada una cámara de televisión, obligando al director de la transmisión a capturar su rostro en un primerísimo primer plano, en un grito desbordado. Maradona imponía, al mismo tiempo, su derecho a un festejo de tinte melodramático –festejaba, más que un gol, el *regreso de los infiernos* tras la suspensión por uso de cocaína– y su dominio, su competencia en las gramáticas televisivas. Impuso una imagen global. Nada menos. Pero ese gesto podía ser leído también como confirmación del dóping; sólo *drogado* podía producir tamaño desborde.[93] ¿Era el grito victorioso del Héroe de la patria o la negación del capital cultural –que debe ser escrito para poder ser legítimo– en el desborde corporal de su grito? ¿Energía positiva para aglutinar emotivamente a un país o energía negativa que mostró una imagen distorsionada de la Argentina? No estoy parafraseando una discusión imaginaria: en efecto, Bernardo Neustadt, un periodista derechista, calificó la imagen congelada por la televisión como extemporánea y dijo de él que "se nutre de energía negativa"; alternativamente, en ocasión de la Marcha Federal de diversos grupos opositores a Menem en julio de 1994

---

[91] El diario *Clarín* publica al día siguiente de la "catástrofe" una sola ilustración en su portada: un magnífico dibujo del ilustrador Menchi Sábat, donde Maradona es presentado como una viuda (*Clarín*, 7/9/93: 1).

[92] Celebrado por el relator radiofónico más importante de la Argentina, el uruguayo Víctor Hugo Morales, al grito de "¡Gardel está vivo!" (en Burns, 1996: 284). Esta asociación la retomaremos más adelante.

[93] Una refutación técnica: ¿con efedrina?

los manifestantes coreaban un cántico que decía: "Diego no se drogó/ Diego no se drogó/ Antidóping a Menem/ la puta madre que lo parió". Una disyuntiva que disputaba el sentido de Maradona, por apropiárselo, por ganarlo para el propio terreno. Y todo esto en medio de una circulación azarosa del debate, siempre limitado por la circulación de otros discursos sobre lo nacional.[94]

Finalmente, el segundo partido contra Nigeria sería el último de Maradona con la camiseta argentina. Luego del triunfo 2 a 1, y de una actuación descollante, la prueba antidóping reveló que Maradona había consumido efedrina, una droga utilizada en dietas para adelgazar. Si bien todos los datos apuntan a un error medicamentario antes que a un intento deliberado de obtener ventajas deportivas, la AFA retiró al jugador del plantel, ante la amenaza de la FIFA de castigar al equipo. Los dos partidos siguientes fueron derrotas ante Bulgaria y Rumania, y la selección argentina pasó de ser una gran candidata al título al regreso rápido a Buenos Aires. La primera declaración de Maradona colocó al ídolo en el rol del mártir y víctima propiciatoria: "Me cortaron las piernas". La cobertura de los diarios porteños trabajó en el mismo sentido, dedicándole toda la portada de la edición, y ubicando a la exclusión de Maradona en el lugar de la tragedia nacional. *Clarín* publicó una foto de Maradona con una sola palabra: "Dolor" (*Clarín*, 1/7/94). *Página/ 12* colocó el dibujo de un *pibe* triste y lloroso con una bandera argentina en su mano izquierda, con el título "Duelo" (*Página/12*, 1/7/94). Las reacciones fueron públicas, e instalaban en las calles una sensación de duelo generalizado –con banderas arrastradas, rostros llorosos apiñados contra las vidrieras de electrodomésticos que mostraban en sus televisores la transmisión continua de la reunión del comité de FIFA que decidiría la sanción–; un duelo que, además de ratificar el título periodístico, disparaba el recuerdo hacia la última experiencia colectiva similar: la muerte de Perón, *exactamente* veinte años antes. No se lloraba una derrota –que ocurriría solo horas después, como derrota anunciada–; se lloraba una muerte, simbólica, pero muerte al fin: la de la relación entre el ídolo y la patria.[95]

---

[94] Digo "azarosa" reparando en que el Mundial de Estados Unidos de 1994 se superpuso en su finalización con el atentado explosivo contra la Asociación Mutual Israelita Argentina (AMIA) el 18 de julio de ese año, en la que murieron cerca de 90 personas. La agenda de los medios desplazó el *affaire* Maradona para centrarse en este hecho por tratarse de un suceso de mayor envergadura, lo que confirma no sólo la aleatoriedad del contexto de debate sino también, aunque suene obvio, la capacidad –saludable– de la comunidad para jerarquizar los temas sociales. Debo esta observación (como tantas otras de este capítulo) a María Graciela Rodríguez.

[95] Esta hipérbole puede leerse en el chiste que publica el humorista Fontanarrosa: un hincha desolado se pregunta: "Cuando se habla de la tragedia de Dallas…¿se refieren a lo de Kennedy o a todo esto que nos pasó a nosotros?" (*Clarín*, 2/7/94: 24).

Las interpretaciones paranoicas reaparecieron con virulencia. El ejemplo más drástico –tan grotesco que parecería paródico–, es la novela de Niembro y Llinás (1995), *Inocente*. En ella el héroe aparece finalmente doblegado por la persecución de todos los poderes terrenales –incluida la CIA. La novela relata en clave ficcional pero con un guiño realista un complot de la CIA y la FIFA para impedir el probable triunfo argentino (porque Maradona es un indisciplinado enemigo de la FIFA y amigo de Fidel Castro) o colombiano (porque es un país de narcotraficantes). La CIA, entonces, contrata un sacerdote que le dará a Maradona una hostia con efedrina el día del partido, aprovechando la fe religiosa de Diego; y también a un brujo que, gracias a la credulidad de los colombianos, les proporciona una "crema mágica" que, en realidad, disminuye su rendimiento. La CIA, la FIFA y el Vaticano; si Maradona precisaba una puesta en escena en simultáneo de sus enemigos imaginarios, Niembro y Llinás se la brindaban generosamente. Para que Maradona se creyera el Che Guevara aislado en la selva boliviana poco antes de su muerte, peleando contra el imperialismo norteamericano, no faltaba nada.[96]

5. Regreso sin gloria

Si aceptamos que Maradona concentró el grado máximo de la simbolización nacional que he tratado de argumentar, la pregunta consecuente es por el después, por el *posmaradonismo*. Archetti sostiene que parte de la eficacia de la epicidad nacional de Diego Maradona radica en su continuidad con la tradición mitológica. Allí señala que "en un escenario global donde los productos de localidades y sus identidades son supuestamente más difíciles de discernir y donde se supone que la vida cotidiana de los individuos es cada vez más transnacional y diaspórica" (Archetti, 1998: 118), la continuidad del mito del estilo argentino encarnada en Maradona permitía la supervivencia de una identidad. Sin embargo, la *localización* en escenarios globales con la mediación del héroe, investido de representación nacional, entra en crisis con la salida de Maradona de la escena. La exclusión de Maradona del Mundial '94 coincidió con la eliminación del equipo argentino en octavos de final, proponiendo una relación causa-efecto. Maradona, expulsado del Mundial, arrastra a la Nación toda; a partir de allí, la única mercancía argentina exitosa, simbólica y corporal, se depreció en el mercado global para devolver a la

---

[96] Debo esta sugerencia a Eduardo Archetti. Veremos en el cierre del capítulo que sí, faltaba algo...

Argentina a su tradicional –y poco relevante– lugar de productor de alimentos y débil exportador de bienes con bajo valor agregado. El relato mitológico del fútbol argentino, mezcla de éxitos y héroes, de estilos originales y sabias apropiaciones, se vio, de improviso, desprovisto de todo sentido.

Los años que siguieron ejemplifican ese cuadro. Maradona se transformó en un jugador asistemático, retornando a Boca una vez cumplida una nueva suspensión de 15 meses en 1995, para jugar poco y mal sin obtener nuevos títulos, y ser envuelto en nuevos escándalos de sospechas de dóping; sus contradicciones políticas lo llevaron a abandonar las líneas progresistas y encontrar un lugar más estable junto a los repertorios del neoconservadurismo populista[97]; pero además, al descender a la escena local, su estatura mítica se redujo, desapareciendo como núcleo de representación de la nacionalidad. Maradona representaba con holgura la Nación mientras jugaba en Europa y vestía la camiseta argentina – sumada a la doble representación de que se invistió en el Nápoli, donde enfrentó a los clubes poderosos del norte de Italia encarnando una épica clásica del "débil vs. poderoso" redundante con las paranoias argentinas. Pero cuando descendió al mundo de lo local, la camiseta de Boca Juniors significó una tribalización exacerbada. En sus visitas por el interior de la Argentina, se producía un fenómeno interesante: era aturdido por el cariño del público fuera del estadio, y minuciosamente abucheado dentro de la cancha. La estatura mítica cedía paso a la terrenalidad de la afiliación partidaria. Dice uno de nuestros informantes, Antonio, hincha de Vélez:

> Cuando podés putear a alguien de otro equipo para que se equivoque lo hacés. Por ejemplo, a cualquiera de Vélez le gustaría tener a Maradona en el equipo. Sin embargo, cada vez que jugó contra nosotros lo puteamos... drogadicto, puto, gordo de mierda, narco, para que se equivoque la hinchada hace cualquier cosa. Yo a Diego lo quiero por todo lo que nos dio, pero también lo he puteado de lo lindo.

Mientras el ídolo futbolístico estuvo afuera del país, todo parecía indicar que, frente a las dificultades que supone elaborar la idea de "patria" desde lo político, en un momento de fractura de los relatos políticos

---

[97] En 1995, a pesar de sus enfrentamientos anteriores, apoyó la candidatura exitosa de Menem a la reelección como presidente. En 1996, *Clarín* anuncia que Menem y Maradona han pedido la pena de muerte para los narcotraficantes (*Clarín*, 8/1/96: 24). Estas declaraciones ratifican la colocación maradoniana junto a las tesis más clásicamente fascistas del conservadurismo menemista.

clásicos, Maradona permitía la re-discusión de esta idea convocando al debate en la Argentina en torno a diversos argumentos sobre lo nacional. La narrativa maradoniana reemplazaba, complementaba los relatos modernos de la identidad: de los padres fundadores y del procerato, o del populismo nacionalista. Y sin embargo, al poco tiempo de su regreso, una parte importante de esa discusión se diluyó progresivamente en el escenario de los magros debates públicos locales. La carga que Maradona llevó sobre sí durante tantos años coincidía, precisamente, con los años que estuvo ausente del país (entre 1982 y 1993). De ahí que la explicación pueda formularse justamente en función de las distancias del símbolo cuando es puesto en relación a lo global o en relación a lo local: la carga simbólica asociada a Maradona en relación a lo nacional se amplificó en el circuito global y se diluyó en el contexto local.

Globalizado por las redes televisivas mundiales, Maradona se convirtió en un eje simbólico alrededor del cual todos los discursos locales pululaban: por el contrario, luego de su vuelta a la Argentina en 1993 y después de varios años de oscilaciones ideológicas y políticas, a Maradona se lo disputaba cada vez menos, sus negociaciones con el poder eran cada vez más criticadas, porque suponían la cancelación de su autonomía narrativa (si esa autonomía le permitía cuestionar a la FIFA, al Papa, a Bill Clinton o a la CIA, su alianza con el presidente Carlos Menem antes de la reelección de 1995 implicó la fractura –provisoria– de su legitimidad); y sus desplantes deportivos fueron cada vez menos perdonados.

En el marco de esta estructura de los hechos protagonizados por Maradona, las narrativas construidas permitieron poner en escena argumentaciones y tópicos que muchas veces aparecían directa u oblicuamente relacionados con lo nacional. Desde el punto de vista de la producción, lo azaroso e imprevisible de las declaraciones de Maradona no favorecía la estabilidad de los procesos interpretativos. Maradona también se regía por una lógica de casos, espasmódica: una intervención papal disparaba su crítica, un viaje turístico a Cuba lo convertía en *castrista*, la negativa de una visa norteamericana lo instalaba en el discurso antiimperialista.

A las dificultades del análisis en producción, entonces, debemos sumarle las dificultades del análisis en recepción. Las interpretaciones individuales pueden estar cruzadas por la menor o mayor afición al fútbol, la simpatía por un determinado club o el prácticamente inaccesible sistema de lealtades deportivas, por nombrar sólo algunos puntos. Sin embargo, mis entrevistas (realizadas desde 1996, pero especialmente significativas en 1998, después del Mundial), señalan una fuerte estabilidad interpretativa en torno de Maradona como una bisagra: hay un antes y un después en la cultura futbolística argentina; el retiro que ya se sabe definitivo desde 1998 funciona como un eje organizador. La Selección convocaba transversalmente con Maradona: cancelado el ídolo, su sistema de representación no puede ser relevado. Como dice Gabriela, hincha de Boca:

> Yo llegué a la selección porque estaba Diego. Entonces para mí... la selección era sinónimo del Diego. Y todo eso que genera Maradona. Para mí la selección no representa al país... representa al fútbol argentino. No al país, que es distinto. Para mí era sinónimo de Maradona, yo no concebía a la selección sin Maradona. Y desde el noventa y cuatro se rompió. O sea, para mí, el Mundial de Francia no fue igual al resto... no me entusiasmó. Más allá de que estaba Passarella como técnico y que había mayoría de jugadores de River...

6. Finale, ma non troppo

Hay otras dos preguntas posibles en torno a Maradona. La primera es sobre su condición mítica. Como señala Burke: "¿por qué los mitos se vinculan a algunos individuos (vivos o muertos) y a otros no? [...] La existencia de esquemas no explica por qué se vinculan a determinados individuos, por qué algunas personas son, por así decirlo, más 'mitogénicas' que otras" (Burke, 1997: 75). La calidad *mitogénica* de Maradona es indiscutible; y entiendo que la respuesta a la pregunta de Burke se halla en la compleja intersección de todos los elementos que hemos analizado hasta aquí: su calidad deportiva excepcional, la condición heroica, el relato de origen, el contexto global de actuación, el nuevo rol de los medios de comunicación, ahora centrales y en una expansión indetenible, los flujos y reflujos de ascenso y caída; pero también las condiciones políticas de producción del mito, esa crisis radical de la sociedad argentina entre la dictadura y el menemismo, que hallaron en Maradona un héroe en disponibilidad para que, en determinado momento de la historia argentina, estos elementos se encarnaran en él... y solamente en él.

La segunda es sobre su condición simbólica: ¿qué tiene (tenía) Maradona para ser disputado por tantos y tan variados intentos de interpretación? En la etapa en que se consolidó como héroe deportivo global, era un individuo sostenido por fuerzas colectivas que de algún modo lo superaban: cargaba, recordamos, *un país sobre sus hombros*. Maradona produjo las *más gloriosas hazañas* de la historia futbolística argentina en un momento clave, en el que la significación de esos hechos excedió lo futbolístico; y la carga simbólica y afectiva puesta en juego en los escenarios de esas hazañas (los Mundiales de Fútbol), permitió la operación por la cual Maradona fue colocado como un organizador de las energías colectivas disponibles para elaborar esperanzas y sueños, en el sentido señalado por Baczko.

Pero su final como productor de nuevas épicas deportivo-patrióticas implicó también que el nuevo lugar de Maradona es un espacio meramente indicial: señala hacia el pasado, hacia lo que fue y lo que pudo ser, hacia el momento en que su nombre podía ser símbolo. Cuando las hinchadas corean su nombre antes de los partidos de la Selección nacional, designan un homenaje; cuando lo hacen protestando por una mala actuación, también remiten al pasado, como tiempo clausurado y nostálgico. Como dice uno de nuestros informantes: "El grito de 'Maradoooona' es el grito de guerra. Es el grito de la gente para hacer saber que no está conforme con la selección".

El lugar de Maradona está hoy más cercano a la mercancía massmediática –a la prensa del corazón o a la narrativa del *jet* set, pero también a sus nuevas incursiones televisivas, ahora reciclado como conductor– que a la producción de sentidos socialmente pertinentes. Congelado –pero no suprimido– como símbolo, queda reducido a memoria.

Lo que se ha cancelado, provisoria o definitivamente –acertar con el adverbio adecuado es parte de la incerteza de Maradona de la que hablaba– es la posibilidad de un símbolo, a la vez, nacional y popular. El símbolo que nombra simultáneamente la posibilidad de la Nación y de sus clases populares como sujeto activo de sus narrativas. Más cercano que el peronismo, quizás su relevo más eficaz, porque nombra una Arcadia más próxima temporalmente, aunque se trate de una Arcadia meramente del deseo –sin pleno empleo ni redistribución del ingreso–; Maradona es ese mito y a la vez su clausura –no en vano, contemporánea del menemismo, o de la *superación del peronismo por otros medios*.[98]

---

[98] La última narración a analizar –dejando de lado su patética (auto)biografía (Maradona, 2000)– es el film *El día que Maradona conoció a Gardel*. La trama es sencilla: Carlos Gardel habría sido capturado por un pacto diabólico que lo condena a cantar eternamente en una mansión solitaria hasta que "aparezca otro hombre impar como él". Todos podemos imaginar de quién se trata… El film narra las aventuras de Maradona y su ángel-bueno-guía, el escritor y periodista Alejandro Dolina, para vencer al ángel maligno y liberar a Gardel de su condena. Cosa que, por supuesto, logran, permitiendo que los dos grandes mitos se encuentren. Pero el castigo del Mal será terrible: el film inicia su secuencia final con las imágenes de Maradona conducido al control antidóping en 1994, y con el funeral callejero –arriba mencionado– que acompaña su caída. La asociación es, por lo simple, patética: la caída sólo podía ser un castigo infernal, con lo que la hipótesis paranoica de la novela *Inocente* que analizáramos estalla hasta la hipérbole. Dijimos: la CIA, la FIFA, el Vaticano…

7. El regreso, parte dos: Lázaro es argentino

La mayor parte de los argumentos anteriores ya estaban escritos en 2001. Por suerte, curado de espanto con los avatares, idas, venidas, accidentes, contradicciones y demás ocurrencias maradonianas, repartí aquí y allá todos los modalizadores temporales que se me ocurrían: por ahora, provisoriamente, hasta aquí, nunca se sabe. Y es que nunca se sabía: si debíamos detenernos en el Maradona que coqueteaba con la izquierda, con el que defendía a Cavallo, con el amigo íntimo de Fidel Castro o con el que pedía la pena de muerte, codo con codo con Menem. Pero para colmo, porque nunca se sabe, desde entonces para acá Maradona estuvo al borde de la muerte tres veces: y en la segunda, motivó no solo el despliegue previsible de los medios, que ya tenían preparada la necrológica y discutían los términos del velatorio público, sino la continua y emotiva movilización popular a la puerta del sanatorio, con algo de morbo, pero también de genuino afecto desbordante. Algo seguía habiendo en él que provocaba tanto por todos lados. Finalmente, en ambas ocasiones resucitó. Y todavía hay quien se pregunta por qué la adoración a Maradona coquetea tanto con la sacralización; si en la cultura occidental y judeocristiana sólo dos personas volvieron de la muerte, Lázaro y Jesús, Maradona lo hizo dos veces. Definitivamente, es mejor que Pelé.

Las que siguen, entonces, son algunas líneas contemporáneas, dedicadas a ese viejo símbolo nacional y popular devenido engranaje de la maquinaria televisiva… durante 2005, porque nunca se sabe con quién se peleará y con quién no firmará contrato.

El programa televisivo de Maradona, *La noche del Diez*, tuvo todos los vicios de la televisión argentina y mundial, algunos agravados y exasperados: por ejemplo, el narcisismo descomunal de su conductor, el conglomerado indigesto de fragmentos que nadie sabe de dónde vienen ni a dónde van, la ausencia de todo sentido de las preguntas y de las respuestas (si es que hay alguna), esa lógica de invitación que pasa por el famosismo y el amiguismo, la yuxtaposición de estéticas (una mezcla de Cirque du Soleil y bailarinas berretas de Pipo Mancera), la emoción como último horizonte del pensamiento. Además, aburrido y repetivo a lo largo de sus emisiones.

Pero ¿a quién le importa todo esto? No hablo de sus cifras de rating, que eran previsibles, y que nunca justifican nada (salvo que pensemos en

---

¡y ahora además Lucifer! Demasiado para una sola persona… El film concluye con las imágenes del último retorno, el partido que Maradona juega para su club de siempre, Boca Juniors, en 1995 en Corea, previsiblemente duplicado por los acordes del tango "Volver", cantado por Gardel. Claro: los derechos televisivos del retorno habían sido adquiridos por un canal argentino, América TV, que fue a su vez la productora del film.

el viejo asunto de los millones de moscas). Como todos sabemos, millones ven a Los Roldán o a Tinelli y eso no los transforma en "buenos" programas (son aún peores que el de Maradona). Aunque su transformación en conductor televisivo nos permita someter a Maradona a un análisis estético y televisivo, hay por ahí algo que se nos resiste. Con Maradona, no es nada novedoso: llevo diez años obligado a repensar mis hipótesis y mis análisis.

Por ejemplo, hubo dos claves interesantes en el programa: la primera, que en una pantalla tan blanca como la del Canal 13 Maradona sentó en primera fila a toda la familia. Todos ellos ostentando eso que hizo del Diego el símbolo plebeyo de la patria: justamente, su plebeyismo. Suena populista y no lo es: esa exhibición de Fiorito enchufada en la cámara, de prepo, todavía marca una ilusión democrática, y esa ilusión (el atorrante que sale de la pobreza para llegar a la fama sin olvidar a los suyos) es la marca central del mito Maradona. La otra fue la mutua provocación con Pelé: cuando O Rei le preguntó por el bidón con el que Bilardo casi envenena a Branco en 1990, el Maradona re-preguntaba por las turbias relaciones con Jôao Havelange o por las desventuras del hijo descarriado. Por allí aleteaba ese Diego "negrito, respondón y deslenguado" de los ochenta y noventa, su mejor recuerdo.

Y es que no hay nada que hacer: el análisis de Maradona insiste en no poder ser puramente estético. Ese programa era una celebración, un rito colectivo donde el propio Lázaro celebraba su resurrección en cámara, renovaba su compromiso emotivo y amoroso, el pacto que lo une con sus feligreses (millones). Un pacto cada vez más débil, basado puramente en el agradecimiento por el pasado de grandeza y por la ausencia de la muerte. Nada más: ¿nada menos? Pero se trata solamente del pasado. Un pasado gigantesco y desbordado, en el que Diego significó la Patria, pavada de significación, y por eso su perduración. De manera sintética, Maradona fue el último gran símbolo plebeyo de la patria, la última posibilidad de un héroe nacional y popular; mientras todo tambaleaba y entraba en crisis, Maradona permanecía como la última supervivencia de ese viejo imaginario democrático, popular e inclusivo que había caracterizado a la Argentina.

A Maradona, capturado por la industria cultural como mercancía, sólo le queda un poco de plebeyismo al que la lógica de los medios ha ido limando lenta pero consistentemente. Y ese coqueteo con la política (el tatuaje del Che, por ejemplo) se recubre con Dalma y Gianina, *las gordas*. Mercancía, en suma, adecentada y adocenada, pasada por el implacable filtro de Adrián Suar. Hasta que, unas semanas más tarde, encabece con el Comandante Chávez los actos contra Bush y el ALCA en Mar del Plata, y entreviste a Fidel Castro en horario central. Pero en ese gesto, sólo pone en escena la farandulización de la política, incluso la progresista: no se transforma en el líder revolucionario posmoderno que tantos pretenderían ver.

Esperemos tranquilos: contemporáneamente con una futura reedición de este libro, Maradona será el técnico de la selección argentina, y la llevará a ganar un nuevo campeonato mundial. Mi capacidad analítica será puesta seriamente en duda, pero al menos ganaré puntos como profeta. Todo eso, claro, si no se muere antes.

IX. Continuidades y fracturas: en torno a Francia '98

1. Ser pobre en un mundo global

Entre 1994 y 1998, tras la salida de escena de Maradona, el escenario cambió por completo. Los jugadores argentinos, si bien continuaban siendo exportados masivamente al fútbol europeo, ya no eran figuras excluyentes, ni revistaban, con contadas excepciones, en equipos de primera línea. La saga victoriosa del Nápoli conducido por Maradona a la cumbre era un ejemplo casi imposible de repetir. El acceso masivo a la programación deportiva internacional, por la extensión explosiva de los servicios de televisión por cable, permitió a los públicos argentinos constatar cotidianamente la exclusión del fútbol nacional de los nuevos estadios globales. Como remate, la selección pos-maradoniana reiteró sus ciclos de ineficacia y trastabilleos.

Toda la serie que hemos presentado hasta aquí parecía fracturarse. La ruptura era, en síntesis, de la capacidad acumulada del fútbol argentino para significar la patria. Porque esa caída del héroe no se produjo en cualquier momento, sino en la etapa global del capitalismo occidental. A la pregunta ¿cómo entrar a la globalización?, ¿cómo marcar la colocación local, como imprimir una marca de sentido propio al flujo de discursos transnacionalizados?, la Argentina no podía responder adecuadamente.

Renato Ortiz afirmaba en 1991 que la globalización desvía el peso tradicional de los discursos (y las mercancías) basadas sobre el imaginario de lo nacional-popular, hacia la constitución de un imaginario *internacional-popular*. En ese nuevo marco, los símbolos tradicionales de la fundación del Estado-Nación brasileño –samba, carnaval, fútbol– dejan su lugar a las nuevas mercancías globalizadas: la publicidad, los melodramas televisivos, la Fórmula 1. Es interesante que en esa serie, que reemplaza bienes fuertemente marcados por las clases populares por otros básicamente mediáticos, reaparezca el deporte y la heroicidad: Ayrton

Senna, tricampeón mundial, mártir del automovilismo global, héroe patrio en Brasil. La cultura brasileña parece haber hallado su modo particular de globalizarse: la continuidad de un modelo de penetración en los mercados universales a través de la producción de bienes simbólicos con ventajas comparativas –primero Ronaldo, antes que el mejor, el jugador más caro del mundo; y luego, tras el éxito de 2002, la aparición de Ronaldinho, Adriano, Kaká. Pero también este ejemplo es buena prueba de hasta qué punto las nuevas condiciones del capitalismo global, del deporte hiperespectacularizado y principalmente televisivo, se transforman en determinaciones: Ronaldo es un héroe televisivo y televisable, pero en tanto mercancía –porque ése es su primer lugar– se ve sujeto a las leyes económicas antes que a las deportivas. Su fracaso mundialista en Francia, a la vez que las exigencias comerciales de Nike, apuntaron en esa dirección. Ronaldo llegó al Mundial 98 como heredero del trono maradoniano: se fue envuelto en un fracaso estrepitoso, sin rendir en ningún partido, ni de acuerdo a sus antecedentes ni mucho menos de acuerdo a las expectativas mediáticas. Para colmo, el incidente de la final (enfermo y lesionado, fue excluido del equipo titular para reaparecer, según los rumores, por presiones de Nike, su sponsor exclusivo) lo ubicó definitivamente en un marco puramente mercantil, donde ningún héroe puede narrar su épica. De allí en más, incluso su reaparición exitosa en Corea-Japón en 2002, tras lesiones que hicieron dudar de que volviera a jugar, pasó a estar teñida por esa lógica.

Por el contrario, en la Argentina se producía una colisión de discursos: un neoconservadurismo político y económico hegemónico que proclamaba el ingreso argentino al Primer Mundo, coexistía diariamente con la experiencia cotidiana, entre las clases populares y también en las clases medias, del deterioro agudo de las condiciones de vida, de la pauperización, de la ineficacia para incorporarse exitosamente a un mercado global, del que se reciben sus perjuicios –depreciación del valor de las mercaderías, desocupación como fenómeno mundializado, narcotráfico– pero no sus beneficios.[99]

Las consecuencias de las políticas neoconservadoras de toda la década fueron en ese sentido concluyentes. Según datos de la Encuesta Permanente de Hogares, la tasa de desempleo para julio de 2001 era del 16,4 %, lo que significa que 4,5 millones de personas tienen problemas de trabajo. Los distritos más afectados por la desocupación eran Catamarca

---

[99] Una encuesta del diario *Clarín* señalaba que para el 80% de los argentinos su país estaba en el Tercer Mundo, a despecho de las rimbombantes declaraciones del menemismo que sostenía, por el contrario, su colocación central (*Clarín*, 9/7/00: 3-5).

(22,3%), Rosario (20,2%), Mar del Plata (19%) y el Gran Buenos Aires (17,8%).[100] Entre los jóvenes el dato del desempleo no es menor: en la población juvenil de 15 a 24 años el porcentaje de inactividad total se elevó del 10,6 en 1992 al 14,5 en 1999. Esto equivale a decir que sobre un total de 2.100.000 jóvenes y adolescentes residentes en el Gran Buenos Aires, 575.000 no estudiaban ni trabajaban. El 20% más rico de la población concentraba el 53,2% de la riqueza; el 20% más pobre, apenas el 4,2%.[101] Y Argentina es además América Latina, donde en 1997 tres de cada cinco personas no tenían acceso a infraestructura básica: un tercio no tenía agua potable; un cuarto carecía de vivienda digna de ese nombre; un quinto no poseía servicios sanitarios ni médicos; uno de cada cinco niños menores de cinco años estaba fuera de los circuitos de instrucción y padecía desnutrición permanente.[102] Este cuadro, como es sabido, no hizo otra cosa que agravarse.

2. La crisis de las identidades futbolísticas

En este contexto, desde los años noventa, las representaciones colectivas futbolísticas parecieron entrar en crisis, al mismo tiempo que su centralidad, su capacidad interpeladora para los sujetos involucrados, aumentó desmesuradamente.

En primer lugar, las representaciones referidas a las interpelaciones de clase: el fútbol argentino no es ni es percibido como, un espacio *popular*, en tanto convoca transversalmente, estadística y simbólicamente, a todas las clases, aunque con leve predominio de los sectores medios y medio-bajos.[103] Pero la narrativa tradicional del fútbol argentino identificaba como sujetos principales a las clases populares. Si bien esto puede leerse con cierta precisión en cuanto a sus jugadores –que repetidamente

---

[100] Fuente: INDEC.

[101] Diario *Clarín*, 24/10/00: 17.

[102] Datos extraídos del Informe del PNUD, 1998.

[103] Las debilidades estadísticas argentinas nos impiden cuantificar el fenómeno. Mi afirmación se basa en dos fuentes: la observación directa en los últimos quince años, sistematizada en la última década en estadios de Capital y Gran Buenos Aires, y el análisis de la prensa deportiva (gráfica, radial y televisiva). La interpelación a los sujetos lectores deja de lado el lugar común "el más popular de los deportes" para asumir enunciatarios plurales. No hay ya lugar para interpelaciones de clase, o para discursos fuertemente marcados por una coloquialidad "arrabalera" o "lunfarda", que se pretende "popular" en un sentido fuerte, como la que dominaba la textualidad de los periodistas deportivos Osvaldo Ardizzone o Diego Lucero hasta comienzos de los ochenta. Los textos pasaron a ser dominados por una coloquialidad hegemónica, televisiva, que no designa pertenencias sociales sino una homogeneización mediática.

construyeron clásicas épicas de ascenso social–, es poco posible de afirmar respecto de sus públicos, convocados también entre las clases medias. Hasta aquí, el hecho sociológico: pero, imaginariamente –en su narrativa, en el periodismo, en sus sistemas de representación–, el fútbol recortaba públicos populares, proponiendo una sobre-representación de las clases trabajadoras. El fútbol era, en consecuencia, un espacio de afirmación identitaria masculina, pero también de clase, aún dentro de la vaguedad de la alianza populista establecida por el peronismo antes que a un recorte estrictamente proletario (*clase obrera*). El fútbol era visto, hasta fines de los años ochenta, desde las instituciones escolares o por los intelectuales, como pura manipulación de sectores culturalmente menos dotados, en la línea interpretativa propuesta por Brohm o Vinnai, epigonalmente reproducidos en la Argentina por Sebreli.

Las causalidades para el cambio en la *calidad* de los públicos convocados son variadas. Por un lado, la nueva estructura de clases argentina señala características similares al resto de las sociedades occidentales: progresiva desaparición de la clase obrera industrial, crecimiento de la terciarización, aumento exponencial de la desocupación. Este mapa, que vuelve difícil designar una clase obrera *stricto sensu*, permite por el contrario la ampliación de los sectores convocados por la categoría *sectores populares*; pero esta ampliación choca con la debilidad de su definición y con su vaguedad. En el mismo sentido, el crecimiento de una llamada *cultura mediática* desde los años setenta hasta hoy, indica el desplazamiento de las clasificaciones culturales basadas en la clase en pos de una ampliación, casi universal, de los sectores involucrados en cualquier clasificación cultural. En esa expansión, el fútbol, mercancía fundamental de la industria cultural, también tiende a ampliar sus límites de representación en un policlasismo creciente.

Pero, además, en el mismo movimiento en que los límites se expanden, se producen mecanismos de exclusión. Los regímenes neoconservadores, como señalé, a la vez que debilitaban las tradicionales interpelaciones de clase, produjeron fuertes fenómenos de exclusión social, en los que la expulsión del mercado de trabajo de grandes masas y la pauperización de las clases medias son síntomas clásicos. Así, el fútbol también produce una expulsión básicamente económica: los costos de acceso a los estadios –o a los servicios de cable televisivo– tendieron a dejar afuera a los públicos "tradicionales", en un proceso de darwinismo impensado pocos años atrás.

En la Argentina, estos mecanismos de exclusión afectaron también a la práctica, profesional o amateur: en el primer caso, porque las condiciones de acceso al alto rendimiento deportivo exigen un umbral de alimentación en la niñez que las clases bajas no pueden proveer, lo que determina una tendencia de cambio en el origen de los jugadores de primer nivel (hoy, cada vez más originados en las clases medias). La progresiva desaparición de las narrativas del ascenso social que alcanzan su clímax con la saga maradoniana es un buen indicio al respecto. Asimismo, es significativo que durante la "edad moderna" del fútbol argentino los jugadores que provenían de estratos sociales medios-altos aparecieran como términos marcados (el caso del jugador de Boca Juniors, Racing y otros Diego Latorre, en los ochenta, descubierto como futbolista en un *country*, un barrio de fin de semana de clases medias-altas, fue una especie de último caso). Por el contrario, hoy el origen social medio-alto es incorporado como término normal –por ejemplo, que el arquero de una selección juvenil fuera el hijo del rector de una Universidad, o que Sorín sea el hijo de un Decano de la UBA–, mientras que la humildad de la familia de Riquelme o Tévez es sistemáticamente destacada. La marcación parece haberse invertido.

En el segundo caso, el de la práctica recreativa, la progresiva desaparición de espacios públicos adecuados y la ausencia de tiempo libre entre los sectores trabajadores (como producto de condiciones laborales propias del capitalismo del siglo XIX) vuelve progresivamente más difícil el juego informal, restringido a sectores con posibilidades económicas y temporales.

A esta crisis –por exclusión– de representación social, se le añade la expansión antes señalada. La cultura futbolística argentina es hoy una cultura televisiva que practica un imperialismo simbólico y material; simbólico, en su inflación discursiva, en su captación infinita de públicos, en su construcción de un país futbolizado sin límites;[104] material, en el crecimiento de su facturación –directa o indirecta, mediática o de *merchandising*– y en el aumento de los capitales involucrados –desde la compra-venta de jugadores hasta las inversiones publicitarias y televisivas. Inclusive, la ficción televisiva, donde la cultura futbolística aparecía como

---

[104] El signo más claro de esta expansión es la futbolización de la pantalla televisiva: los centenares de horas, de cable o aire, de programación deportiva, y el hecho de que los diez programas más vistos de la televisión argentina son siempre transmisiones deportivas. Un servicio del diario deportivo *Olé* nos informaba que en 1998 la pantalla argentina ofrecía 25 horas por día, 175 horas por semana y 753 horas por mes de fútbol por televisión, sumando los canales de aire y el cable (*Olé*, 7/8/98: 20-21). Desde entonces, la cifra debe haber crecido (no tengo datos recientes): pero en ese momento había sólo una señal de ESPN –hoy hay dos– y la señal Fox recén comenzaba sus transmisiones.

una marca naturalizada de la competencia de todo actor popular pero sin transformarse en eje argumentativo, se apropió del fútbol. Desde la lejana aparición de Maradona en una breve y casual intervención en la comedia "La banda del Golden Rocket" en 1994, se llegó a tres programas cuyo eje excluyente era el fútbol: "R.R.D.T.", producido por el empresario Adrián Suar entre 1997 y 1998 y cuyo protagonista era un director técnico;[105] "Cada día te quiero más", una producción del Canal 13 donde toda la narración –encuentros y desencuentros sentimentales– gira en torno del fútbol, sus incidentes y sus afiliaciones;[106] y finalmente, "Son amores", que además lideró las mediciones de audiencia, se ambientaba en el mismo marco, aunque en este caso el protagonista es un árbitro.

A este proceso de ocupación de espacios se suma el constante intercambio de jugadores, desde los equipos chicos a los llamados "grandes", y desde éstos hacia el fútbol europeo o los "nuevos mercados" (especialmente México y Japón). La continuidad tradicional de un jugador en un mismo equipo durante un lapso prolongado ha desaparecido: al poco tiempo de su aparición, es vendido a un comprador que asegure beneficios para todas las partes –excepto los hinchas. En el programa "Gasoleros", nuevamente producido por Adrián Suar, podía verse la aparición, por primera vez en la ficción televisiva, de un empresario de jugadores. Pero esta función no aparecía escarnecida, como lo era en el film *El crack*, antes analizado; funcionaba como un "rebusque", como una posibilidad económica legítima para las clases medias pauperizadas. El neo-empresario que encarnaba Alejo (el actor Nicolás Cabré) era en realidad un embaucador, pero en tanto coronaba su intervención con éxito relativo pasaba a ser legitimado en el universo de la serie. Postulación de la narración que chocaba, por el contrario, con una cultura de los hinchas que condena al empresario como clímax de la mercantilización y la expropiación de un fenómeno "popular" y pasional.[107]

En la etapa clásica del fútbol argentino, los ejes fuertes de la identidad de un equipo eran los espacios (los estadios), los colores y sus jugadores-símbolo; hoy, por los cambios constantes en la sponsorización de las camisetas, que alteran sus diseños, y por los flujos incesantes de las

---

[105] Que las narrativas futbolísticas se desplacen del jugador –la épica del crack– al entrenador puede leerse como un índice de una sociedad de flujos de discursos, donde la práctica es reemplazada por la teorización de la práctica. El paso siguiente es la aparición del periodista deportivo.

[106] El mismo título del programa remite a un verso de una canción futbolística, central en las auto-interpretaciones "pasionales" de las hinchadas: "cada día te quiero más/es un sentimiento/no lo puedo parar".

[107] Debo esta referencia a Mirta Varela.

ventas de jugadores, el establecimiento de lazos de identidad a partir de estos ejes se ve profundamente debilitado. Los jugadores, asimismo, se ven fuertemente atravesados por la lógica espectacular: son nuevos miembros del *jet-set* local, inundan las pantallas, los avisos publicitarios; se transforman en símbolos eróticos, se ven sujetos al asalto sexual. La relación del jugador con el hincha alcanza su máxima distancia.

Consecuentemente, las hinchadas se perciben a sí mismas como el único custodio de la identidad; como el único actor sin producción de plusvalía económica, aunque con una amplia producción de plusvalía simbólica; frente a la maximización del beneficio monetario, las hinchadas sólo pueden proponer la defensa de su beneficio de significados, puro exceso simbólico. La continuidad de los repertorios que garantizan la identidad de un equipo aparece depositada en los hinchas, los únicos fieles "a los colores", frente a jugadores "traidores", a dirigentes guiados por el interés económico personal, a empresarios televisivos ocupados en maximizar la ganancia, a periodistas corruptos involucrados en negocios de transferencias. Las hinchadas desarrollan, en consecuencia, una autopercepción que agiganta sus obligaciones militantes: la asistencia al estadio no es únicamente el cumplimiento de un rito semanal, sino un doble juego, pragmático y simbólico. Por un lado, por la persistencia del mandato mítico: la asistencia al estadio implica una participación mágica que incide en el resultado. Por el otro: la continuidad de una identidad depende, exclusivamente, de ese incesante concurrir al templo donde se renueva el contrato simbólico.[108]

Pero asimismo, esa centralidad –mejor, esa centralidad en el relato de la identidad autopercibida por los hinchas– es recuperada por los medios. La narración periodística del fútbol deja de ser un espectáculo deportivo *enmarcado* por una gran cantidad de público; por el contrario, los hinchas agigantan su protagonismo en la diégesis del relato, en la televisación de su *carnavalismo* o en el relato de sus acciones –excepto las violentas, expulsadas del campo de lo visible y lo representable. Este fenómeno, contemporáneo a la aparición en otros países de las narrativas

---

[108] Las afirmaciones sobre percepciones de los hinchas y la construcción de un imaginario tribalizado (que analizo a continuación) se basan en las más de 300 entrevistas a hinchas "militantes" entre 1996 y 2001, realizadas en Buenos Aires aunque con presencia de informantes del interior del país. En estas entrevistas se interrogó sobre un campo bastante amplio de temáticas que construyen lo que llamamos una *cultura futbolística*, incluyendo entre ellas la relación entablada con la selección nacional. Las primeras entrevistas, tomadas en 1996, permitieron una primera serie de hipótesis respecto de las representaciones nacionales que recogimos en Alabarces y Rodríguez, 1997 y 2000. Las posteriores nos permitieron ampliar estas hipótesis y en la mayoría de los casos confirmarlas.

ficcionales o biográficas orientadas hacia los hinchas (como *Fever Pitch*, de Nick Hornby, en 1992), puede leerse en el caso argentino como una nueva señal de una ausencia: la desaparición del héroe, y la imposibilidad de su reemplazo. O su reemplazo vicario por un héroe colectivo, descentrado, que se comporta generalmente como el guión espectacular espera de él y que además no cobra cachet. Hasta que se matan entre ellos, claro.

3. Fútbol tribal

Estos procesos no desembocan en la re-afirmación de las grandes identidades futbolísticas tradicionales. Ratifican, por el contrario, la fragmentación posmoderna. Hoy puede verse un proceso de *tribalización* en un doble sentido: respecto de un *otro* radicalmente negativizado, y al interior de las mismas hinchadas.

Los otros

Las oposiciones locales –enfrentamientos entre equipos rivales clásicos, el eje de oposición Buenos Aires-provincias, las rivalidades barriales en el interior de una misma ciudad– se radicalizan hasta configurar identidades primarias y casi esencializadas. A diferencia del mapa europeo, basado principalmente en las oposiciones regionales, los procesos de antagonización (las maneras como se estructuran las diferentes rivalidades) son muy variados. Amílcar Romero señala que, prescindiendo del enfrentamiento nacional (entre selecciones), pueden hallarse cuatro modos de articulación de la rivalidad:

a. Regional: entre equipos de distintas ciudades, regiones o comunidades, dentro de un Estado-Nación. Es el caso de madrileños y vascos o catalanes, en España. La articulación de identidades regionales es tan poderosa que lleva a investigadores italianos, por ejemplo, a afirmar que el seleccionado nacional es una fuente de identificación sólo para las audiencias televisivas o para los migrantes. En el caso argentino, esta articulación es visible en la dicotomía porteños-provincianos, de manera amplia, y en forma más particularizada en los enfrentamientos entre jujeños y salteños, cordobeses y tucumanos, etc.

b. Intraciudad: entre equipos de una misma ciudad, con una historia de representación dicotómica (usualmente, ricos vs pobres). Por ejemplo, Nacional-Peñarol en Montevideo. Esto es nuevamente claro en la Argentina, aunque sólo fuera de Buenos Aires: en ésta, la abundancia de equipos imposibilita la articulación de una identidad dicotómica. En cambio, esto aparece en San Miguel de Tucumán (Atlético y San Martín), La Plata (Estudiantes y Gimnasia), Rosario (Newel's y Rosario Central), etc.

c. *Interbarrial*: en este caso, se trata de equipos que, dentro de una ciudad, no representan un nivel dicotómico de referencia simbólica, sino que señalan la pertenencia a un territorio definido como barrial. Es el caso típico de Buenos Aires, donde la existencia de una enorme cantidad de equipos en la ciudad conlleva oposiciones entre territorios menores. La representación de la comunidad desaparece para dar paso a la micro-comunidad, el barrio. Pero en los últimos años, la categoría "barrio" se recubre de fuerte capacidad simbólica. El espacio físico, generalmente vago e impreciso, deviene un *lugar*, es decir: espacio más significado.

d. Por último, un caso absolutamente excepcional es el antagonismo intrabarrial: Romero lo ve ejemplificado en River-Boca, ambos originarios de un mismo barrio en la ribera del Río de la Plata. Sin embargo, la representación de ambos equipos excede con mucho esa referencia (son los equipos "nacionales", en el sentido de que interpelan sujetos de otras comunidades regionales fuera de Buenos Aires). El ejemplo no es adecuado: pero sí comparto la idea de que el fútbol argentino se caracteriza por una progresiva y microscópica fragmentación de los espacios representados. La existencia de dos equipos originados en el mismo barrio, en términos geográfico-administrativos, es legible en el caso de Racing e Independiente, de la localidad bonaerense de Avellaneda. Técnicamente, Avellaneda es una ciudad; pero su integración en el Gran Buenos Aires la convierte en un territorio simbólico de dimensiones menores. El distrito cuenta con cinco equipos que disputan torneos oficiales de distintas categorías (y sin contar los innumerables clubes menores, que no producen estrategias identitarias de envergadura). La operación de los hinchas, en estos casos, es la producción de recortes imaginarios que no se corresponden con las divisiones administrativas; nominan un espacio –con límites vagamente espaciales, pero precisamente simbólicos– como "barrio", aislado del territorio del *otro*.

Romero sostiene que, a medida que se achica el espacio de representación, se pierde representatividad. Entiendo lo contrario: el territorio, cuanto más segmentado y atomizado, se vuelve más cálido, adquiere mayor capacidad para interpelar sujetos. El territorio no es una clave geográfica ni administrativa: como dice Lopes de Souza,

> El *territorio* [...] es fundamentalmente un *espacio definido y delimitado por y a partir de relaciones de poder* [...]. El territorio surge [...] como un espacio concreto en sí (con sus atributos naturales y socialmente construidos) que es apropiado, ocupado por un grupo social. La ocupación

del territorio es vista como algo generador de raíces e identidad: un grupo no puede ser comprendido más sin su territorio, en el sentido de que la identidad socio-cultural de las personas estaría irredimiblemente ligada a los atributos de un espacio concreto (naturaleza, patrimonio arquitectónico, 'paisaje'). [...] El territorio será un *campo de fuerzas*, una *red de relaciones sociales* que, a la par de su complejidad interna, define, al mismo tiempo, un *límite*, una *alteridad*: la diferencia entre 'nosotros' (el grupo, los miembros de la colectividad o 'comunidad', los *insiders*) y los 'otros' (los de afuera, los extraños, los *outsiders*) (Lopes de Souza, 1995: 78-86).

La radicalización de ese espacio fragmentado y esencializado como límite que define la identidad, en el sentido que describe Barth, dificulta el desplazamiento, el salto de ese límite hasta dimensiones mayores –por ejemplo, la identidad nacional–: esa maximización del fragmento coloca la totalidad lejos del alcance de los actores. El territorio fragmentado del barrio aparece como continente –es decir, como límite de la identidad– y como contenido: señala una narrativa de las tradiciones, de las *esencias*, de las épicas violentas –en el caso de los grupos de hinchas militantes que afirman su identidad en el enfrentamiento violento y en la competencia por *quién tiene más aguante*. El barrio no aparece como metonimia de la nación –como quise ejemplificar, en el capítulo IV, en el análisis del film *Con los mismos colores*–, sino como metáfora: el barrio es la única nación posible. La abstracción que supone el salto a la categoría de nación, que la modernidad había soldado a través de sus instituciones – especialmente, la escuela– no ha desaparecido; pero se revela como un territorio áspero, *ancho y ajeno*, desprovisto de la calidez y la calidad identitaria del espacio micro.

Los propios

Por su parte, al interior de las hinchadas se produce un fenómeno de segmentación novedosa, la construcción de grupos particulares identificados con nombres propios y organizados, con reparto de roles y funciones, con banderas propias, a partir de ejes identificatorios diversos, generalmente barriales, aunque en otros casos por razones más aleatorias.[109] Esta hipersegmentación fractura las formas de soporte de la identidad,

---

[109] En el caso del club Racing, una de las tribus se llama *Racing Stones*, unidos a partir de su predilección por la banda de rock Rolling Stones. Otra se denomina *La 95*, simplemente porque, procedentes del norte de la ciudad de Buenos Aires, se desplazan hacia el estadio de Racing con el colectivo número 95.

diseminándola en fragmentos en algunos casos irreconciliables. Este fenómeno es similar a los de la cultura del rock, donde este proceso tiene más años de desarrollo. Más: puede sostenerse la hipótesis de que se ha producido una transferencia de prácticas de la cultura del rock hacia la del fútbol, a partir de las fuertes relaciones entre ambos universos culturales y de la superposición de sujetos practicantes: los jóvenes de las clases populares.

En este camino, el crecimiento de los públicos femeninos, principalmente jóvenes, agrega en torno de mi argumentación. Como señalé más arriba, el imperialismo expansivo de la cultura futbolística parece capturar todo el orden de lo simbólico. También, el orden del género: si el fútbol funcionaba como el espacio por excelencia de la formación de un imaginario masculino, hoy las mujeres jóvenes acuden en una cantidad creciente a los estadios, desarrollando inclusive formas fuertes de militancia futbolística.[110] Pero la incorporación de la mujer no significa la constitución de universos autónomos de lo masculino, antes bien, la ratificación del machismo futbolístico. Las hinchas mujeres son habladas por el lenguaje masculino y por la *cultura del aguante*, son incorporadas por sus códigos, son atravesadas por sus prácticas, sin posibilidades de construcción de un espacio autónomo –tanto por la fuerza de la tradición masculina como por la debilidad de las tradiciones feministas argentinas. Inclusive, la protección de las hinchas mujeres en los estadios por parte de los hombres ratifica los dogmas del machismo: las jóvenes son custodiadas por sus "hermanos" (o sus novios). Las mujeres se incorporan a colectivos donde los ritos de entrada son más débiles que antaño, y similares, además, a los de la cultura del rock, donde este proceso doble (de tribalización y de incorporación femenina) tiene más años de desarrollo.

4. La continuidad heroica

En ese contexto, la contradicción entre fragmentación y representación nacional tampoco podía ser resuelta por el fútbol. Porque éste no puede gestar nuevos héroes globales: y sin héroes que lo soporten, no hay relato épico posible. Siguiendo a Archetti:

---

[110] Nuevamente: es virtualmente imposible producir una estadística de la afluencia del público femenino. Los socios (y las socias) de los clubes no pagan entrada, por lo que su ingreso al estadio es imposible de discriminar; y las entradas con descuento para las mujeres son similares a las de los jubilados, lo que entorpece la muestra. La fuente de estas afirmaciones es la observación directa y nuestras entrevistas, que incorporaron mujeres militantes como sujeto posible y deseable.

En este aspecto, la identidad nacional fue enormemente dependiente del rol jugado por los individuos sobresalientes. Si un estilo depende tanto de determinados héroes, quienes son a la vez seres mortales, la identidad se transforma entonces en algo efímero y problemático (Archetti, 1996: 217-218).

Así, el vacío post-Maradona es demasiado grande. Lo que predominan, en consecuencia, son intentos de épicas pequeñas narradas por los medios deportivos, domésticas, de alcance latinoamericano, que –por la exacerbación de un nacionalismo de vuelo bajo, desprovisto del tinte antiimperialista que reponía, por ejemplo, el clásico enfrentamiento con Inglaterra– ponen en escena chauvinismos, racismos refugiados en la mítica unidad étnica argentina frente a la polietnicidad latinoamericana, paranoias mediáticas que suponen, en cada derrota, complots planetarios. El mismo Maradona reponía estos significados, como señalé en el capítulo anterior, en una escena global; significados que sus declaraciones teñían, además, de un vago contenido antiimperialista medido más por su eficacia que por sus contenidos reales. Las manifestaciones en su apoyo en Bangladesh, por ejemplo, tras la exclusión del Mundial 94, se realizaban en esos términos. Pero incluso Maradona, representando en sí mismo la saga que alejó a la Argentina del Tercer Mundo, cedió finalmente al patrioterismo *latinoamericanofóbico*. Hoy tenemos, entonces, las apelaciones despectivas de los relatores televisivos, o una célebre tapa del diario deportivo *Olé*: "Que se vengan los macacos", titulaba ante la posibilidad de una final contra Brasil en los Juegos Olímpicos de 1996 (*Olé*, 13/7/96: 1). Con un poco más de sutileza (?), la misma publicación mostraba en su portada a una hermosa morena, ligera de ropas, reconocible como brasileña, a la que se le preguntaba "¿Qué tenés que hacer esta noche?" el día del partido entre Argentina y Brasil por las eliminatorias para la Copa del Mundo de 2002 (*Olé*, 5/9/2001). Y así, hasta la saciedad.

La explosión industrial de las telecomunicaciones globales y del espectáculo deportivo como mayor fenómeno de audiencias encuentra a la Argentina en condiciones de debilidad para imponer "naturalmente" sus actores, por lo que los discursos mediáticos deben fabricarlos, desplazar las estrategias estrictamente deportivas por las de márketing –como señalara respecto de Ronaldo–. El caso de Ariel Ortega es, en ese sentido, paradigmático: se lo celebró como un nuevo Maradona, se le concedió la camiseta número 10 en el equipo nacional, se promocionó su venta a España e Italia –a equipos de segundo nivel– como prueba de la continuidad del relato, se remarcó el juego brusco al que fue sometido por las defensas contrarias –la prueba de todo héroe–. Y se destacó su extracción de clase: proveniente de las clases pobres del interior de la Argentina, Ortega –llamado *Orteguita*, es decir, un *pibe*, un nuevo niño que transgreda el mundo adulto hiper-profesionalizado con su desparpajo– aparecía como el último representante de la clásica procedencia de los jugadores argentinos. Sin origen humilde, reza el mito, no hay épica del ascenso social. Pero faltaban varios otros condimentos del mito, como veremos.

Analizar el despliegue de estos fenómenos en la Copa del Mundo de 1998, y especialmente en torno del partido entre Argentina e Inglaterra, será el objeto de este último apartado.

5. La continuidad fallida

Francia '98 significó una gran oportunidad para la puesta en escena de la celebración televisiva, gráfica y radial de la representación nacional. Sin embargo, esto chocó en primera instancia con una apatía generalizada entre los hinchas. La selección no despertaba grandes expectativas, a pesar del tono hiperbólico de una prensa que veía en el Mundial un escenario adecuado para la representación épica. Las bajas expectativas provenían del curso errático de los cuatro años del proceso conducido por el director técnico Daniel Passarella; de acuerdo al testimonio de mis informantes, el equipo no representaba a la nación, sino localismos tribalizados –una sobre-representación de uno de los clubes, River Plate–, por un lado (entre los hinchas se llegó a hablar de *River-ción*, en lugar de selección); por el otro, se sospechaba que la selección de jugadores estaba basada en los intereses comerciales del propio técnico. Había rumores habituales sobre las inversiones económicas comunes entre Passarella, los dirigentes de River Plate y el empresario Gustavo Mascardi. Por supuesto, nada fue probado, pero quedó instalado el rumor de que Passarella ganaba comisiones por la venta de jugadores cuya cotización aumentaba por su exposición en la selección argentina. En consecuencia, la percepción fue que la elección de jugadores era dominada por una lógica comercial, no por una lógica deportiva. En este mismo sentido, los informantes insistían sobre el desplazamiento del "amor por la camiseta", la lógica de las pasiones, por el "amor por el dinero", la lógica comercial. Como decía Marisa, hincha de Tristán Suárez, un humilde club de las divisiones menores: "La selección mucho no me interesa, a diferencia de las demás mujeres que se prenden a todos los partidos. Hoy los jugadores no juegan por amor a la camiseta argentina, sino que les interesa el dinero y nada más". O Cuervo, hincha de San Lorenzo:

La selección me importa un carajo, si es un desastre, prendés la televisión y te dan ganas de llorar. Esos están todos salvados, la brujita Verón tiene toda la plata, te pensás que va a correr, se va a poner las pilas, a ése no le importa un carajo, capaz que los jugadores de antes, los del '86, antes tenían una transferencia y no ganaban tanto; ahora tenés una transferencia y ganás 50 palos verdes. Ese chabón, qué te va a ir a la selección, no tengo ganas, me voy a Cancún, andá vos a la selección. Algunos se ponen las pilas y van, porque es un orgullo, pero me parece que la mayoría o están lesionados o le duele la piernita, para ir a jugar a la selección hay que ir roto a jugar, hermano, tengo la gamba en la mano y juego igual porque juego y defiendo al país. Lo que pasa es que a la mayoría no les calienta un carajo, les calienta la guita nada más.

Entre los hinchas, ese desplazamiento es imposible. Como dije arriba, ese desplazamiento de lógicas de significación, de la pasional a la mercantil, es intolerable. La sanción fue, predominantemente, la indiferencia.

Al mismo tiempo, el primer torneo sin Maradona después de dieciséis años indicó un déficit simbólico que Passarella fue incapaz de llenar. Maradona había sido, como argumenté, un símbolo demasiado complejo. Los cantos de los hinchas acerca de Maradona habían significado, en diferentes contextos, no sólo un homenaje al "más grande jugador de todos los tiempos", sino también una protesta contra Passarella cada vez que el equipo no respondía a las expectativas. En el mismo sentido, durante, antes y después del partido contra Inglaterra –eje de nuestro análisis– los cantos de "Maradoooo" intentaron movilizar y maximizar el sentimiento anti-inglés. Esta pluralidad del significado maradoniano no pudo ser reemplazado por el equipo.[111]

La ausencia de expectativas desmesuradas por parte de los hinchas fue reemplazada en la prensa por la insistencia hiperbólica en la representación de la Nación: la Copa del Mundo era la ocasión para "vencer o morir", un slogan usual en la cobertura periodística derivado del himno nacional –"coronados de gloria vivamos/o juremos con gloria morir"–. La insistencia en esa pasión desinhibida y exacerbada dominó toda la puesta en escena mediática. Aunque el discurso de la prensa fue cuidadoso en no proponer xenofobias explícitas, el tono dominante fue una combinación de chauvinismo y pasiones exaltadas, enmarcadas por la bandera

---

[111] Señalamos en el capítulo anterior esta reconversión del canto, del saludo-homenaje a la protesta. Incluso, fue usado como canto de protesta contra el presidente Menem, como un símbolo de posiciones progresistas. El escritor Roberto Fontanarrosa escribió humorísticamente, durante la Copa América de 1995, que el canto de "Maradoooo" había sido usado por un enojado periodista, en su hotel, para protestar por la falta de agua caliente.

nacional como símbolo dominante. El ejemplo más claro fueron las publicidades de la cerveza Quilmes, cuyos colores identificatorios son los mismos que los de la bandera argentina: la publicidad fue dominada por la exhibición de estos colores en rostros, ropas y banderas, concluyendo en una bandera gigante en un estadio. Este tono alcanzaría su climax en el partido contra Inglaterra.[112]

La cobertura previa al partido se centró en tres referencias dominantes, todas las cuales fueron históricas. La primera fue la tradición de rivalidad, localizada alrededor de la oposición "maestro-alumno" en la que el segundo supera al primero. Para ello, los medios (especialmente la gráfica) revisaron cada uno de los partidos previos, todos ellos cargando su significado y su héroe mitologizado: Rugilo en 1951, Grillo en 1953, Rattin en 1966. La segunda fue Maradona. Los medios argentinos priorizaron el segundo gol del partido de 1986, como núcleo que portaba, sin necesidad de explicaciones, todo el sentido. En consecuencia, el gol fue repetido continuamente por la televisión, incluso virado a tono sepia, como forma de inscribirlo cromáticamente en una serie histórica definitiva.[113] En la cobertura del Canal 13 antes del partido, los jugadores eran interrogados acerca de su relación afectiva con el gol. De nuevo, el técnico Passarella mostraba su imposibilidad para cubrir el vacío simbólico en su respuesta: "No hablo acerca de Maradona". Los periodistas televisivos se preguntaban mutuamente: "¿Cuál es el gol que más te gustó en tu vida?". La respuesta era previsible.

La tercera referencia fue Malvinas –pero no de manera obvia. Los medios argentinos fueron cautelosos en su tratamiento: en la cultura argentina, como afirmé en el capítulo anterior, la guerra está vinculada a una memoria dolorosa y al mismo tiempo vergonzosa; el duelo nacional no remite tanto a la derrota en sí, sino a la herencia de la "aventura de la dictadura", simbolizada en la guerra. Así, uno de los comentaristas televisivos inflamó el sentimiento anti-inglés sosteniendo, incorrectamente[114], que "los diarios ingleses recuerdan la guerra de Malvinas con imágenes de Galtieri" (Marcelo Araujo, en Canal 13). De esta manera, la opera-

---

[112] A esta altura, es redundante insistir en las razones por las que este *match* revestía tal centralidad. Un análisis completo de la rivalidad, de donde proceden buena parte de los argumentos aquí desplegados, está en Alabarces, Tomlinson & Young, 2001, ya citado.

[113] El gol fue repetido por cada uno de los canales que transmitieron el partido de 1998, Canal 13, Telefé y América, antes del mismo, por lo menos dos veces desde ángulos diferentes. El uso del color sepia fue hecho por Canal 13. Mi análisis está centrado en su cobertura, porque fue la de mayor audiencia.

[114] Porque yo sí leí los diarios ingleses: ese día estaba en Londres...

ción de restaurar el significado de la guerra se resolvía a través de un mecanismo simple: *la culpa la tiene siempre el otro*. Sin embargo, la referencia a la guerra estaba en los márgenes: tanto el Canal 13 como el diario *Clarín* complementaron la cobertura del match con entrevistas a ex combatientes de guerra, y el diario entrevistó telefónicamente a habitantes de Malvinas. Sólo un diario popular, *Crónica*, tradicionalmente vinculado con los relatos de Malvinas (su dueño viajó clandestinamente en los años 60) trabajó con este tópico como punto central: la primera plana del día del partido fue "Echen a los piratas".[115] El diario es propietario asimismo de un canal de noticias de 24 horas por cable, Crónica TV, que después del partido puso en pantalla, como conté anteriormente, la leyenda "Las Malvinas son argentinas". Más marginalmente, *Clarín* señaló la presencia, en los festejos después del partido, de una bandera que decía: "Por la memoria de nuestros muertos. Por el pueblo y la patria. Fuera ingleses de Malvinas. *English go home*", firmada por el Partido Comunista (*Clarín*, 1/7/98: 52).

El énfasis en una presunta capacidad simbólica de la selección para encarnar los significados de la nación fue magnificada en la presentación del Canal 13. Cada jugador fue presentado por una persona distinta filmada en diferentes puntos de la Argentina: "Número uno, Roa", decía un pescador desde el puerto de Mar del Plata; "Número dos, Ayala", anunciaba un niño vistiendo la camiseta argentina, desde un típico paisaje de la pampa; "número tres, Chamot", afirmaban dos hombres montados a caballo, nuevamente en la pampa; y así, hasta la presentación del "número siete, López", hecha por un oficial naval desde la cubierta de un submarino. El énfasis en esta presentación fue, nuevamente, obvio: el equipo nacional estaba construido como una metáfora de la Nación, y de todos sus componentes. Este simbolismo parecía especialmente diseñado como contra-argumento de la tesitura de los hinchas respecto de que el equipo no era representativo de la patria...[116]

---

[115] La centralidad que *Crónica* propone en relación a las Malvinas se revela también en la continuidad de las maneras de nombrar al otro. El uso del epíteto *piratas* para nombrar a los ingleses en *Crónica*, data por lo menos de 1968 ("Los 'piratitas' chilenos insisten en solución 'made in England'", 30/6/68: 5), y es abundante durante 1983, en la etapa post-Malvinas, en referencias directas a la guerra: "Piden confiscar bienes piratas" (10/1/83: 4-5) o "Inglés ejemplar: pirata y traidor" (19/1/83: 3). Debo esta observación a Mariana Conde.

[116] Si quisiera ser malo podría agregar que este sintagma de representación, que va del obrero al militar, es un enunciado un tanto anacrónico y hasta peligroso: la unión de Pueblo y Fuerzas Armadas en la construcción de la Nación. Tampoco voy a sugerir que en la exitosa publicidad de la cerveza Quilmes para el Mundial de 2002, que desbordara nuestra tolerancia con un relato patriotero donde el Mundial 78 se reduce a puro fútbol,

La victoria en el partido, sin embargo, no generó ningún nuevo tópico en el discurso de los medios. El tratamiento se centró en los festejos que se extendieron a través de todo el país. Y, como forma de inscribir el partido en la tradición previa, en la celebración del nuevo héroe, el arquero Roa, que atajara dos penales en la definición del mismo. Obviamente, Roa había atajado dos penales y sus compañeros convertido cuatro, pero la necesidad de proponer un nuevo héroe en la serie Rugilo-Grillo-Rattin-Maradona desplazó los logros colectivos y elevó el heroísmo personal del arquero. La relación no fue establecida con Maradona, sino con Goicochea, el arquero que atajara cuatro penales en la Copa del Mundo '90: el relator Fernando Niembro, en Telefé, decía "Tenemos una historia de arqueros atajando penales en las Copas del Mundo", mientras su compañero Mariano Clos aconsejaba a Roa: "Acordate de Goico".

Pero el rasgo más importante fue la insistencia en Ortega. Si la necesidad del nuevo héroe-mito provenía del modelo Maradona, era necesaria tanto la repetición de los rasgos que lo re-construyeran como símbolo –el origen pobre, el modelo de llegada, como señalé más arriba; inclusive, ciertos rasgos físicos, como la baja estatura– como la realización de las hazañas que lo devinieran héroe y le permitieran instituir la continuidad del mito. A pesar de la indiferencia de la mayoría de los hinchas –con la excepción de los de su propio club, River Plate–, los medios venían trabajando en la construcción del heredero. A fines de 1997 Ortega había recibido los premios *Consagración Clarín al mejor jugador argentino en el exterior* y *Consagración Clarín de Oro* al deportista del año. Simultáneamente se afirmaban cosas como éstas:

> En la imaginación de los argentinos, Ariel Ortega es el gran heredero, el destinatario del deseo colectivo de tener un nuevo Maradona. [...] Hay que volver al principio y reconocer en su gambeta impredecible la estela de los Moreno, los Sívori, los Rojitas, los Houseman, los Bochini, los Maradona, de todos los que forjaron la identidad (Rodolfo Chisleanschi, en revista *El Gran DT Clausura 98*, Buenos Aires, febrero de 1998: 108-112).
>
> Ortega es un jugador de acá. Un gambeteador, un vendedor de fantasías, uno que responde a la historia, un producto genuino (Héctor Cardozo, en revista *El Gran DT Clausura 98*, Buenos Aires, febrero de 1998: 113).

---

reaparece la misma asociación Pueblo-Fuerzas Armadas, cuando en el esfuerzo de representarlo todo se incluye a militares con el tradicional traje naranja utilizado en zonas nevadas. Volveremos sobre Quilmes (y sobre su capacidad para irritarme) en el próximo capítulo.

El argumento central se construía, previsiblemente, en la continuidad esencialista:

> -Cuando empieza el partido ¿volvés a ser el pibe que tiraba caños en los potreros de Ledesma?
> -Sí. Cuando agarro la pelota, hago lo que siento, que es encarar y gambetear.
> -Ésa es la esencia del fútbol argentino. ¿Será por eso que la gente te eligió como estandarte?
> -Sí. En la Argentina triunfan los jugadores atrevidos, caraduras, con personalidad, con potrero, porque son los que marcan la diferencia. (Entrevista de Rodolfo Chisleanschi, en revista *El Gran DT Clausura 98*, Buenos Aires, febrero de 1998: 112).

Después del partido con Inglaterra, donde el desempeño de Ortega, al menos en el primer tiempo, había sido excelente, *Clarín* desplegó estos argumentos en extenso:

> Es el heredero de Diego, qué duda cabe. Finalizada la dinastía Maradona, es bueno tener un Ortega a mano. Y hacía falta un partido así, precisamente contra los ingleses, para conquistar a todos los que no había logrado seducir. Como aquella vez en el Mundial 86, cuando Maradona se atornilló la corona de mejor jugador del mundo después de pasarle la factura a los ingleses. Por la picardía de la mano de Dios y por la genialidad de un gol sin parámetros (*Clarín*, 1/7/98).[117]

Esta resistencia a cualquier cambio, este énfasis en los mitos de continuidad del pasado, es opuesta a lo que el discurso político hegemónico presentaba como una "nueva Argentina". La hegemonía del modelo neoconservador en la Argentina desde 1989, bajo la presidencia de Menem, había significado un cambio abrupto en las políticas económicas y una resignificación de los significados y las narrativas tradicionales del peronismo, como señalé en el capítulo anterior. Incluso, una de las frases más recordadas de Menem, como descalificación de sus críticos dentro del mismo peronismo, fue el mote "se quedaron en el '45", en referencia al año de la fundación mítica del peronismo, y como señal de una con-

---

[117] A pesar del fracaso de 1998 la publicidad volvería en 2002 a repiquetear sobre las posibilidades míticas de la figura de Ortega. Pero en este caso, cabalgando sobre la metáfora de *la tierra*: en un aviso de Coca Cola, un niño le alcanza a Ortega un poco de tierra jujeña, obviamente almacenada en una botella de la celebérrima gaseosa, para que el jugador la esparza en tierras orientales. Podría haberlo hecho con cualquier jugador: pero el origen humilde y provinciano le permite al anunciante jugar con los tradicionalismos esencialistas: la *tierra* debe ser portada por su representante natural.

tinuidad con el pasado que Menem venía a fracturar. Lejos de proponer tendencias similares de cambio, el tratamiento mediático del fútbol argentino parecía demandar la continuidad de una tradición y una mitología, quizás la única continuidad posible en la sociedad argentina. Desplazando cualquier sentido de fragmentación y exclusión social, la insistencia en un discurso unitario permaneció dominante en los medios, y el fútbol se volvió un ejemplo primario. El fútbol argentino aparecía descripto como refractario a todo cambio, anclado en una mitología duramente resistente.

Esto podía leerse en anécdotas sólo en principio menores. La contratación de Passarella como director técnico[118] había indicado un intento de romper con el comportamiento desorganizado e indisciplinado que había caracterizado a los equipos anteriores, así como una batalla contra el consumo de drogas –en obvia referencia a Maradona. Sin embargo, el equipo enfrentó diversos escándalos, antes y durante la Copa del Mundo, particularmente en su relación con la prensa;[119] y como clímax, se sugirió que un control anti-dóping pre-competitivo había resultado positivo. Los rumores apuntaron al jugador Verón, quien había sido señalado como amigo de Maradona mientras ambos jugaban en Boca Juniors, y consecuentemente significaban su continuidad, no como jugador, sino como "chico malo". Así, el relato periodístico de la continuidad aparecía ratificado en la práctica.

Para hacer peores las cosas, en el partido siguiente, los cuartos de final contra Holanda, Ortega fue expulsado por pegarle un cabezazo al arquero holandés. La derrota fue vista como una consecuencia del gesto, así como el fracaso de USA '94 fue leído como una consecuencia de la exclusión de Maradona.[120] El saldo del torneo fue, entonces, la continuidad imaginaria de todos los tópicos narrativos: hasta el del fracaso. La omnipresencia del héroe –ahora ausente–, la necesidad de una figura que duplicara la narrativa maradoniana, fue central para esta continui-

---

[118] El despliegue de autoritarismo de Passarella no dejó rincón sin ocupar: prohibió los aros y el pelo largo, exigió formalismo en la vestimenta, y llegó a proclamar que en su equipo no habría lugar para los homosexuales.

[119] Pocos días antes del comienzo de la Copa, los jugadores decidieron no dar más entrevistas individuales a la prensa, sino una conferencia cada día. Todos los medios sugirieron que la decisión había sido causada por la negativa de la televisión a pagar cachets elevados.

[120] La expulsión fue subrayada como el gesto de un "pibe", un muchacho sin sentido de la responsabilidad, sentido que, como señalamos en el capítulo anterior, era dominante en el relato maradoniano (*Clarín* y *Olé*, 4/7/98). Pero, como ataque final de la prensa contra Passarella, la derrota también fue leída como consecuencia de una táctica errada. *Olé*, incluso, intentó rescatar a Ortega: "Responsable, pero no demasiado" (*Olé*, 4/7/98).

dad. Pero Ortega, en tanto construcción principalmente mediática, como Ronaldo, no podía superar la prueba, y constituyó otro fracaso. El héroe deportivo, lenta construcción de un imaginario a través de los relatos orales y mediáticos y de la experiencia directa de los cultores y espectadores, quería transformarse pura y llanamente en efecto de un discurso periodístico. En mercancía generada por imposición y necesidad del mercado del *entertainment*. Era, en consecuencia, la crónica de un fracaso anunciado.

X. Benditos y malditos

1. Una nación televisada

A pesar, entonces, de los desesperados intentos de los medios por fabricar e imponer una mercancía llamada *el heredero de Maradona*, ese lugar permaneció vacante. Pero esa vacancia implica otra: la imposibilidad del fútbol para *hacerse cargo* de ese relato mítico de la patria que Maradona cargó sobre sí con tanto éxito durante tantos años. Recordemos: no se trata sólo de conseguir un buen jugador, de origen humilde, obviamente gambeteador (los recios *backs* centrales no son admitidos en la lista de candidatos), con cierto carisma; es necesario que gane heroicamente un campeonato Mundial, solo de toda soledad, y que, de ser posible, no salga tan imprevisible como el modelo original. Si consigue hacer ganar un campeonato imposible a un equipo marginal y simpático, que ponga en juego alguna condición periférica (¿el Aberdeen escocés? ¿el Livorno italiano?), se acercará a cumplir los requisitos. Pero, además –y esto es lo que la retórica del heredero olvida persistentemente–, le falta cumplir ese dato contextual que Maradona cubrió con holgura: el símbolo plebeyo de la patria que soporta las tradiciones nacional-populares en el preciso momento en que todos los relatos de la nación están en crisis. De acuerdo a lo que venimos narrando, para que el fútbol –y el héroe deportivo– adquiriera su centralidad significante como narrativa patrótica fue necesaria la coincidencia de todos los factores, simultáneamente.

Lo que los medios de comunicación sí leyeron adecuadamente es que a fines de los noventa habían sido desplazados –o mostraban una debilidad demasiado grande para ser eficaces– los mecanismos que habían sabido construir, a lo largo del siglo, las narrativas de una identidad nacional bastante plural, democrática e inclusiva: el Estado, la escuela pública, la política, el trabajo, el sindicalismo, una sociedad civil más o menos autónoma. Por eso es que el discurso de la *unidad nacional* –que parecía ser, además, una buena mercancía y un mejor argumento de ventas– debía ser repuesto por la industria cultural, el –aparentemente– operador único de esa identidad.

¿Puede hablarse entonces de un *pasaje* del Estado a los medios? O mejor dicho: las narrativas nacionales se construyeron a lo largo de la historia argentina sobre varios ejes, soportes y actores, en un régimen plural que contó con la acción o la omisión de mecanismos múltiples –instituciones estatales y paraestatales, la escuela y el cine, el periodista y el intelectual orgánico del Estado–, pero todo recortado y amparado por el *gran narrador*, el Estado nacional; pero hoy encontramos que esa pluralidad se reduce, se adelgaza, hasta dejar un único operador, un único constructor de una simbólica de nacionalidad: los medios de comunicación. Y contra toda una retórica del optimismo mediático, no creo que eso signifique una mayor democratización de los discursos nacionalistas.

Sí puede asegurarse, en cambio, que los medios proponen simultáneamente una identidad tribal y otra nacional: martillean sobre la segmentación de los mercados, excluyen todo sujeto que no pueda catalogarse como consumidor –primero consumidor de símbolos, pero en el mismo gesto necesitan construir consumidores materiales, porque la lógica industrial no supone la existencia del placer sino por su satisfacción en términos de bienes económicos–; y al mismo tiempo proponen un discurso cálido, abierto y dirigido a todos –a la *gente*– que señala la Nación como continente. Vieja Nación, pero con nuevas narrativas, porque hoy olvidan en su retórica la categoría de *pueblo* – demasiado vieja, demasiado clasista para el marketing– y se ligan únicamente al consumo: los productos anunciados por jugadores de la selección, los nuevos diseños de la camiseta argentina, algún "sponsor exclusivo de la selección argentina".

Durante el Mundial de Francia '98 esta operación se exhibió en toda su plenitud. Primero, como exceso industrial: si ese Mundial continuó batiendo los records de transmisión global y exceso de puesta en escena, la cobertura argentina no escapó a ese desborde, constituyendo una de las mayores delegaciones periodísticas del mundo y ofreciendo un escenario saturado de fútbol.[121] Si la apuesta fue que esa saturación encontraría un mercado en disponibilidad, los resultados fueron muy pobres.

---

[121] Concurrieron 754 personas integrando la "delegación periodística" argentina (entre periodistas y personal técnico). Fuente: *Noticias*, XXI, 1119, Buenos Aires, 6/6/98: 116-117. También: revista *Viva*, "Un negocio redondo", Buenos Aires, 31/5/98: 20-34. La crisis económica y la distancia excesiva, afortunadamente, impidieron la reiteración de este cuadro en el Mundial de Corea-Japón.

Todos los datos aseguran que las pérdidas fueron millonarias, especialmente por parte de las televisoras. En el momento en que la multiplicación de la facturación mediática sigue un ascenso geométrico en todo el mundo, la inversión televisiva argentina en el Mundial de Francia dio pérdidas. Por otro lado, la narración televisiva, que se proponía como espacio de representación de –todo– lo nacional, ofreció sus gramáticas habituales: sobrerrepresentación de las clases medias urbanas y porteñas, en desmedro de cualquier otro sector de la población, practicando los etnocentrismos clásicos de los textos de la televisión argentina. Si durante cuarenta y cinco días todas las publicidades parecieron futbolizarse, los actores representados se limitaron a clásicos morfotipos de las clases medias porteñas. "La familia de Martita", una familia utilizada como eje de los avances publicitarios del Canal 13 de Buenos Aires, es un buen ejemplo de esto: la patria se reducía a una familia tipo y tipificada (padres e hijos, estos últimos una "parejita"), blanca y porteña, todos muy simpáticos y excelentes consumidores); aunque mostraban como novedad esa recién descubierta condición activa de las mujeres como hinchas, de Mundiales.

Nuevamente, no hablamos –sólo– de fútbol: la aparición de "la Sole", la cantante folklórica Soledad Pastorutti, indica este mismo mecanismo, que es el mismo porque tiende además a combinarse. La mayor confluencia pudo verse en la adopción que el Canal 13 hizo de Soledad Pastorutti como figura oficial en la presentación publicitaria del Mundial de Francia. Si bien el uso de una figura de prestigio es un mecanismo clásico de la publicidad, comercial o institucional, en este caso los significados se multiplicaban: una figura-joven-femenina-identificada con lo *telúrico* (lo folklórico) presentando un acontecimiento cuyos protagonistas son figuras-jóvenes-masculinas-que representan *a la patria*. Entre tanta asociación –donde *figuras jóvenes* es pura redundancia, pero *folklórico-patriótico* remite al resurgir de los esencialismos neo-románticos–, la discordancia *masculino-femenino* señala, como con la citada Martita, la ampliación universal de los públicos. Como remate, Soledad se envolvía en ponchos y banderas argentinas para celebrar un seleccionado de fútbol, rodeada de las estrofas del compositor César Isella, hablando de la tierra "del tango y la chacarera/ Cortázar y Maradona/ de pampas y cordilleras", como rezaba la canción "La fiesta de todo el mundo" que Soledad entonaba durante el corto. La canción fue encargada por Sony, que ganó una licitación para presentar un "tema oficial"; tema que fue confiado a su artista más exitosa y a su letrista exclusivo. *El Gráfico* presentaba estos datos, junto con la letra completa del tema, en un número publicado días antes del

Mundial, cuya tapa exhibía a Verón y Simeone junto a Soledad, vestida con una camiseta de la Selección y revoleando el poncho.[122]

Si la gestualidad de Soledad es futbolera, con su poncho al viento remedando las hinchadas que agitan sus remeras y banderas, su perfomance vocal también lo es: los gritos de Soledad, el repertorio fácil, la ausencia de matices, reproducen las pautas de la musicalidad de la tribuna. Sintéticamente, la futbolización de nuestra cultura y de nuestra vida cotidiana implica, provisoriamente, que ningún enunciado es posible fuera de la gramática futbolística. Ni la política, que ya no depende sólo de metáforas ("la camiseta peronista") sino que reproduce el *muchachismo*, la televisibilidad, el *barrabravismo*, la retórica del *aguante*. Nuevamente la televisión y el Mundial 1998: las publicidades de la cerveza Quilmes cabalgaron sobre dos significados centrales, la bandera y la pasión. El primero aprovechaba una *casualidad* cromática: el uso del celeste y blanco en la marca. Pero lo multiplicaba hasta la exasperación, como señalé en el capítulo anterior. El segundo, en cambio ("gol, gol, gol, en tu cabeza hay un gol"; "el fútbol no se piensa: se siente") redundaba sobre lo que caracterizamos como *futbolización* de la sociedad: el fútbol es la única (la última) posibilidad del pensamiento. Y las publicidades harían de estos tópicos pura redundancia, hasta el hartazgo.

Claro: ya estaba consolidada una retórica que hacía de la *pasión* su centro luminoso. El fútbol, por supuesto, siempre había sido sostenido por esta retórica; ya en *El hincha*, la película de 1951 que citáramos una cuantas páginas más arriba, el eje argumental eran las locuras a las que se obligaba Discépolo como hincha *amorosamente* unido a *los colores*. Esa retórica, a la vez que excusaba a los hombres de mayores explicaciones – y les reservaba la administración de un territorio puramente masculino, en tanto los arcanos secretos de esa pasión no podían ser compartidos ni comprendidos por las mujeres–, permitía la resistencia a toda indagación racional, y consecuentemente producía la profunda cerrazón antiintelectual de la sub-cultura futbolística. Los intelectuales, por su parte, decidieron que era mejor darles la razón, que tamaño desborde libidinal no valía la pena ser indagado.

Pero lo novedoso estriba en que la retórica de las pasiones se volvió hegemónica a partir de los noventa, y ya no sólo limitada al universo futbolístico sino extendida a otras zonas (el rock, por ejemplo). Frente a un mundo entendido como *careta*, como hipócrita –y esto lo discutimos

---

[122] La bajada afirma: "Un símbolo: el optimismo de Simeone y Verón, el aliento y la esperanza de Soledad", para rematar en el título de tapa: "El pueblo está con ellos" (*El Gráfico*, 4102, Buenos Aires, 19/5/98).

con el caso Maradona, para intentar explicar su eficacia como símbolo–, o más complejamente, un mundo donde hasta el dinero se revela como puro signo –¿pesos como dólares?–, un mundo donde se privilegian los flujos simbólicos antes que la producción de bienes; la pasión y el cuerpo entonces aparecen como capitales indiscutibles. El cuerpo, porque es la única materialidad que no puede ser negada; la pasión, porque es pura autenticidad sentimental, y presuntamente no puede ser ni fingida ni indagada por la racionalidad. La mezcla de ambos, *cuerpos apasionados*, resulta en el *aguante* como capital por excelencia de los grupos juveniles populares. Y también en una retórica *pasional* publicitaria: porque la pasión no se compra ni se vende, afirman los hinchas, pero las agencias y los creativos de publicidad opinan –y demuestran– exactamente lo contrario. ¡Y viven de eso!

2. Rumbo a Japón: relato con crisis, estallido y represión

El 19 de diciembre de 2001, el presidente De la Rúa habló por televisión cerca de las 11 de la noche. Había habido saqueos a comercios, había habido represión y muertos (16, hasta esas horas, en todo el país). De la Rúa aseguró que la situación estaba controlada, y que para evitar nuevos sucesos debido a la acción de "grupos organizados" era preciso decretar el estado de sitio. A los pocos minutos, todo empezó.

Vivía en el barrio porteño de Congreso, a pocas calles del edificio del Parlamento argentino. Aunque es un piso alto, comenzaron a llegar ruidos de cacerolas golpeadas. Imaginé una nueva propuesta de ahorristas indignados por su dinero capturado en los bancos, y decidí bajar a ver la calle. Supuse que se trataba de sólo unos minutos. En la avenida Rivadavia se iban concentrando miles de personas golpeando cacerolas, gesto de protesta inaugurado pocos años antes por los dirigentes de la Alianza, en aquel entonces opositora al presidente Menem y en ese momento en el poder. Me incorporé a los manifestantes: en la Plaza del Congreso, frente al Parlamento, había ya varias decenas de miles golpeando sus cacerolas y entonando cánticos hostiles al gobierno, pidiendo las renuncias del presidente y su Ministro de Economía (Cavallo) y, sorprendentemente, clamando contra el estado de sitio, bajo el cual esa misma manifestación era ilegal ("Qué boludos/ el Estado de sitio/ se lo meten en el culo").[123] El

---

[123] Una primera lectura permitía suponer, en una manifestación fundamentalmente integrada por las clases medias porteñas, una solidaridad insospechada con las clases populares suburbanas, contra las que se dirigía el estado de sitio (los saqueos se habían desarrollado básicamente en los barrios pobres del suburbano bonaerense y en el interior de la

cacerolazo, como se conocía a la protesta, estaba en su plenitud.[124] A cada minuto, nuevas columnas de manifestantes se agregaban; muchos agitaban banderas argentinas y lucían camisetas de la selección nacional de fútbol. En un momento, miré hacia la escalinata del Parlamento y murmuré: "es una tribuna". El colorido, pletórico de celeste y blanco; la actitud corporal de los manifestantes, agitando sus brazos rítmicamente mientras seguían los cánticos; y las mismas estrofas, trabajadas sobre las melodías típicas de los estadios, recordaban las tribunas populares de los estadios de fútbol argentinos. Varios miles de manifestantes comenzaron a desplazarse hacia la Plaza de Mayo, donde se encuentra la Casa Rosada, sede del Presidente, distante 15 calles de allí. Al llegar, la Plaza ya estaba repleta de una multitud que repetía los mismos cánticos. Con un agregado: el viejo y olvidado "si éste no es el Pueblo/el Pueblo dónde está?".[125] Aproximadamente a la una de la madrugada la policía inició la represión: con gases lacrimógenos primero, con cargas de la infantería después. Debimos replegarnos hacia el Parlamento; en el camino, los manifestantes comenzaron a atacar con piedras los bancos de la Avenida de Mayo y los locales de empresas multinacionales. Seguí participando de la manifestación, concentrada nuevamente en las escalinatas del Congreso e insistiendo, testarudamente, en recordarme una hinchada.[126] A las cua-

---

Argentina). Esas mismas clases medias, luego de la renuncia de De la Rúa y la devaluación que acontecería a los pocos días, parecieron replegarse, en su mayoría, de la protesta pública.

[124] Desde ya que el *cacerolazo* no es un invento argentino. Ha habido muchos antecedentes, y no siempre significa una protesta *popular*, o puede leerse de manera "progresista". Un antecedente notorio habían sido las protestas de amas de casa (de derecha) chilenas en los últimos días del gobierno socialista de Salvador Allende, reclamando su caída, que se encargaría de llevar a cabo *manu militari*, el 11 de setiembre de 1973, el dictador fascista Pinochet. Pero la manifestación *ruidosa*, la que con los ruidos cacofónicos intenta volverse visible (audible) para señalar una distancia (protesta, condena, impugnación), es la que brillantemente estudiara E. P. Thompson en su célebre "Rough Music". De la misma manera, no soy original al señalar que los saqueos (y parcialmente los *piquetes*) parecen estar descriptos en su "La economía moral de la multitud" (ambos, Thompson, 1990).

[125] El cántico había dominado la escena pública entre los años setenta y ochenta (con la obvia excepción del interregno de la dictadura), e implicaba disputar la legitimidad –la calidad de tal, la condición de *pueblo*– de un sujeto político en ese entonces indudable. Desde fines de los ochenta, con la etapa neoconservadora, esa legitimidad estaba suspendida: el *pueblo* había dejado paso a la *gente*, la denominación despolitizada hegemónica en el discurso político y cotidiano, inclusive publicitario y periodístico. La reaparición furibunda del término, en esa noche donde todo parecía pasar, no fue el dato menos sorprendente...

[126] Mientras tanto, me encontraba con hinchas reales. Ese día había sido suspendido, por el clima de intranquilidad, el partido final por la Copa Sudamericana que iba a disputar el equipo de San Lorenzo, en el que, probablemente, iba a conquistar por primera vez un campeonato internacional. Los hinchas (a los que conocía por haber desarrollado trabajo

tro de la mañana, la policía volvió a cargar dispersando violentamente a los manifestantes: uno de ellos quedó herido gravemente en las escalinatas. Murió unos días después.

Al día siguiente, ya conocida la renuncia del ministro Cavallo, los manifestantes volvieron por más. Ya no se trató de *cacerolas*: junto a gente suelta, que intentaba protestar en la Plaza de Mayo (cercada y violentamente desalojada por la policía, una y otra vez, por el terror paralizante de los gobernantes que no querían renunciar ante una Plaza tomada por la protesta popular), aparecieron columnas organizadas de manifestantes, nucleados junto a partidos de izquierda y algunos gremios. Las columnas se estrellaban una y otra vez, en las calles aledañas, contra los cordones policiales que impedían el paso rumbo a la Casa Rosada. Los gases lacrimógenos dejaron lugar a las balas: a lo largo del día, cinco manifestantes fueron asesinados por la policía. Fuera de las columnas sindicales o partidarias, grupos de jóvenes, entrenados en los combates con la policía en los estadios de fútbol o en los *piquetes* de desocupados, forma crucial de la protesta política desde 1994, intentaban tozudamente perforar el cerco junto a la Plaza, único objeto del deseo, armados con pañuelos y limones para resistir a los gases, partiendo baldosas de las aceras para acumular proyectiles, exhibiendo su puntería deslumbrante. A las cinco de la tarde, abandonado por sus partidarios y por sus opositores, el presidente De la Rúa renunció y abandonó la Casa Rosada. La noticia contribuyó a enfriar el clima; sólo quedaron algunos remezones del combate, en torno de algunos comercios saqueados o de locales de firmas multinacionales (especialmente, un Mc Donald's ubicado frente al Obelisco porteño) que fueron incendiados.

Lo que sigue puede contarse más rápidamente. El gobierno quedó en manos del presidente del Senado, Ramón Puerta (peronista), para dar lugar unos días después al gobernador de la Provincia de San Luis, Adolfo Rodríguez Saá (también peronista), elegido por el Parlamento, quien declaró el *default* de la gigantesca e impagable deuda externa. A la semana, ante la continuidad de los *cacerolazos* de protesta y la falta de apoyo político, Rodríguez Saá renunció a su vez (la protesta del 29 de diciembre dejó otros tres muertos, tres jóvenes asesinados por un policía en un barrio porteño, a 10 kilómetros de la Plaza de Mayo); Puerta se negó a asumir nuevamente la presidencia, dejando su lugar al senador Caama-

---

de campo con ellos, un par de años atrás) me repetían: "vinimos aquí para *sacarnos la leche*" (como gesto de desahogo) para compensar la frustración futbolística. Ellos vestían la camiseta de San Lorenzo, azul y roja.

ño (también peronista). El 1° de enero asumió como presidente, también elegido por el Parlamento, el senador Eduardo Duhalde, ex gobernador de la Provincia de Buenos Aires (obvia y previsiblemente, peronista) que había sido vencido por De la Rúa en las elecciones de 1999, prometiendo la convocatoria a elecciones presidenciales para el año 2003. En los primeros días de enero, Duhalde decretó el fin de la *Convertibilidad* (el fantástico plan económico según el cual el peso argentino ligó su paridad al dólar norteamericano, y en vigencia desde 1991) y una devaluación del 40%, que en pocos meses llegaría al 400%. El fin del experimento neoconservador argentino trajo consigo, además de la serie de cinco presidentes en quince días, dos de ellos derribados por las manifestaciones populares, un aumento explosivo de los índices de desocupación y pobreza: la Argentina duplicó la cantidad de pobres (del 27% en enero al 54% en setiembre) y llegó a arañar el 25% de desocupación nominal, con un estimado de más del 40% de desocupación real. Junto a ello, una industria desvastada por la falta de competitividad, una clase obrera industrial condenada a la desocupación estructural o al subempleo en el sector informal, una economía extranjerizada (98% de la minería, 93% del petróleo, 92% de las comunicaciones, 89% en maquinarias y equipos, 76% en alimentos y tabaco), sus servicios públicos privatizados y en manos de empresas multinacionales; pero a la vez clases medias y altas que ahorraban en dólares, que viajaban por el mundo seducidas por una modernidad falaz, entregadas al consumismo más desbordante de las más famosas marcas internacionales gracias a la sobrevaluación monetaria. Y los sucesos de diciembre habían dejado, además e indeleblemente, 25 muertos en las calles argentinas.

3. Las profecías incumplidas

La colocación del seleccionado argentino como gran favorito en el Mundial permitió el despliegue de una expectativa desmesurada, alimentada periodísticamente. Las encuestas eran contundentes al respecto: Argentina *iba a ganar* el Mundial, según una inmensa mayoría de argentinos. Las cifras son unívocas. Una encuesta publicada el día del debut contra Nigeria sostenía que las posibilidades de que ganara Argentina la copa eran:[127]

---

[127] En Kollman, Raúl: "El festejo es algo seguro para dos de cada tres", en *Página/12*, Buenos Aires, 1/6/2002: 2-3

Muchas	64,6%
Algunas	20,5%
Pocas	5,4%
Ninguna	1,4%
Ns/nc	8,0%

Simultáneamente, era previsible la respuesta respecto de qué países no se querían ver como triunfadores alternativos:

Inglaterra	32,6%
Brasil	21,0%
USA	11,7%
Italia	3,1%
Alemania	1,9%
Ns/nc	27%

La colocación de Inglaterra a la cabeza confirmaba afirmaciones anteriores: la carga mítica del enfrentamiento con los ingleses supera cualquier otra rivalidad en el imaginario futbolístico argentino. La segunda posición brasileña, por supuesto, remite a la rivalidad vecinal. Pero la tercera era más sorpresiva. Porque, salvo imponderables, la posibilidad de que Estados Unidos ganara la Copa era inexistente; por lo que no había otra interpretación posible que la política. En el contexto argentino de mediados del 2002, los deseos depotivos se teñían de anti-imperialismo... En el mismo sentido, el 17% de los encuestados (precaria mayoría, pero mayoría al fin) prefería a Brasil como ganador alternativo, descartada la Argentina; el 14%, a Uruguay. Nuevamente, parecía aparecer un sentido de solidaridad continental superior a la rivalidad deportiva. Pero eso no implicaba que la conciencia de los hinchas hubiera dado un salto cualitativo, la transformación milagrosa de los argentinos en seres concientes, progresistas y políticamente correctos. Durante el partido con Nigeria, mis estudiantes recogían afirmaciones tan poco tolerantes y progresistas como éstas: "jugando bien, a los negros les tenemos que romper el culo"; "a estos negros los tenemos que garchar".[128] El racismo y la homofobia, componentes centrales de la cultura futbolística argentina, no habían sido desplazados por la crisis.

En la misma nota, el cronista recordaba que el 80% de la población creía que la situación política, económica y social iba a empeorar; y el 70% calificaba de mala o muy mala a la gestión del presidente Duhalde. Los deseos futbolísticos, entonces, confluyeron con una suerte de *profecía apocalíptica*. Ésta afirmaba que el éxito futbolístico implicaría una suerte de solución mágica a la crisis política, la suspensión –si no la eliminación– del conflicto, la extención de un período de gracia al gobierno. Pero esa hipótesis se aplicaba siempre a *otros*: si ningún informante aceptaba esa descripción para sí, la aplicaba sin retaceos a los *otros*, los *tontos culturales* (para recordar una vieja expresión de Stuart Hall) que, idiotizados por un triunfo deportivo, imaginarían –alucinarían, más bien– un mundo de rosas y un país triunfante. A la inversa, existía la –permítaseme llamarla así– *contra-profecía revolucionaria*: en la nota que venimos citando, se afirmaba que el gobernador de la Provincia de Santa Fe, Carlos Reutemann, había dicho en una reunión de gobernadores con el presidente: "Hay que solucionar la cuestión del corralito, porque si nos eliminan del Mundial y encima no arreglamos lo del corralito es imprevisible lo que puede pasar en el país". La contra-profecía, en suma, arriesgaba la posibilidad de que el estallido social definitivo, ese infierno tan temido por las clases dominantes, arribaría de la mano de la derrota mundialista. Ante la eliminación, la reacción conjunta de piqueteros desbordados y ahorristas indignados, soliviantados por la acción todopoderosa del fútbol, concluiría en la inevitable revolución social, en el linchamiento de la clase política en la Plaza de Mayo.

El fracaso futbolístico, la eliminación en primera ronda después de una victoria, una derrota y un empate, con sólo dos goles convertidos, impidió comprobar empíricamente la veracidad de la primera profecía, o más bien, su previsible falsedad. Pero a la vez, permitió comprobar la también previsible falsedad de la segunda. ¿Por qué se habían desplegado estos inútiles intentos proféticos? Básicamente, la explicación estaba en la *vulgata* de la relación entre fútbol y política: aquella que establece relaciones causales entre éxitos deportivos y victorias políticas, vulgata

---

[128] Tanto estos testimonios de hinchas como los fragmentos periodísticos se deben a mis alumnos de la Facultad de Ciencias Sociales (UBA), con los que dictamos el Seminario "Fútbol, deporte, sociedad, cultura" durante el primer semestre de 2002, al mismo tiempo que se desarrollaba el Campeonato Mundial de Fútbol.

jamás demostrada.[129] Sin duda, el clima político, económico y social permitía la puesta en escena de una expectativa desmesurada, pero compensatoria, no supletoria. El éxito deportivo iba a ser, sin duda, muy bienvenido por una población jaqueada por la devaluación, la inflación, la desocupación, el hambre, la pobreza, el derrumbe de la ilusión primermundista, la traición de la clase política (las siete plagas de la herencia neoconservadora). Una suerte de "último deseo" del condenado a muerte. Pero la salida del Mundial demostró que el fútbol es el fútbol... y que hasta sus más increíbles fanáticos en la Argentina saben ubicarlo en el mundo de lo imaginario.

Pero, a tono con las hipótesis desplegadas hasta aquí, los discursos mediáticos decidieron hacerse cargo parcialmente del pronóstico, volviéndolo deseo. Por un lado, las reiteradas inquisiciones a los jugadores respecto de cómo vinculaban el éxito profetizado con "la dura realidad de la gente"; Juan Pablo Sorín, quizás uno de los jugadores con mayor participación política activa y reconocido por sus posiciones progresistas, afirmaba:

> En el momento que escucho nuestro himno trato de pensar un poco en el pueblo argentino verdadero [...] entre otros, pienso en los que están en Catamarca, Formosa y otras ciudades y no tienen un peso y por ahí la única alegría se la podemos dar nosotros (en *Crónica*: 3/6/2002: 9).

Para luego de la derrota con Inglaterra ratificar: "La bronca no es por el 1-0 en sí, porque igual hay chances, sino por la esperanza de todo un pueblo, nada más ni nada menos que el nuestro, deseoso de festejar algo en medio de tanta malaria" (en *Crónica*: 7/6/2002: 8).

Simultáneamente, la transmisión de los partidos, tanto en radio como en televisión, insistía en la vinculación. En la radio La Red, la de mayor audiencia durante el Mundial, y propiedad del monopolio Torneos y Competencias, el dueño del fútbol argentino, pudieron escucharse algunos de los mejores ejemplos. El relator Sebastián Vignolo, en los comentarios previos al partido con Inglaterra el 7 de junio, sostenía: "...Este país, tan golpeado como querido [...]. Da placer encontrarse en cada esquina con nuestros colores, con los colores de la bandera en cada ba-

---

[129] Mientras escribía la primera versión de este capítulo, y sin ninguna evidencia, el diario *Folha de São Paulo* insistía en adjudicar el triunfo de Mauricio Macri, presidente del club de fútbol Boca Juniors, en la primera vuelta de las elecciones a alcalde de la Ciudad de Buenos Aires, al éxito de su club en la Copa Libertadores de 2003... Pero Macri perdió finalmente esa elección, a pesar de los triunfos futbolísticos.

rrio, cada calle, cada semáforo [...] Hoy es la unión de la patria, la selección y la bandera...". O, el 2 de junio, antes del debut contra Nigeria:

> ...se ve a un seleccionado del Primer Mundo representante de un país
> del Tercer Mundo [...] Un seleccionado que es cada vez más local, por-
> que en todos los lugares del mundo hay argentinos que se tuvieron que
> ir, y alientan desde el lugar de los hechos a este equipo que buscará el
> triunfo para darle una alegría a la gente, que la está pasando mal. [...] En
> el peor momento del país, este tiene que ser el mundial de Argentina, nos
> tienen que dar una alegría.

Y se sumaba el comentarista Fazzini:

> ...Hay un pueblo, que va desde la bellísima Tierra del Fuego [...] Y llega
> hasta un noroeste abrumado y a una Formosa olvidada. Pero es un
> pueblo, más allá de políticos, de demagogias, de quienes quieren subirse al
> carro, que espera que estos muchachos de Bielsa puedan cantar victoria.

Mientras tanto, en la previa del choque frente a Inglaterra, el relator
no dejaba de aludir a "nuestro querido pero golpeado país", enfatizando
la "necesidad" de un triunfo deportivo para reanimar el apagado espíritu
del "pueblo":

> Por suerte, los argentinos tenemos la chance de por lo menos treinta
> días, no digo estar ajenos de la realidad, que nos conmueve, que nos
> golpea, que nos aqueja, que nos desgarra casi la vida cotidiana, pero sí
> meternos un rato con el fútbol, en donde sí podemos sentirnos del
> Primer Mundo. Y hoy por eso Argentina quiere izar su bandera, la futbo-
> lística, se entiende...

En otra comparación exacerbada, el comentarista Fazzini proponía:
"Yo querría para la querida Argentina el orden, el trabajo, el programa, el
largo plazo, la continuidad, la elaboración de esta selección. Argentina
país, con el orden que le dio Bielsa a este equipo, estaría en otro plano".
Y continuaba, ahora antes del partido frente a Inglaterra:

> El pueblo está en la calle porque esta querida sociedad argentina busca
> una palabra: confianza. No la tiene en la economía, en el trabajo, en los
> políticos, en los gremios. La tiene en este equipo. Este equipo que entre-
> ga confianza, serenidad, trabajo, seriedad, orden, largo plazo, coheren-
> cia. Nuestra sociedad les entrega su confianza. Después, el resultado
> dirá otra cosa.

Sin embargo, una vez acaecida la derrota, el periodista estrella del
monopolio, Fernando Niembro, ex funcionario del gobierno de Menem

y vinculado a la derecha peronista, se preocupó por separarla de las implicancias que iban más allá de lo estrictamente deportivo: "Si Argentina ganaba no se solucionaban los problemas del país. Es una frustración estrictamente deportiva", dijo el 12 de junio, para agregar al día siguiente: "Estamos tristes, pero esto no nos cambia la vida. La gente, en Argentina, tiene los mismos problemas que antes para pagar la luz, se sigue preocupando por tener laburo, porque no le roben en la esquina...".

4. Marketing y Patria: la nación según las empresas transnacionales

Por su parte, otro espacio interesante para analizar fue la actitud de las empresas, que desplegaron en las publicidades mundialistas todos los lugares comunes del patrioterismo futbolístico. Las inversiones, a pesar de la crisis que impactaba en una fuerte retracción del consumo, fueron importantes: Direct TV, empresa de televisión satelital, pagó 400 millones de dólares por los derechos de transmisión para Argentina, Chile, Colombia, México, Uruguay y Venezuela. La Coca Cola invirtió 2,5 millones en márketing y publicidad. Los sponsors oficiales de la Selección argentina fueron la cadena francesa de supermercados Carrefour, la Coca Cola, la cervecería Quilmes, la compañía de tarjetas de crédito Visa, la empresa de indumentaria deportiva Adidas y la petrolera Repsol-YPF.

La lista es sugestiva. En el caso de Carrefour, era a la vez auspiciante exclusivo de la Argentina... y de Francia (ambos eliminados en primera fase...). La Coca Cola, como es sabido, sponsoreaba a una buena cantidad de equipos, al igual que Visa y Adidas (en este caso, como parte de su disputa con Nike y Rebook). En todos los casos, se trata de compañías transnacionales, al igual que Mc Donald's, Gillette o Mastercard, que también desplegaron campañas alusivas. Pero el colmo llegaba con las otras dos. La cervecería Quilmes, tradicionalmente de capitales nacionales, fue vendida a la brasileña Brahma pocos días antes del inicio del torneo. Eso permitió a su competidora, la alemana Isenbeck, desplegar una agresiva campaña en la que cuestionaba la legitimidad de Quilmes para "defender" un supuesto patriotismo futbolístico. El primer aviso, a toda página, con una imagen de la bandera brasileña en la que una tapa de botella de la cerveza Quilmes reemplazaba el sol original, ostentaba la siguiente leyenda: "Los brasileros compraron Quilmes. ¿Justo antes del mundial? ¿Cómo se decía vendido en portugués?". El remate decía: "Isenbeck. Te vendemos una buena cerveza. Y nada más", con lo que la empresa cuestionaba la asignación de sentidos nacionalistas al producto

(*Página 12*, 20 de mayo). El segundo era desopilante: también a toda página, Isenbeck sostenía: "Los brasileros compraron Quilmes. Ahora no paran de inventar cantitos", y a continuación exhibía los siguientes lemas imitando cantos futbolísticos:

<table>
<tr><td>

Volveremos, volveremos, volveremos
Otra vez, volveremos a ser campeones
Como en el 86, 58, 62, 70, 78, 94.

</td><td>

Argentina es una pasión
No lo puedo negar.
Pero Brasil también…
No nos queremos pelear

</td></tr>
<tr><td>

Esteee es tu sponsor
Que apoya y te sigue sin parar
Vamo Argentina y/o Brasil,
Con alguno de los dos
La vuelta vamo a dar

</td><td>

Hay que ganar, hay que ganar,
Pero no contra Brasil, en ese
Caso preferimos empatar

</td></tr>
</table>

Para rematar de la misma manera: "Isenbeck. Te vendemos una buena cerveza. Y nada más" (*Página 12*, 27 de mayo).

El caso Repsol-YPF merece otro apartado. Porque la compañía petrolera YPF había sido por muchos años, desde su fundación en la primera mitad del siglo XX, el orgullo de las empresas estatales argentinas, y había garantizado por décadas el autoabastecimiento petrolero (además de ser un instrumento regulatorio de los precios de los combustibles por parte del estado). Su privatización, con el menemismo, fue una de las más turbias y sospechadas de corrupción. Pero además significó el fin del proceso de intervención en los precios, con la suba consecuente; y muy especialmente, la desintegración de las comunidades en las que operaba YPF, fuertemente ligadas al empleo en la empresa: Cutral Có, Plaza Huincul, en la provincia del Neuquén; Tartagal, General Mosconi, en la de Salta, entre otras. No en vano, las mayores explosiones sociales del período, de las que surgieron los *piqueteros*, se produjeron en esas localidades: la memoria del rol de la empresa estatal en la generación de empleo y en la organización de la vida comunitaria sigue siendo fuertísima, y organiza la práctica política de sus habitantes. Para colmo, la ya privatizada YPF fue absorbida en 1999 por la petrolera Repsol… propiedad del estado español. No obstante este dato, que desplazaba una significación profundamente nacional por otra drásticamente extranjera, Repsol-YPF desplegó una enorme campaña publicitaria durante el Mundial, proclamando: "Cuando juega la selección, jugamos todos. YPF, más que sponsor, *hincha* oficial de la selección". El lema ocultaba celosamente la insignia de Repsol.

Todas las empresas, en suma, dedicaron sus afanes a la banalización del patriotismo, a proponer el recurrente relato nacionalista. Sin embargo, en todos los casos los textos marcaban una diferencia respecto del Mundial anterior: no podían negar el dato de la crisis del 2001. El protagonista de la publicidad de Repsol-YPF elevaba su súplica para que por lo menos tuviéramos "una alegría", pidiendo que una pelota entrara en el arco rival; el slogan de Coca Cola sugería *"volver* a abrazarnos todos" – indicando en consecuencia que habíamos dejado de hacerlo.

Mientras que la cervecera Quilmes, que insistía en jugar con el celeste y blanco de sus colores de marca, exhibía un largo comercial que relataba con tono de documental "las hazañas del fútbol argentino" (entre las que se contaban, por supuesto, las del tenebroso Mundial de 1978, incorporado al relato sin ninguna distancia o crítica), acompañado de un pegadizo y exitoso jingle que decía:

> Sigamos gritando, sigamos creyendo,
> sigamos confiando que al fin ganaremos
> Es nuestra bandera la que defendemos
> Mostrémosle al mundo que juntos podemos.

Todos ellos señalaban el dato de una fractura, de una ruptura de la calma consumidora del capitalismo periférico. Algo había pasado en el país; pero los "operadores del mercado" volvían a confiar en las invocaciones mágicas, en la posibilidad de que el viejo discurso cálido, el antiguo relato heroico de la patria futbolizada, nuevamente victoriosa en el campo de juego, pudiera narrar una patria cada vez más esfumada en las exigencias del FMI y Washington. Dicen Cicalese et al.:

> De esta manera, el concepto de pertenencia a la nación vehiculizado por el discurso de las multinacionales, no es aquel que evoca un ciudadano definido como tal a través de su participación en instituciones y toma de decisiones, o en la apropiación de ciertos derechos y deberes, sino que más bien se trata de colectivos entendidos como comunidades de consumidores cuya pertenencia depende del consumo privado de mercancías en el mercado. Es como si la pertenencia y la "argentinidad" dependiera de acciones individuales de consumo, donde cada uno "se hace ciudadano" a sí mismo (Cicalese et al., 2002: 13).

Las tesis de la ciudadanía como consumo, que incluso penetraron el discurso académico (con García Canclini a la cabeza), estaban en la base de la estrategia publicitaria. Pero, como dije, también estaba un deseo: el de que un éxito deportivo soldara una fractura social, económica y política –demasiado real para ser superada por un gesto simbólico– y que un desplazamiento mágico permitiera a las empresas transnacionales participar de sus mieles.

5. Alemania, o el patrioterismo plebeyizado

De estos rasgos que señalamos para el caso coreano-japonés, dos se habían transformado de modo importante cuatro años más tarde. Uno de ellos era el dato de la crisis. La percepción extendida en la población era que lo peor ya había pasado. Las cifras mostraban una recuperación económica interesante, un aumento constante del consumo, la reducción de las cifras de desocupación, pobreza y miseria (con alguna trampa estadística, como la de computar como *ocupados* a todos los beneficiarios de planes sociales). En términos de humor social, podía verse una suerte de mayor conformidad extendida, que el gobierno peronista de Kirchner había comprobado en las elecciones legislativas de 2005, ganadas con mucha comodidad. Claro: el abismo del 2002 había sido tan profundo que, aunque la recuperación apenas estaba comenzando a alcanzar los niveles de producción de comienzos de la década, eso parecía un milagro económico –aún cuando la distribución de la renta siguiera siendo tan injusta como antes.

El otro eran las expectativas deportivas: a diferencia del mundial oriental, nadie confiaba en demasía en las posibilidades del equipo ahora dirigido por José Pekerman. Los tonos estentóreos de cuatro años atrás eran disimulados detrás del lenguaje del análisis, porque las encuestas sobre expectativas daban cifras mucho más bajas. Lo que ocupaba la conversación eran las minucias de los torneos domésticos: por ejemplo, los ascensos a primera división de clubes de importancia territorial como Godoy Cruz (en lo que significaba el regreso a las ligas mayores de un equipo de Mendoza, la cuarta provincia argentina) y Nueva Chicago, del populoso y popular barrio de Mataderos, en Buenos Aires. La indagación etnográfica que José Garriga Zucal desarrollaba con la hinchada de Huracán, que también luchó hasta último momento por el mismo ascenso (pero infructuosamente) seguía entregando las mismas conclusiones que manejábamos desde ocho años atrás: los hinchas locales seguían minuciosamente tribalizados, y bastante indiferentes a la suerte de la selección nacional. Sumadas las bajas expectativas mencionadas, todo se reducía a los sueños en torno de las convocatorias de Tévez y Messi, los grandes hallazgos de los últimos años en el fútbol argentino. Bueno... el caso de Messi permitía demostrar, en realidad, la crisis sostenida en el tiempo: jamás había jugado en la Argentina, en tanto fue capturado por el Barcelona a la tierna edad de 14 años. Lo cierto es que en torno a ambos volvían a desplegarse los consabidos argumentos sobre la herencia maradoniana: en el caso de Tévez, porque era por lejos el de origen más humilde, factor que se destacaba en el uso y abuso del sobrenombre "el apache", en estigmatizadora referencia a su nacimiento en Fuerte Apache, como se llama popularmente al barrio Ejército de los Andes en el conurbano bonaerense. Un nuevo Fiorito, en suma. Para colmo, Tévez venía de una paternidad levemente conflictiva, se enorgullecía de su origen popular, exhibía su condición plebeya... y había salido campeón con Boca. Como dijimos, le faltaba ganar un Mundial solo y por sus únicos medios: por las dudas, la prensa comenzó a anticipar la posibilidad del periplo épico.

En el caso de Messi, en cambio, el acento se ponía en otras similitudes: el paso por Barcelona, el descubrimiento precoz (Messi tenía tan solo 19 años al comienzo del campeonato). La cuestión de la edad se marcaba explícitamente, en comparación con la frustración de Maradona en el Mundial de 1978. Pero allí se acababan los parecidos: el origen de Messi era una sólida clase media santafesina, sus rasgos eran los clásicos de la pampa gringa argentina, y los cuatro años españoles, ordenados por la disciplina industrial y orientada mediáticamente de los catalanes, habían limado cualquier posibilidad de plebeyismo o contestación. Quizás, justamente este rasgo era el que favorecía su exhibición: podía transformarse en un Maradona *obediente* (a la vez que el Maradona desobediente, es decir el real, lo había coronado heredero en su programa de televisión y en cuanta declaración pública pudiera). En ambos casos, el de Tévez y Messi, sobresalía la condición de *pibes*, como cumpliendo el mandato mítico que ya hemos analizado; dato corroborado por lo real (eran dos chicos, realmente) y alimentado por la esperanza: es decir, que además de *pibes* etáreos se transformaran en *pibes* futbolísticos –irreverentes, indisciplinados, creativos, triunfadores, capaces de ponerse un equipo y un país sobre sus hombros... Ambos, claro, pasaron a ser caras visibles de infinidad de publicidades.

Malgrado las bajas expectativas alegadas, las pantallas televisivas, desde dos meses atrás, comenzaron a poblarse de celebraciones. Claro: nadie mencionaba la posibilidad de un campeonato –todos habían aprendido la lección coreo-japonesa. Pero lo que se celebraba era el hecho mismo del Mundial, la posibilidad de volver a disfrutar del espectáculo, lo que se transformaba rápidamente en la venta del mismo. Es decir: las publicidades comenzaron trabajando sobre el Mundial como evento esperado y global, para luego parcializarse y agitar los argumentos nacionalistas. El primer objetivo, claro, fue la venta de televisores; de a poco, la venta de cualquier cosa que permitiera agitar una bandera y enfocar una pelota. En el primer movimiento, fueron centrales los textos de las compañías multinacionales: a la cabeza, Nike, que en su campaña *Jogo Bonito* presentó a Eric Cantona como emblema de un fútbol creativo que debía ser defendido frente a la violencia, los golpes, la trampa. El *jogo bonito*, además de designar un estilo, quería representar el *fair play*, del que Cantona no era precisamente el mejor ejemplo (años atrás había golpeado a un espectador burlón con una patada voladora por sobre las vallas divisorias...). Claro: nombrado en portugués, el *jogo bonito* sólo podía ser encarnado por Ronaldinho, que ya a esa altura filmaba publicidades de cualquier cosa, que a su vez se transmitían a lo largo y ancho del mundo entero. Porque en Ronaldinho la industria encontraba una vuelta de tuerca: a la hiperprofesionalización, por lo tanto industrializada y *desangelada*, Ronaldinho le reponía alegría y *amateurismo*. Amateurismo falaz, pero vuelto estrategia de campaña: la sonrisa de Ronaldinho quería ser la mejor demostración de que el fútbol seguía vivo en la sonrisa de un *garoto gaúcho*, que a la vez podía ser el mejor jugador del mundo. En algún momento, el pobre Ronaldinho parecía un Buster Keaton invertido: obligado a sonreír por contrato.

Pero Nike fue un poco más allá: productos y estrategias globales también precisan tácticas locales. Esa vuelta de tuerca la halló en un comercial en el que Cantona invitaba a disfrutar del *jogo bonito* donde debía hacerse: en Brasil. Pero justo en el momento en que cualquier hincha argentino podía apagar el televisor, comenzaban las imágenes de Tévez... jugando con la camiseta del Corinthians paulista (del que huiría meses después). Inclusive, Cantona cerraba el comercial mirando a cámara y haciendo un gesto *villero*, típico de las gestualidades *cumbieras* que Tévez personificaba tan bien.

El resto de los auspiciantes multinacionales se dedicaba a su especialidad: a asumir localmente una condición de presunto fanático, escondiendo su reproducción como tal en todos y cada uno de los países participantes. Incluso, para abaratar costos, reproduciendo las mismas imágenes y melodías con adaptaciones mínimas. Era el caso de Coca Cola, que multiplicó su *Hinchalizer* (muñequitos de todos los tipos y calibres que extendían sus brazos alentando a un equipo) por todas las camisetas habidas y por haber, pero que en su versión criolla se proclamaba "Locos por Argentina". O la Pepsi, que no es precisamente una empresa nativa, afirmaba que

> Un baile, se van a comer un baile. Porque sin querer en esta tierra le pusimos al fútbol la sangre. Los demás juegan mucho. Pero un argento se anima, la pisa, la emborracha, la baila, y a la pelota… le gusta. Le gusta porque es mujer, ¿y a qué mujer no le gusta que la lleven de baile? (A la pecosa le gusta el baile… le gusta). La pecosa no tiene la culpa si la agarra un argentino. Sólo quiere que la suelte cuando se encuentra el arco vecino. Tal vez por eso hemos bailado más veces, tal vez por eso es que nos miran con respeto. Porque saben que esta vez también van a querer unirse a nuestro baile. ¡Vamos, Argentina! Pepsi te invita a animarte a más. Vamos a demostrarle que sólo en esta tierra el fútbol se juega y se celebra bailando. A la pecosa le gusta el baile… le gusta. Bienvenidos al baile.

La locución era de Mario Pergolini y la actuación estelar, claro, de Lionel Messi. Las imágenes eran locales, e incluían alguna toma del obelisco (no fuera cosa de que alguien se confundiera). Sumado al texto, una empresa multinacional demostraba que conocía minuciosamente todos los estereotipos futbolísticos de los relatos míticos, aunque se animaba a disputar uno: el baile pertenece, más cómodamente, al estereotipo brasileño. Quizás por eso, la música era de aires tangueros, con un bandoneón marcando la melodía; esto permitía proponer una localización del estereotipo: no será samba, pero el tango no está tan mal.

Por mucho, la mejor publicidad fue la de la compañía de telefonía celular CTI. En un corto anterior, del 2005, su agencia había abusado del viejo tópico de la representación nacional por imperio de la sinécdoque, mostrando chicos de regiones y clases sociales variadas que se unían en la camiseta argentina para anunciar "Hay equipo", redundando en el lema "Nos une CTI". La metáfora final se volvía obvia, replicando las usuales en el 2002: para un país fragmentado, nada como el fútbol para juntar sus pedazos, tópico aprovechado por una compañía telefónica dedicada a "unir" (comunicar). Pero la publicidad mundialista fue un hallazgo: con la cortina musical de "Un estate italiana", la canción oficial del Mundial de 1990, el corto yuxtaponía magníficas escenas de una larga serie de "troncos de barrio", ejercitando penosamente su condición fallida de jugadores de fútbol. El lema era "Háganlo por todos los que no llegamos". El cierre volvía al tópico anterior: "CTI. Nos une la pasión", que permitía volver a poner en escena ese discurso pasional sobre el que ya hablamos. Pero a diferencia de la retórica pasional y las vulgaridades hinchísticas y patrioteras del resto de las publicidades, este corto capturaba un eje clave del éxito del fútbol como espectáculo: justamente, que esos tipos que salen a una cancha y se ven por televisión, tan bien pagos, hacen espléndidamente aquello que los hinchas no pueden hacer, o no tan bien. La sabiduría futbolística masculina es también corporal: la de practicantes fallidos. Y la publicidad también leía con agudeza cómo los propios movimientos de los jugadores aficionados están penetrados y guionados por los textos televisivos: muy especialmente, cuando en la anteúltima toma de la secuencia un jugador buscaba la cámara duplicando el gesto desmesurado de Maradona en el Mundial 94, luego de su gol a Grecia.

Y bien: todo transitaba con normalidad. Las publicidades afirmaban redundancias previsibles, la televisión, la radio y la gráfica enviaban equipos multitudinarios tomando revancha de lo que el yen había prohibido cuatro años antes, las imágenes mostraban periodistas agotados buscando alguna imagen más interesante que una ciudad alemana dormida a las dos de la mañana (cuando comenzaban a transmitir para los noticieros locales). Y la selección jugaba, como anticipé, sin que nadie se rasgara demasiado las vestiduras. Pero el 16 de junio Argentina venció a Serbia (todavía no sabemos si con o sin Montenegro) por 6 a 0, con una demostración aplastante que desató todos los optimismos hasta entonces reservados. *Clarín* tituló "Candidatos"; *Página 12*, "Permiso para soñar"; *La Nación*, "Una goleada que invita a soñar". Y la prudencia dio paso a la euforia: ¿es que acaso Argentina podía prescindir del nuevo Maradona –ni Tévez ni Messi habían sido siquiera titulares– pero igual salir campeona?

Posiblemente, los efectos más perniciosos fueron los causados sobre un sector particular de los "periodistas" destacados en Alemania: y las comillas son porque me estoy refiriendo a Marcelo Tinelli y su troupe de humoristas de quinta categoría. Las coberturas tinellianas –transmitía todas las noches su show completo desde Alemania– habían hasta entonces abrevado en el clásico y reiterado chiste fácil y grueso, abusando especialmente de la diferencia lingüística: los "humoristas" en cuestión hacían infinidad de notas de color en las calles alemanas, recayendo sistemáticamente en la trapisonda de decir barbaridades en *argentino* a hablantes locales o de otros lados del mundo. La revista humorística *Barcelona* aseguraba que Tinelli había pedido a la FIFA que nunca se hiciera un Mundial en un país de habla hispana, para no perder tamaña fuente de buen humor. A partir de la victoria aludida, a esa condición se le sumó el triunfalismo, lo que en la tradición *hinchística* y plebeya en la que abreva el tinellismo significó el uso hasta la saciedad de las metáforas de la penetración homosexual.

Pero el remate lo dio nuevamente Quilmes y sus publicidades. Habíamos señalado que en el 2002 su corto había sido de los más llamativos y más preocupantes, en esa "historia gloriosa" del fútbol argentino que reponía el Mundial 1978 en la serie sin beneficio de inventario. Bien: nuevamente con guión de Ramiro Agulla, el *genio* publicitario que "vendiera" a De la Rúa en 1999, Quilmes decidió celebrar por anticipado y emitió, antes del partido por cuartos de final ante Alemania que significara la eliminación argentina, su *spot* "Benditos y malditos". Transcribo su texto con algunas acotaciones escénicas:

Bendito sea el mundial con que soñamos.
Bendito cada nombre que ha sido designado.
Bendito los pibes que siempre sacamos.
El peso de la historia. El respeto ganado.
Malditos sean los recuerdos dolorosos.
Maldita, la impotencia y la injusticia que vivimos, [la injusticia se ilustra con imágenes de Italia 90]
El volvernos a casa cada uno por su lado,
Las finales sin jugar, el quedar en el camino. [aquí las imágenes vuelven sobre Corea-Japón]
Bendita la anestesia generada a los dolores,
Las tristezas que curamos con abrazos,
Las gargantas que se rompen por los goles,
El sentirnos los mejores por un rato.
Malditos los sorteos y los grupos de la muerte,
Los controles sin azar que signaron nuestra suerte. [la versión paranoica se ilustra con Maradona en 1994]
Malditos los mezquinos que juegan sin poesía,
Los que pegan, los que envidian, los que rompen y lastiman. [todos los "mezquinos" golpean a jugadores argentinos, mientras que nadie recibe patadas criollas: un verdadero milagro]
Bendito sea el orgullo con que entramos a la cancha,
El potrero y la pelota no se manchan.
La TV que repite la gambeta,
Inflar las redes de los otros, inflar el pecho de los nuestros
Merecer la camiseta.
Los turistas, Los cronistas, Los sponsors, Los amigos, El himno,
Y las mujeres siguiendo los partidos. [Pero las imágenes femeninas... son de distintos íconos de la Virgen María]
Benditas las cábalas que dan resultado,
Las risas y el llanto que guardaremos tanto. [el llanto es nuevamente el de Maradona en 1990]

Y bendito ese momento que nos regala el fútbol,
de poder cambiar nuestro destino, [nuevamente, el Mundial de 1978
merece el honor de integrar las imágenes memorables]
y de sentir otra vez y frente al mundo;
¡Lo glorioso! y ¡lo grosso!, de ser argentino. [aquí, las predilectas son las
imágenes del Mundial en curso, especialmente del partido contra
Serbia y el gol de Rodríguez contra México que clasificó a Argentina
para cuartos de final]
Quilmes, del lado del corazón.

Es decir: del lado de la pasión, del lado de lo sentimental, el último horizonte del pensamiento, argumento que Quilmes ya utilizara, como hemos señalado, a diestra y siniestra desde 1998. El comercial no tiene desperdicio, como intentamos marcar en nuestras acotaciones: además de lugares comunes previsibles –como el uso del término *pibe* o la supuesta *poesía* del fútbol argentino–, llaman la atención las referencias desaforadamente paranoicas (en los "grupos de la muerte" de Japón y Alemania, pero también en la famosa conspiración planetaria que dejara afuera a Maradona en 1994) y el insistente uso orgulloso del Mundial 1978 como argumento positivo –habrá que creer, finalmente, que Agulla profesa un secreto culto videlista.

A los pocos días de emitido el comercial, la Argentina perdía por penales frente a Alemania y quedaba eliminada. El spot desapareció inmediata y afortunadamente del aire. Entre tanta alharaca mercantil y tanto grito tinelliano, el Mundial había vuelto a demostrar que el relato patriótico se había transformado en pura operación de márketing: y que esos publicistas y esos "periodistas", buenos conocedores de las reglas del espectáculo, poco saben de las reglas de los mitos. Una de ellas es clave: jamás se canta victoria antes de la gloria, ni se vende la piel del oso antes de cazarlo. El castigo es, siempre, la derrota.

Y por supuesto, la Argentina siguió intentando *cambiar su destino* por el único camino posible. Que no sé cuál es, pero por supuesto no es ni será el fútbol.

XI. Conclusiones: ¿la vida por Messi?

Propuse, a lo largo de estas páginas, un análisis histórico de las relaciones entre fútbol y nacionalismo en la Argentina durante el siglo XX y los comienzos del XXI. Pero, como argumenté al comienzo, hay otros problemas que andan dando vueltas como telón de fondo: uno de ellos, posiblemente el más importante, es el que nos remite a una teoría general de los nacionalismos en el cambio de siglo, que no en vano ocupó y aún preocupa a la bibliografía en ciencias sociales, a partir de la concurrencia de fenómenos tan variados y contradictorios como la globalización y la tribalización; la desterritorialización de algunos relatos de identidad y la microterritorialización de otros; las migraciones y los fenómenos diaspóricos, junto a la etnificación de ciertos relatos nacionales; la permeabilidad de algunas fronteras y la policialización de otras –a veces, de las mismas: permeables a los flujos financieros e irreductibles a la migración tercermundista. En el caso que nos ocupa, en la discusión de los usos del fútbol como argumento de identidad nacional, aparece un pliegue de esa teoría general, habitualmente poco discutida o relegada por el *mainstream* teórico: el nacionalismo, sí, pero en sus aspectos más banales y periféricos, a la vez los más cotidianizados y masivos; esas puestas en escena de lo nacional, soportadas por prácticas y discursos en principio tan poco relevantes como la crónica deportiva o la publicidad televisiva futbolera, pero sin embargo tan pregnantes, visibles y abrumadores. En suma: lo que el colega chileno Eduardo Santa Cruz llama el *neo-nacionalismo de mercado*, basando su análisis en los éxitos del tenista Marcelo Ríos y su impacto en los medios transandinos. Un nacionalismo banal, insisto: pero visible hasta la exasperación. Y que nos exige discutir los grados de su eficacia, las posibilidades de su existencia o su agotamiento, las condiciones de su circulación, la necesidad de su contestación.

Y en torno de todo esto quiero centrar estas conclusiones.

Como he tratado de demostrar hasta aquí, la cultura futbolística argentina está hoy fragmentada en discursos parciales y segmentados, tribalizados y mutuamente excluyentes, donde la totalidad de algún relato unificador está ausente. Esa unificación sólo es posible en un plano *sentimental*: lo único compartido por los actores es *la pasión por el fútbol*. Pero los testimonios que recogimos y aún seguimos colectando en el trabajo etnográfico, tanto en las entrevistas generales como las particulares realizadas sobre equipos determinados, indican de manera decisiva la radicalización de identidades profundamente segmentadas, donde el término *tribal* remite a la caracterización propuesta por Maffesoli como propia de una sociabilidad posmoderna.

Algunas de las características propuestas por Maffesoli aparecen como evidentes en nuestras hinchadas, especialmente aquellas que hablan de una sociabilidad basada en el contacto, en una corporalidad exacerbada –de donde se deriva el peso cada vez mayor de la experiencia compartida de la violencia física como factor de articulación de la identidad de los grupos militantes de hinchas: lo que hemos llamado una *cultura del aguante*. La articulación *tribal* de las identidades futbolísticas argentinas contemporáneas significa una puesta en escena –desbordante, por su masividad, y desbordada, por su amplificación mediática– de la segmentación y descomposición tanto de las sociedades contemporáneas como de sus relatos unificadores. Aquí, entonces, la problemática de la nación –de la posibilidad de su continuidad como organización en tiempos de globalización y neoconservadurismo, pero también de las narrativas que le dieron origen como *comunidad imaginada*– se vuelve urgente.

La hipótesis desarrollada fue que, en el análisis histórico de la idea de nación en la Argentina, ésta fue dependiente del Estado en un grado importante; en consecuencia, creemos que el discurso unificador de la nacionalidad se ausenta en el mismo movimiento en que el Estado neoconservador se ausentó de la vida cotidiana. En la historia de las narrativas nacionales en relación con el fútbol intenté describir la complejidad de los mecanismos narrativos, y a la vez de sus voces. Las narrativas nacionales futbolísticas tienen distintos enunciadores, y en la mayoría de los casos no son estatales, en el sentido de que su relación con los aparatos del Estado es por lo menos discontinua y de una autonomía relativa: son periodistas *populares*, directores de cine de masas, narradores de ficción. Pero sobresale siempre un mecanismo: aún en un momento donde la acción de los intelectuales "populares", los periodistas de las primeras décadas del siglo, *parece* más autónoma de las acciones estatales, sus discursos son en definitiva deudores de dichas acciones, fundamentalmente de las escolares. Por ejemplo, las narrativas periodísticas que fundan el mito de un estilo criollo del fútbol argentino en la década de 1920 son coherentes y complementarias con los relatos "gauchistas" de Leopoldo Lugones, que instauran un campo de posibilidades, legítimo y oficial, que luego la acción escolar transformará en hegemónica, como vimos en el capítulo II. Durante el peronismo, momento que presenté como clímax de estas operaciones, ese peso del Estado como voz fundamental de la narrativa nacionalista es desbordante, aún en la pluralidad de voces y argumentos que las ficciones analizadas –especialmente las cinematográficas– nos permitieron leer. Y en todos los casos, la idea de una Nación que incluye antes que expulsa es el principio constructivo. En las (frecuentes) dictaduras, como también señalé, la posibilidad de la distancia entre discursos mediáticos y estatales aparece suprimida, a partir de las operaciones censoras o de la generación de consensos ideológicos sin necesidad de prácticas coercitivas. La fragmentación posmoderna y el retiro del Estado, por el contrario, parecen revertir esos mecanismos.

Mi argumentación aquí es necesariamente política: estos procesos se verifican también en el fútbol, porque se han verificado con virulencia en la sociedad. Como señalan Calderón y Szmukler, asistimos a la ruptura de los procesos de integración social de las sociedades dependientes, fundamentalmente por el doble juego de la multiplicación de las desigualdades –que erosiona el sentido de pertenencia y las identidades sociales– y el relevo de las funciones estatales por parte del mercado, que sin embargo no se plantea la inclusión de ciudadanos, sino exclusivamente la de consumidores:

> El rol preponderante que viene cumpliendo el mercado debilita aún más los mecanismos de representación política y social de las demandas de los ciudadanos que al mismo tiempo se retrotraen cada vez con más fuerza al ámbito privado, alejándose de las organizaciones sociales politizadas u orientadas a la actividad partidaria, al mismo tiempo que aumenta la importancia de su rol en tanto consumidores, al menos en el plano simbólico, en desmedro de su papel de ciudadanos (1997: 77).

Dice Hobsbawm que el nacionalismo de fin de siglo es divisivo, "fragmentarista"; si el nacionalismo de la modernidad tendió a aglutinar sujetos, éste tiende a desmembrarlos. Por analogía: no se trataría de nuevos nacionalismos en sentido estricto –en tanto no postulan la construcción de nuevas entidades nacionales–, sino de *fragmentarismos*, que hasta asoman como etnificados, basados en una retórica de la *sangre* –la camiseta, los colores– y de la *tierra* –el territorio, el barrio, la localidad–, construidos en el interior de un conjunto nacional que no se percibe como tal, porque no hay, insisto, voz que lo reponga. Se trata más bien de *comunidades interpretativas de consumidores*, como las calificara García Canclini en 1994.

García Canclini extiende la idea de la desaparición de las identidades modernas: si en algún momento las identidades se definieron "por esencias ahistóricas, ahora se configuran más bien en el consumo, dependen de lo que uno posee o es capaz de llegar a apropiarse" (1994: 14). La radicalidad de este movimiento, en el que García Canclini pretende discutir con los esencialismos neopopulistas y los fundamentalismos, lo lleva a proponer la idea de las identidades "posmodernas" como *transterritoriales y multilingüísticas* (*idem*: 30), identidades globalizadas y estalladas frente a las viejas interpelaciones monoidentitarias. Finalmente, esta multifragmentación implica una atomización tribal, como argumenta discutiendo con Norbert Lechner: "Lechner habla de un 'deseo de comunidad' que cree encontrar como reacción al descreimiento suscitado por las promesas del mercado de generar cohesión social", dice García Canclini, para luego refutar sin mayor empiria:

> Cabe preguntarse a qué comunidad se está refiriendo. La historia reciente de América Latina sugiere que, si existe algo así como un deseo de comunidad, se deposita cada vez menos en entidades macrosociales como la nación o la clase, y en cambio se dirige a grupos religiosos, conglomerados deportivos, solidaridades generacionales y aficiones mediáticas. Un rasgo común de estas "comunidades" atomizadas es que se nuclean en torno a consumos simbólicos más que en relación con procesos productivos. [...] Las sociedades civiles se manifiestan más bien como *comunidades interpretativas de consumidores*, es decir, conjuntos de personas que comparten gustos y pactos de lectura respecto de ciertos bienes (gastronómicos, deportivos, musicales) que les dan identidades compartidas (*idem*: 195-196).

Hay en este debate dos líneas: por un lado, lo que para Lechner parece ser un dato sociológico, el *deseo de comunidad*, para García Canclini se transforma en dato puramente cultural, los *consumos simbólicos*. Pero hay también un repliegue teórico: porque como señala Mirta Varela, el concepto de comunidad interpretativa es una categoría que produce sujetos infinitamente fragmentados, a pesar de que originalmente era el concepto que permitía, por el contrario, superar la atomización al infinito de las subjetividades lectoras (Varela, 1999). García Canclini no presta atención a este movimiento: seducido por la categoría, la captura sin problematizarla. El tribalismo futbolístico sería entonces una de las formas en que las múltiples comunidades interpretativas se articulan, describiendo el retorno a la atomización, a la celebración de los fragmentos. La identidad se transforma así en puro consumo socio-estético, en un relato sin estructura ni determinaciones, en la celebración de consumidores más o menos entusiastas. Estas visiones de la identidad –tribal o nacional– defendidas por García Canclini, si bien discuten exitosamente con los viejos fundamentalismos derechistas, terminan excluyendo de la descripción –porque no pueden contenerla– toda posibilidad de identidad que no sea socio-estética, y especialmente aquella que confíe en una articulación política, o mejor aún, modernamente política; con lo que, malgrado sus reclamos, sus argumentos se vuelven coherentes con el neoliberalismo hegemónico. Pero estas identidades y narrativas aún existen, aunque confinadas al incómodo rincón de la política. El fútbol no comparte, de ninguna manera, esa posibilidad. Es pura tribalización y puro *merchandising*.

Los espacios donde narrar políticamente la Nación, por cierto, existen y persisten. La fortaleza de las viejas tradiciones nacional-populares en la cultura política argentina reaparece en dos zonas contemporáneas, sólo en principio paralelas: una socio-estética, pero politizada; otra clásicamente política. La primera es la cultura rock en la Argentina, que se erige en gran núcleo articulador de las identidades juveniles. Y a pesar de tratarse de una identidad en principio socio-estética, se ve cubierta de una politización explícita; aunque no refiere a ningún relato político concreto, sino que se recubre vagamente de los contenidos de la resistencia, la impugnación, el *anti-sistema*; recupera persistentemente las tradiciones nacional-populares –la iconografía, la imagen del Che Guevara, la bandera argentina.[130] El rock argentino, especialmente el llamado *rock chabón*, barrial, plebeyo, popular en estrictos términos de clase, se recubre de neo-populismo, neo-contestación y neo-peronismo –en su original condición de plebeyismo más o menos herético.

La segunda es el *piquete* y los *piqueteros*, el nombre que se dieron los manifestantes que cortaron las rutas y calles argentinas como reclamo por la situación económica y social desde 1996 hasta 2004 –su continuidad posterior exigiría otro debate. El piquete reunía fundamentalmente a desocupados, los excluidos del mercado laboral y de la asistencia social ante el retiro del Estado. Cada corte de rutas, cada piquete, ostentaba como símbolo único –porque se rechazaba la simbología de cualquier

---

[130] La figura del Che inunda las remeras y banderas, pero también los cantos de los públicos rockeros. En ciertos casos, la recuperación nacional-popular se vuelve discurso ideológico: el grupo *Los Piojos* presenta en su último disco un tema titulado "San Jauretche". Arturo Jauretche fue uno de los más famosos y difundidos intelectuales peronistas, fallecido en un lejano (para los jóvenes) 1974.

partido político, hasta que algunos sectores partidarios desarrollaron sus grupos piqueteros propios– una bandera argentina. Pero la bandera no funcionaba como símbolo patriotero, como señal chauvinista o xenófoba[131]; designaba, según los testimonios de los actores, un reclamo de inclusión, una forma de marcar el territorio piquetero como nacional –porque el piquete funcionaba como una apropiación táctica de un espacio público, que además, por ser una ruta, es un territorio federal. La bandera significaba recordar que los que se cobijaban bajo ella también eran argentinos; excluidos del mercado laboral y del consumo, abandonados por el Estado, los piqueteros señalaban que la ciudadanía es, antes que un repertorio de consumos simbólicos, una afirmación política, y que se ejerce en una práctica política. Además, según algunas investigaciones recientes sobre piqueterismo, la tradición nacional-popular funciona como una suerte de "economía moral": el recuerdo del peronismo clásico (si es que hay algo que pueda ser llamado *clásico* en el peronismo, aunque en general remite a la nostalgia por el Estado de Bienestar).

En su apropiación de los argumentos nacionalistas, como dije, en la invención de este neo-nacionalismo de mercado donde cualquier cosa celeste y blanca unida a un par de muchachos gritando quiere ser argumento de ventas, los medios de masas no describen algo existente, un *real*: no señalan la existencia de un discurso, no *reflejan* nada; sino que señalan, justamente, su ausencia. Los medios describen una instancia imaginaria, el *deseo de nación*, no el exceso de la misma.[132] En realidad, volviendo atrás, *confirman la tesis de Lechner* que García Canclini criticaba tan despectivamente: frente a un deseo de comunidad, los medios –que deben responder al deseo, porque no pueden inventarlo– responden con aquello que tengan más a mano. Y sujetos a una única lógica, la de la maximización de la ganancia, porque toda otra lógica necesita de una acción estatal que está también ausente, no pueden reemplazar la *ausencia de nación*, sino apenas proponer la gestualidad fácil y mercantilizable de las narrativas deportivas –porque a veces exceden el fútbol– cálidas y

---

[131] A pesar de ciertas tendencias de los discursos oficiales, especialmente durante el período menemista (1989-1999), de satanizar a los inmigrantes ilegales latinoamericanos como competidores desleales en el mercado laboral, esa marca no parece hasta hoy haberse instalado entre las clases populares argentinas. La bandera, así, no afirma una identidad opositiva (*fuera los inmigrantes*) como es la tendencia de los discursos xenófobos europeos.
[132] Y esto es una paráfrasis psicoanalítica que todos compartimos: se desea lo que falta. Pero también la obvia refutación a la hipótesis del reflejo: ningún texto refleja nada, y los de los medios de masas, menos. Lo dije al comienzo cuando hablaba del cine: el cine no es "una pintura de la realidad", sino una fantasía de lo deseable. Lo interesante es ver, justamente, lo que se desea en cada momento histórico-cultural como manifestación de la utopía.

gritonas. El fútbol reúne, en este cuadro, varias condiciones fundamentales: su historia, su epicidad, su dramaticidad; su calidez, su desborde. Así se transforma en la mejor mercancía de la industria cultural. Y en particular, una mercancía drásticamente despolitizada, porque resiste a pie firme todo intento en ese sentido. Pretende mostrar la nación como un repertorio de consumos, como estilos expresivos, como elecciones estéticas, como afirmaciones pasionales; pero nunca, jamás, como un conjunto de determinaciones ni estructuras, como un conflicto de dominaciones y subalternidades, de intereses contradictorios y opositivos, de clases enfrentadas, de cuerpos sufrientes o gozosos. Y eso es una nación: un repertorio de conflictos, que no se reduce al resultado de un partido.

En realidad, y esto quise argumentar, *el fútbol no es una máquina cultural de la nacionalidad posmoderna; esa máquina es la televisión.* Y el fútbol es sólo uno de sus géneros, aunque sea el más exitoso y el más redituable.

Abandonados de *la mano de Dios* y del Estado, deudores de una tradición de construcción nacionalista inclusiva, expuestos a mecanismos expulsivos que consagran un notorio panorama de injusticia, buena parte de los argentinos –y especialmente sus clases populares– persisten refugiados en comunidades tribales –futbolísticas, pero también etáreas o localistas–, donde la construcción de un discurso unitario es poco menos que imposible. Cuando los medios de masas –es decir, el mecanismo más visible del mercado– intentan reponer el viejo mecanismo unificador del fútbol –por su facilidad, su calidez, su televisividad–, en realidad reproducen el mapa de la exclusión y la discriminación; pretenden que sus consumidores –segregados del mercado económico real– construyen ciudadanía vicaria en un consumo también de segunda; revelan su incapacidad de reproducir mitologías que no pueden construirse sin anclarlas en lo cotidiano y lo real (el héroe deportivo, la epicidad futbolística). Detrás de la cháchara chauvinista y las banderas al viento, muestran la enorme ausencia de proyectos comunes –los *nacionalismos buenos*, como decía José Nun.

Las respuestas no son futbolísticas; son, como siempre, inevitablemente políticas. Una identidad nacional, un mecanismo siempre imaginado pero no imaginario, como dice Benedict Anderson, debe soportarse en signos de una pertenencia específica. Si *ser argentino* no significa trabajo, comida, salud, educación, no vale la pena. La identidad debe estar inscripta materialmente en los cuerpos; los discursos chauvinistas de los relatores deportivos o las bendiciones y maldiciones repartidas por publicitarios gritones no significan, de manera alguna, esa inscripción corporal.

En 2002 aposté a que el Mundial de 2006 nos encontraría confinados a la mera categoría de hinchas, de (tele)espectadores del deporte más bello y dramático que ha inventado la modernidad. Pero espectadores más sabios, que supieran que un triunfo deportivo no significaba nada más que eso –y nunca más claro ese "nada más que eso": que las condiciones económicas, políticas, sociales e históricas de nuestra sociedad sólo se resuelven en el plano de lo real. Esa sabiduría existe, a pesar de los gritos de Tinelli y las publicidades de la cerveza Quilmes, al menos hasta que un nuevo Mundial nos demuestre lo contrario. La crisis, la nación, un destino comunitario, no se resuelven en el estadio. Ni mucho menos en la televisión. Pero sí, posiblemente, en las calles y en la política.

Bibliografía citada y utilizada:

AA.VV. (1955): *Historia del fútbol argentino*, tres tomos, Buenos Aires: Eiffel.

————— (1992): "Queremos tanto a Maradona", servicio especial de *El Porteño*, XI, 122, Buenos Aires, febrero: 4-13.

————— (1993): "El padre de la patria", en *Noticias*, XII, 882, 21/11/93: 88-89.

————— (1996): "Mondo Maradona", Servicio especial de *Página/30*, V, 69, Buenos Aires, abril: 4-39.

Alabarces, P. (1993): *Entre gatos y violadores. El rock nacional en la cultura argentina*, Buenos Aires: Colihue.

————— (1996a): "Épicas chiquitas. Apuntes sobre fútbol y peronismo en *El Hincha* (1951)", en Alabarces, P. y Rodríguez, M. G.: *Cuestión de pelotas. Fútbol, deporte, sociedad, cultura*, Buenos Aires: Atuel.

————— (1996b): "Maradona revisitado", en Alabarces, P. y Rodríguez, M. G. (1996): *Cuestión de Pelotas…* Atuel: Buenos Aires.

————— (2004): *Crónicas del aguante. Fútbol, violencia y Política*. Buenos Aires. Capital Intelectual. Colección: Claves para todos.

Alabarces, P. et al. (2005): *Hinchadas*, Buenos Aires: Prometeo Libros.

Alabarces, P. y Rodríguez, M. G. (1996): *Cuestión de Pelotas. Fútbol. Deporte. Sociedad. Cultura*, Atuel: Buenos Aires.

————— (1997): "Fútbol y Patria: la representación de lo nacional en el fútbol argentino", ponencia ante el XVIII Encuentro Anual de la NASSS (North American Society for the Sociology of Sport). Toronto, Canadá, noviembre.

————— (2000): "Football and Fatherland. The crisis of the national representation in the Argentinean Football", en Finn, G. y Giulianotti, R. (eds.): *Football Culture: Local Contests and Global Visions*, Londres: Frank Cass.

Alabarces, P. y Varela, M. (1988): *Revolución, mi amor. El rock nacional 1965-1976*, Buenos Aires: Biblos.

Alabarces, P., Coelho, R. et al. (2000): "'Aguante' y represión: fútbol, violencia y política en la Argentina", en Alabarces, P. (comp.) *Peligro de gol. Estudios sobre deporte y sociedad en América Latina*, Buenos Aires: CLACSO-ASDI.

Alabarces, P., Di Giano, R. y Frydenberg, J. (1998) (eds.): *Deporte y sociedad*, Buenos Aires: Eudeba.

Alabarces, P.; Tomlinson, A. y Young, C. (2001): "Argentina versus England at the France '98 World Cup: narratives of nation and the mythologizing of the popular", en *Media, Culture & Society*, Vol. 23, n° 5, Londres: Sage: 565–584.

Altamirano, C. y Sarlo, B. (1982): *Ensayos argentinos. De Sarmiento a la vanguardia*, Buenos Aires: CEAL.

Anderson, B. (1991) [1983]: *Imagined Communities. Reflections on the Origin and Spread of Nationalism*, Londres: Verso (hay traducción castellana: *Comunidades imaginadas. Reflexiones sobre el origen y la difusión del nacionalismo*, México: FCE, 1993).

Antezana, Luis (2003): *Fútbol y nación en la Agrentina. Reseña de* Fútbol y patria, *de Pablo Alabarces*, Cochabamba: mimeo.

Arbena, J. (1996): "Nationalism and Sport in Latin America, 1850-1990: The Paradox of Promoting and Performing 'European' Sports", en MacClancy, J.: *Sport, Identity and Ethnicity*, Oxford: Berg.

Archetti, E. (1994a): "Argentina and the World Cup: in search of national identity", en Sugden, J. y Tomlinson, A. (eds.): *Hosts and Champions. Soccer Cultures, National Identities and the USA World Cup*, Aldershot: Arena.

——————— (1994b): "Masculinity and Football: The Formation of National Identity en Argentina", en Giulianotti, R. y Williams, J. (eds.): *Game without Frontiers: Football, Identity and Modernity*, Aldershot: Arena.

——————— (1995): "Estilo y virtudes masculinas en *El Gráfico*: la creación del imaginario del fútbol argentino", en *Desarrollo económico*, vol.35, n° 139, Buenos Aires: IDES, octubre-diciembre.

——————— (1996): "In Search of National Identity. Argentinean Football and Europe", en Mangan, J.A.: *Tribal Identities. Nationalism, Europe, Sport*, Londres: Frank Cass.

——————— (1997): "'And Give Joy to my Heart': Ideology and Emotions in the Argentinean Cult of Maradona", en Armstrong, G. y Giulianotti, R. (eds.): *Entering the Field. New Perspectives on World Football*, Nueva York: Berg.

——————— (1998): "El *potrero* y el *pibe*: Territorio y pertenencia en el imaginario del fútbol argentino", en *Nueva Sociedad*, nro. 154, Caracas, marzo-abril.

——————— (1999): *Masculinities. Football, Polo and the Tango in Argentina*, Londres: Berg. [Hay traducción castellana: *Masculinidades*, Buenos Aires: Antropofagia, 2003].

——————— (2001): *El potrero, la pista y el ring. Las patrias del deporte argentino*, Buenos Aires: FCE.

Archetti, E. y Romero, A. (1994): "Death and violence in Argentinian football", en Giulianotti, R., Bonney, N., Hepworth, M. (eds.): *Football, Violence and Social Identity*, Londres-Nueva York: Routledge

Arcucci, D. (1999): "Honestidad brutal. *Rolling Stone* Interview a Diego Maradona", en *Rolling Stone*, II, 14, Buenos Aires, mayo: 32-40.

Ares, C. (1995): "El día de la lealtad", en *La Maga*, V, 195, 11/10/95: 32.

Armstrong, G. y Giulianotti, R. (1997): "Introduction: Reclaiming the Game – An Introduction to the Anthropology of Football", en *Entering the field. New Perspectives on World Football*, Londres: Berg.

Auerbuch, E. (1975): *Mímesis. La representación de la realidad en la literatura*, México: FCE.

Baczko, B. (1991): *Los imaginarios sociales. Memorias y esperanzas colectivas*, Buenos Aires: Nueva Visión.

Barth, F. (ed.) (1969): *Ethnic Groups and Boundaries. The Social Organization of Culture Difference*, Boston: Little, Brown and Company (hay traducción castellana: *Los grupos étnicos y sus fronteras*, México: FCE, 1976).

Bayer, O. (1990): *Fútbol Argentino*, Buenos Aires: Sudamericana.

Bernstein, G. (2000) [1997]: *Maradona. Radiografía de la Patria*, Buenos Aires: Biblos.

Bhabha, H. (2000): "Narrando la Nación", en Fernández Bravo, Alvaro (comp.): *La invención de la Nación. Lecturas de la identidad de Herder a Homi Bhabha*, Buenos Aires: Manantial.

Bosetti, O. (1994): *Radiofonías*, Buenos Aires: Colihue.

Bourdieu, P. (1988): "La codificación", en *Cosas dichas,* Buenos Aires: Gedisa.

——————— (1993): " Deporte y clase social", en AA.VV.: *Materiales de sociología del deporte*, Genealogía del Poder/23, Madrid: Ediciones de la Piqueta.

Brohm, J.M. (1982): *Sociología política del deporte*, México: FCE.

Bromberger, C. (1993): "Fireworks and the Ass", en Redhead, S. (ed.), *The Passion and the Fashion. Football Fandom in the New Europe*, Ashgate: Aldershot.

——————— (1994): "Football passion and the World Cup: why so much sound and fury?", en Sugden, J. y Tomlinson, A. (eds.): *Hosts and Champions. Soccer Cultures, National Identities and the USA World Cup*, Aldershot: Arena.

——————— (1995) avec la collaboration de A. Hayot et J.M. Mariottini: *Le match de football. Ethnologie d'une passion partisane à Marseille, Naples et Turin*, París: Éditions de la Maison des sciences de l'homme, Collection Ethnologie de la France.

Bruner, J. (1990): *Actos de significado. Más allá de la revolución cognitiva*, Madrid: Alianza.

Brunner, J. J. (1989): "Medios, modernidad, cultura". En *Telos, Cuadernos de Comunicación, Tecnología y Sociedad.* Nº 19, Madrid: Fundesco, Setiembre-Noviembre.

Burke, P. (1997): *Varieties of Cultural History*, Cambridge: Polity Press [trad.española: *Formas de historia cultural*, Madrid, Alianza, 2000].

Burns, J. (1996): *La mano de Dios. La vida de Diego Maradona*, Buenos Aires: Planeta.

Calderón, F. y Szmukler, A. (1997): "La pobreza y las nuevas condiciones de desigualdad social", en *Nueva Sociedad*, 149, Caracas, mayo-junio.

Carter, E.; Donald, J. y Squires, J. (1993): "Introduction", in Carter, E.; Donald, J. y Squires, J. (eds.): *Space & Place. Theories of Identity and Location*, Londres: Lawrence and Wishart (in association with *New Formations*): vii-xv.

Cicalese, L.; Curto, M. E.; Presman, B. (2002): *Fútbol, identidad nacional y hegemonía en una Argentina global. Mundial Corea-Japón 2002*, Buenos Aires: mimeo.

Cirese, A. (1983): "Cultura popular, cultura obrera y 'lo elementalmente humano'", en *Comunicación y Cultura*, Nro. 10, México, agosto.

Ciria, A. (1983): *Política y cultura popular: la Argentina peronista 1946-1955*, Buenos Aires: de la Flor.

Coelho, R. y Sanguinetti, J. (2000): "Informe de Trabajo de Campo con la hinchada de All Boys", mimeo.

Conde, M. (2001): "Bestias Salvajes (o la 'naturaleza' de la 'Cultura')", informe de Beca de Investigación del Programa de becas junior "Culturas e Identidades en América Latina y el Caribe", CLACSO-ASDI.

Craveri, P. (2001): "Una promesa mantenida", en Dini, V. y Nicolaus, O. (comps.) *Te Diegum. Maradona: genio y transgresión*, Buenos Aires: Sudamericana (edición original: *Te Diegum. Genio, sregolatezza & bacchettoni*, Milán: Leonardo Editore, 1991).

De Biase, P. (1997) 'Hinchada no hay una sola', en *Mística*, Buenos Aires, 13/12/97: 17-26.

De Biasi, R. y Lanfranchi, P. (1997): "The importance of Difference: Football Identities in Italy", en Armstrong, G. y Giulianotti, R. (eds.): *Entering the Field. New Perspectives on World Football*, Nueva York: Berg.

De Certeau, M. (1996): *La invención de lo cotidiano. Artes de hacer*, México: Universidad Iberoamericana.

De Ipola, E. (1985): *Ideología y discurso populista*, México: Folios.

Di Giano, R. (1995): "Efectos de la modernidad en los estilos de fútbol", en *La marea. Revista de cultura, arte e ideas*, Buenos Aires, abril-julio.

——————— (1996): "*El Gráfico* y sus distintas miradas sobre el fútbol", en *La marea. Revista de cultura, arte e ideas*, Buenos Aires, marzo.

——————— (1998): "Avatares de la modernización en el fútbol argentino", en Alabarces *et al.* (eds.): *Deporte y sociedad*, Buenos Aires: Eudeba.

Dini, V. (1991): "Un eroe, un simbolo, un mito nei rituali del calcio spettacolo", en Dini, V. y Nicolaus, O. (eds.): *Te Diegum*, Milán: Leonardo Editore.

——————— (1994): "Maradona, éros napolitain", en *Actes de la Recherche*, 103, París, junio.

Dini, V. y Nicolaus, O. (1991) (eds.): *Te Diegum, Genio, sregolatezza & baccettoni*, Milán: Leonardo.

Dorfman, A. (1970): *Historia de la industria argentina*, Buenos Aires: Solar/Hachette.

Dujovne Ortiz, A. (1993): *Maradona soy yo*, Buenos Aires: Emecé.

Duke, V. y Crolley, L. (1996): *Football, Nationality and the State*, Harlow: Longman.

Dunning, E. (1999): "Soccer Hooliganism as a World Social Problem", Leicester: mimeo.

Feinmann, J.P. (1994): "El sueño no terminó", en *Página/12*, Buenos Aires, 9/7/94.

Fernández, R. y Nagy, D. (1994): *De las manos de Dios a sus botines. Biografía pública de Diego Maradona no autorizada*, Buenos Aires: Cangrejal Editores.

Floria, C. y García Belsunce, C. (1988): *Historia política de la Argentina Contemporánea 1880-1983*, Buenos Aires: Alianza.

Fontanarrosa, R. (1982): *El área 18*, Buenos Aires: De la Flor.

Ford, A. (1994): *Navegaciones. Comunicación, cultura y crisis*, Buenos Aires: Amorrortu.

Ford, A. y Longo, F. (1999): "La exasperación del caso. Algunos problemas que plantea el creciente proceso de narrativización de la información de interés público", en Ford, A.: *La marca de la bestia. Identificación, desigualdades e infoentretenimiento en la sociedad contemporánea*, Buenos Aires: Norma.

Frydenberg, J. (1991): "La fundación de los clubes de fútbol: ¿fenómeno de la cultura popular?", ponencia ante el Simposio de Cultura y Política, 3ras. Jornadas de Historia, Buenos Aires: Facultad de Filosofía y Letras, UBA, setiembre.

——————— (1995): "El espacio urbano y el inicio de la práctica masiva del fútbol. Buenos Aires 1900-1920", en *Boletín del Instituto Histórico de la Ciudad de Buenos Aires*, 14, Buenos Aires: MCBA.

————— (1997): "Prácticas y valores en el proceso de popularización del fútbol, Buenos Aires 1900-1910", en *Entrepasados. Revista de Historia*, VI, 12, Buenos Aires.

————— (1998): "Redefinición del fútbol aficionado y del fútbol oficial. Buenos Aires, 1912", en Alabarces, P. *et al.* (eds.): *Deporte y Sociedad*, Buenos Aires: Eudeba.

Frymer, R. (2000): "Maradona, Ortega, Saviola: la persistencia del mito argentino del *pibe*", Buenos Aires: inédito.

García Canclini, N. (1990): *Culturas híbridas: estrategias para entrar y salir de la modernidad,* México: Grijalbo.

————— (1994): *Consumidores y ciudadanos. Conflictos multiculturales de la globalización*, México: Grijalbo.

Garriga Zucal, J. (2001): "El *aguante*: Prácticas Violentas e identidades de Género Masculino en un grupo de simpatizantes del fútbol argentino", Tesis de Licenciatura, inédita.

Gasparini, R. (1983): *El director técnico del Proceso*, Buenos Aires: El Cid Editor.

Geertz, C. (1987) [1973]: *La interpretación de las culturas*, Barcelona: Gedisa.

Gilbert, A. y Vitagliano, M. (1998): *El terror y la gloria. La vida, el fútbol y la política en la Argentina del Mundial 78*, Buenos Aires: Norma.

Goldstein, M. y Varela, M. (1990): "Dictadura política…¿Democracia del rock?", en *Cuadernos de la Comuna*, 12, Comuna de Puerto General San Martín.

Govea, Marcela (2002): "Las empresas juegan con todo al Mundial", en *Clarín*, Económico, Buenos Aires, 26/5/04: 4-6

Graham-Yooll, A. (1981): *The forgotten Colony. A History of the English-Speaking Communities in Argentina*, Londres: Hutchinson.

Greenfeld, L. (1992): *Nationalism. Five roads to modernity*, Cambridge: Harvard University Press.

Guber, R. (1997): "Reflexiones sobre algunos usos nacionales de la Nación", en *Causas y Azares*, Nº 5, Buenos Aires.

Guindi, B. y Szrabsteni, A. (2000): "Internet: otra forma de poner la pelota en la red", ponencia ante las *V Jornadas Nacionales de Investigadores en Comunicación. Red Nacional de Investigadores en Comunicación*, Paraná: Universidad Nacional de Entre Ríos, noviembre.

Hall, S. (1980a): "Cultural Studies and the Centre: some problematics and problems", en AA. VV.: *Culture, media, language. Working Papers in Cultural Studies, 1972-1979*, Londres: Hutchinson-Centre for Contemporary Cultural Studies, University of Birmingham.

————— (1980b): "Encoding/Decoding", en AA.VV.: *Culture, media, language*, Londres: Hutchinson.

————— (1984): "Notas sobre la deconstrucción de lo popular", en Samuels, R. (ed.): *Historia popular y teoría socialista*, Barcelona, Crítica.

Halperín Donghi, T. (1979) [1972]: *Revolución y guerra. Formación de una élite dirigente en la Argentina criolla*, México: Siglo XXI.

Hernández Arregui, J. J. (1973): *Imperialismo y cultura*, Buenos Aires: Plus Ultra.

Hobsbawm, E. (1983) [1959]: *Rebeldes primitivos. Estudio sobre las formas arcaicas de los movimientos sociales en los siglos XIX y XX*, Barcelona: Ariel.

————— (1990): *Nations and Nationalism since 1780. Programme, myth, reality*, Cambridge: CUP (Hay edición española: *Naciones y nacionalismo desde 1780*, Barcelona: Crítica, 1991).

————— (2000) [1969]: *Bandits*, Londres: Weidenfeld & Nicolson.

Hornby, N. (1992): *Fever Pitch*, Londres: Victor Gollancz.

Huizinga, J. (1968) [1938]: *Homo ludens*, Buenos Aires: Emecé.

Jameson, F. (1988): "Cognitive Mapping", en Nelson, Cary y Grossberg, Lawrence (eds.): *Marxism and the Interpretation of Culture*, Londres: MacMillan: 347-360.

Jenkins, R. (1996): *Social Identity*, London: Routledge, Key Ideas.

Kollman, Raúl (2002): "El festejo es algo seguro para dos de cada tres", en *Página/12*, Buenos Aires, 1/6/2002: 2-3

Kriger, C. (s/d): "El cine del Peronismo, una reevaluación", en *Archivos de la filmoteca*, 31, Valencia: Paidós-Generalitat Valenciana: 136-155.

Kuper, S. (2000): "No peace until he dies", en *The Observer*, Sports, Londres: 22/10/00: 8.

Lanfranchi, P. (1992) (ed.): *Il calcio e il suo pubblico*, Napoles: Edizione Scientifiche Italiane.

————— (2001) [1991]: "Cuando la otra Italia va al poder", en Dini, V. y Nicolaus, O. (comps.): *Te Diegum. Maradona: genio y transgresión*, Buenos Aires: Sudamericana (edición original: *Te Diegum. Genio, sregolatezza & bacchettoni*, Milán: Leonardo Editore, 1991).

Levinsky, S. (1997): *Maradona. Rebelde sin causa*, Buenos Aires: Corregidor.

Lopes de Souza, M. J. (1995): "O territorio: sobre espaço e poder, autonomia e desenvolvimento", en Elias de Castro et al. (orgs.): *Geografia: conceitos e temas*, Rio de Janeiro: Bertand Brasil.

Lorenzo, E. (Borocotó) (1929): *Apiladas*, Buenos Aires: Atlántida.

Lowenthal, L. (1961): "The Triumph of Mass Idols", en *Literature, Popular Culture and Society*, Nueva York: Prentice Hall.

Ludmer, J. (1989): *El género gauchesco. Un tratado sobre la patria*, Buenos Aires: Sudamericana.

Maffesoli, M. (1990) [1988]: *El tiempo de las tribus*, Barcelona: Icaria.

Maradona, D. (2000): *Yo soy el Diego (de la gente)*, Buenos Aires: Planeta.

Margulis, M. y Urresti, M. A. (1998): *La juventud es más que una palabra*, Buenos Aires: Biblos.

Marimón, A. (1987): "Maradona o los usos de la riqueza", en *Página/12*, Suplemento Etc., Buenos Aires, 4/7/87: 4.

Martín Barbero, J. (1987): *De los medios a las mediaciones. Comunicación, cultura y hegemonía*, Barcelona: Gustavo Gili.

Martucelli, D. y Svampa, M. (1997): *La plaza vacía. Las transformaciones del peronismo*, Buenos Aires: Losada.

Menzulio, M. (1997): *Los Juegos Panamericanos de Mar del Plata y la celebración del poder*, Tesis de Licenciatura, Buenos Aires: mimeo.

Meyer, M. (1999): "Los refugios de la patria", en *Clarín*, Suplemento Cultura y Nación, Buenos Aires, 7/3/99: 2-3.

Moragas Spá, M. (1992): *Los juegos de la comunicación. Las múltiples dimensiones comunicativas de los Juegos Olímpicos*, Madrid: Fundesco.

Moreira, M. V. (2001): *Honor y gloria en el fútbol argentino. El caso de la hinchada del Club Atlético Independiente*, Tesis de Licenciatura, inédita.

Morley, D. (1992): *Television, Audiences & Cultural Studies*, Londres: Routledge.

Mosse, G. (1985): *Nationalism and Sexuality. Middle-Class Morality and Sexual Norms in Modern Europe*, Wisconsin: The University of Wisconsin Press.

————— (1996): *The Image of Man. The Creation of Modern Masculinity*, Nueva York: Oxford University Press.

Niembro, F. y Llinás, J. (1995): *Inocente*, Buenos Aires: Grijalbo-Mondadori.

Ortiz, R. (1985): *Cultura brasileira & Identidade nacional*, San Pablo: Brasilense.

————— (1991): "Lo actual y la modernidad", en *Nueva Sociedad*, Caracas: noviembre-diciembre.

Palomino, H. y Scher, A. (1988): *Fútbol: pasión de multitudes y de elites*, Buenos Aires: CISEA, Serie Documentos 92.

Payá, C. y Cárdenas, A. (1978): *El primer nacionalismo argentino*, Buenos Aires: Peña Lillo.

Portnoy, L. (1972): *Política económica (1945-1962)*, Buenos Aires: CEAL, Polémica/89.

Prieto, Adolfo (1988): *El discurso criollista en la formación de la Argentina moderna*, Buenos Aires: Sudamericana.

Rama, A. (1982): *Los gauchipolíticos rioplatenses*, Buenos Aires: CEAL.

Rank, O. (1990) *In Quest of the Hero*, Princeton, N. J.: Princeton University Press.

Rein, R. (1998): *Peronismo, populismo y política. Argentina 1943-1955*, Buenos Aires: Editorial de Belgrano.

Rivera, J. (1985): *El escritor y la industria cultural*, Buenos Aires: CEAL. Reeditado en 1998 en Buenos Aires: Atuel.

Rocca, P. (1991): *Literatura y fútbol en el Uruguay (1899-1990) -La polémica, el encuentro-*, Montevideo: Arca.

Rodríguez Molas, R. (1982): *Historia social del gaucho*, Buenos Aires: CEAL.

Rodríguez, M. G. (1996a): "El fútbol no es la patria (pero se le parece)", en Alabarces, P. y Rodríguez, M. G.: *Cuestión de Pelotas. Fútbol. Deporte. Sociedad. Cultura*, Buenos Aires: Atuel.

————— (1996b): "Pan, circo y algo más", en Alabarces, P. y Rodríguez, M.: *Cuestión de pelotas. Fútbol, deporte, sociedad, cultura*, Buenos Aires: Atuel.

————— (1998): "Diego, un héroe global en apuros (o la agonía del último dinosaurio", en Alabarces, P. *et al.* (comps.): *Deporte y sociedad*, Buenos Aires: Eudeba.

————— (2001): "Hinchadas de fútbol y televisión: sobre mundos morales y cuestiones éticas", ponencia ante las Jornadas *50 años de televisión en la Argentina. Industria, cultura y sociedad*, Buenos Aires: septiembre.

————— (2002): "Pueblo y público en el deporte. La interpelación estatal en el peronismo (1946-1955)", Tesis de Maestría en Sociología de la Cultura y Análisis Cultural, IDAES, UNSAM, setiembre.

————— (2003): "¿Cómo leer las prácticas populares? Una propuesta teórico-metodológica", ponencia enviada a las Jornadas *Actuales desafíos de la investigación en comu-*

nicación. Claves para un debate y reflexión transdisciplinaria, Red Nacional de Investigadores en Comunicación, Facultad de Derecho y Ciencias Sociales, Universidad Nacional del Comahue, General Roca, 13 al 15 noviembre.

Rodríguez, M.; Martínez, A.; Díaz, G. y Conde, M. (1998): "Aliens en territorio prohibido. Una aproximación al estudio de la mujer y el fútbol", ponencia ante las IV Jornadas de Investigadores de la Cultura, Buenos Aires: Instituto Gino Germani, Facultad de Ciencias Sociales, noviembre.

Romano, E. (1984): *Sobre poesía popular argentina*, Buenos Aires: CEAL.

————— (1991): *Literatura/cine argentinos sobre la(s) frontera(s)*, Buenos Aires: Catálogos.

————— (1993) *Voces e imágenes en la ciudad. Aproximaciones a nuestra cultura popular urbana*. Buenos Aires: Colihue.

————— (1998): "Cuando los berretines emigran a la pantalla", en Alabarces, P. et al. (eds.): *Deporte y sociedad*, Buenos Aires: Eudeba.

Romero, A. (1994): *Las barras bravas y la "contrasociedad deportiva"*, Buenos Aires: CEAL.

Romero, J. L. (1983): *El desarrollo de las ideas en la sociedad argentina del siglo XX*, Buenos Aires: Solar-Hachette.

Salerno, D. (2001): "Los hinchas militantes y sus prácticas. Análisis de *El Aguante*", ponencia ante las Jornadas *50 años de televisión en la Argentina. Industria, cultura y sociedad*, Buenos Aires: UBA, septiembre.

Sarlo, B. (1988): *Una modernidad periférica: Buenos Aires 1920 y 1930*, Buenos Aires: Nueva Visión.

————— (1998a) "Una comunidad llamada Nación", en diario *Perfil*, Buenos Aires, 8/7/1998: 3.

————— (1998b) *La máquina cultural. Maestras, traductores y vanguardistas*, Buenos Aires: Ariel.

————— (2001): "La deuda", en *Tiempo Presente. Notas sobre el cambio de una cultura*, Buenos Aires: Siglo XXI.

Scher, A. (1996): *La patria deportista*, Buenos Aires: Planeta.

Sebreli, J. J. (1981): *Fútbol y masas*, Buenos Aires: Galerna.

————— (1998): *La era del fútbol*, Buenos Aires: Sudamericana.

Senén González, S. (1996): "Perón y el deporte", en *Todo es Historia*, N° 345, abril, Buenos Aires.

Smith, A. (1991): *National Identity*, London: Penguin Books (cito por Reno: University of Nevada Press, 1993) [Hay trad. castellana: *La identidad nacional*, Madrid: Trama, 1997].

Sottile, E. (2000): "Informe de Trabajo de Campo con la hinchada de Nueva Chicago", mimeo.

Sugden, J. y Tomlinson, A. (1998): "Sport, Politics and Identities: Football Cultures in Comparative Persepective", en Roche, Maurice (ed.): *Sport, Popular Culture and Identity*, Aachen: Meyer & Meyer Verlag, Chelsea School Research Centre Edition, vol. 5.

Taylor, C. (1998): *The Beautiful Game. A Journey Through Latin American Football*, Londres: Victor Gollancz.

Terán, O. (1987): *En busca de la ideología argentina*, Buenos Aires: Puntosur.

————— (1991): *Nuestros años felices*, Buenos Aires: Puntosur.

Thompson, E. P. T. (1979): *Tradición, revuelta y conciencia de clase*, Barcelona: Crítica.

Turner, A. (1998): "25 millones de argentinos. Fútbol y discurso en el Mundial 78", en Alabarces *et al.* (ed.), *Deporte y sociedad*, Buenos Aires: Eudeba.

Ulanovsky, C. et al. (1999): *Estamos en el aire*, Buenos Aires: Planeta.

Urfeig, V. (1999): "La vida de Diego Maradona llega a la televisión", en *Clarín*, Buenos Aires, 30/9/99: 16.

Varela, M. (1994): *Los hombres ilustres del Billiken. Héroes de los medios y la escuela*, Buenos Aires: Colihue.

————— (1999): "Las audiencias en los textos. Comunidades interpretativas, forma y cambio", en Grimson, A. y Varela, M.: *Audiencias, cultura y poder. Estudios sobre la televisión*, Buenos Aires: Eudeba: 137-157.

Veneziani, M. (1986): "El Mundial", en *Todo es Historia*, 229, Buenos Aires, mayo-junio: 30-54.

Vinnai, G. (1973) [1970]: *Football Mania. The players and the fans; the mass psychology of football*, con una introducción de D. Triesman, Londres, Ocean Books.

Williams, R. (1982): *Cultura. Sociología de la cultura y del arte*, Barcelona: Paidós.

Films citados

Los tres berretines (Susini, 1933)

El cañonero de Giles (Romero, 1936)

Pelota de trapo (Torres Ríos, 1948)

Escuela de Campeones (Pappier, 1950)

En cuerpo y alma (Torres Ríos, 1951)

El hincha (Discépolo, 1951)

Con los mismos colores (Torres Ríos, 1953)

El Crack (Martínez Suárez, 1960)

El centrofoward murió al amanecer (Mujica, 1961)

Pelota de cuero. Historia de una pasión (Bó, 1963)

Somos los mejores (Padilla, 1968)

La fiesta de todos (Renán, 1979)

Hay unos tipos abajo (Alfaro y Filipelli, 1985)

La deuda interna (Pereira, 1987)

Maradona y el Napoli (Bloch, 1987)

Fútbol argentino (Dinenzon, 1989)

Diego. Una historia de amores y odios (Rodríguez Arias, 1994)

El día que Maradona conoció a Gardel (Pérez, 1995)

Evita Capitana (Malowicki, 2000)

Amando a Maradona (Vázquez, 2006)

El camino de San Diego (Sorín, 2006)